DEBUT D'UNE SERIE DE DOCUMENTS
EN COULEUR

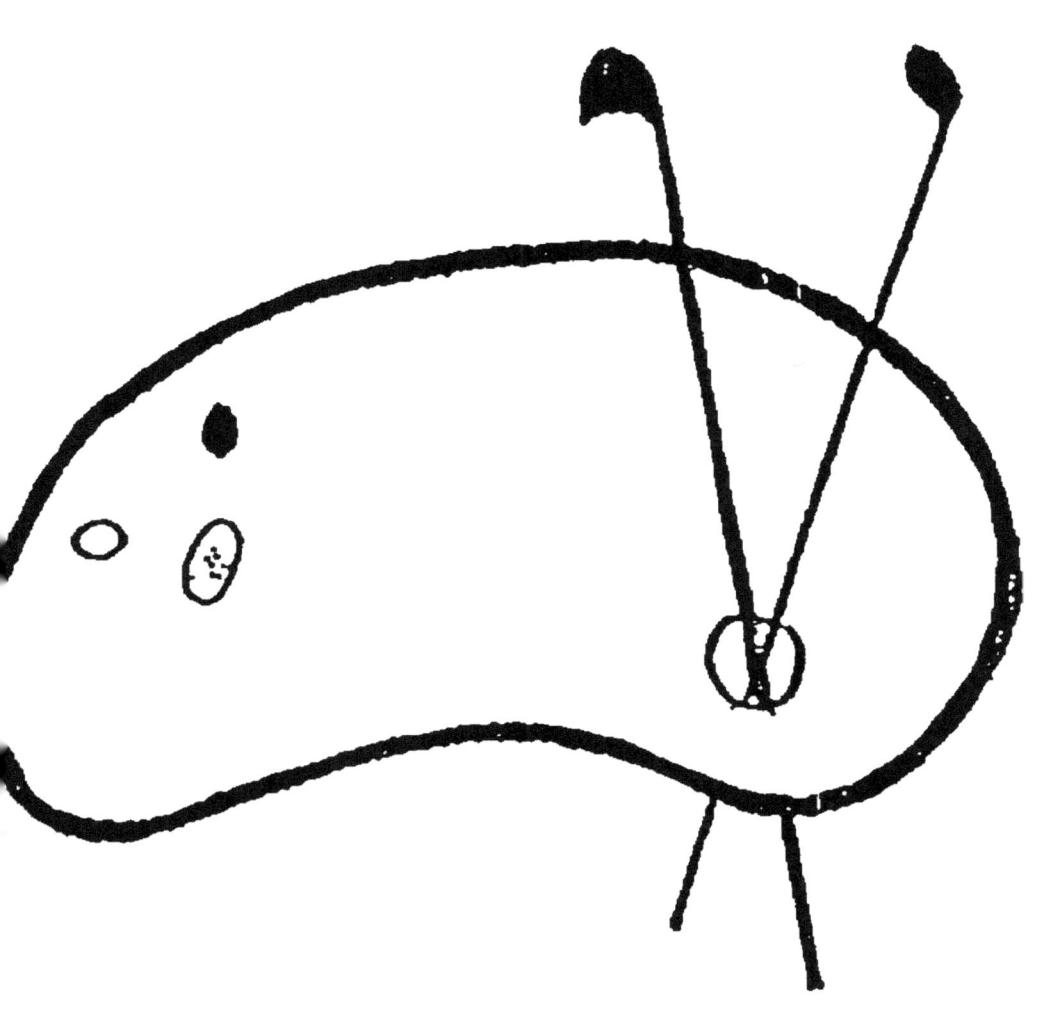

FIN D'UNE SERIE DE DOCUMENTS
EN COULEUR

PENSÉES
DE
MARC-AURÈLE

Châteauroux. — Typ. Stereotyp A. MAJESTÉ

PENSÉES

DE

MARC-AURÈLE

TRADUCTION D'ALEXIS PIERRON

COURONNÉE PAR L'ACADÉMIE FRANÇAISE

précédée

D'UNE INTRODUCTION, ACCOMPAGNÉE D'UN COMMENTAIRE

et suivie des Lettres à Fronton

CINQUIÈME ÉDITION

REVUE ET CORRIGÉE

PARIS

G. CHARPENTIER ET Cie, ÉDITEURS

13, RUE DE GRENELLE, 13

1886

« Si l'on veut pénétrer dans ce livre si simple, il faut le lire avec simplicité, écarter les discussions philosophiques, ne pas regarder au système qu'il renferme. On fait tort à Marc-Aurèle quand on rajuste en corps de doctrine ces pensées décousues, et que de ces libres et paisibles effusions on fait un sujet d'érudition et de controverse. Ce n'est pas une œuvre de philosophie, mais, si l'on peut dire, de piété stoïque. On ne le comprend que si on le lit avec le cœur. Une âme qui se retire dans la solitude, qui veut oublier les jugements des hommes, les livres, le monde, qui ne s'entretient qu'avec elle-même et avec Dieu, ne doit pas être l'objet de curiosités vaines. Il y a une bienséance morale à l'écouter comme elle parle, avec candeur, à se laisser charmer par son accent. Serait-ce donc se montrer trop profane que d'apporter à la lecture de ce livre si pur, quelques-uns des sentiments que nous croyons nécessaires pour bien goûter la mysticité de Gerson et de Fénelon? »

C. MARTHA, *les Moralistes sous l'Empire romain*, page 213; Paris, 1864, in-8°.

N. B. M. Alexis Pierron a relu et perfectionné avec le plus grand soin son travail d'il y a vingt-cinq ans. Il a rendu l'usage du livre plus commode, en mettant au bas des pages la partie pratique du commentaire, et en ne reléguant, à la suite des *Pensées*, que ce qui est pure philologie. L'*Introduction* est restée ce qu'elle était primitivement, quoique l'auteur eût pu sans peine lui donner des proportions plus amples. Il lui eût suffi de s'approprier quelqu'un des beaux essais philosophiques dont Marc-Aurèle a été l'objet dans ces dernières années. Mais un traducteur n'est tenu qu'à faire œuvre d'interprète. Les pages que M. Alexis Pierron a mises en tête des *Pensées* disent ce qu'elles doivent dire; elles font entrer de plain pied le lecteur dans le monde moral où se mouvait l'âme de Marc-Aurèle. Nous avons conservé l'*Appendice* qui terminait le volume. Nous espérons que cette édition méritera plus d'éloges encore que n'en a reçu de tout temps la première.

L'ÉDITEUR.

INTRODUCTION

Vers l'an 310 avant notre ère, un riche marchand cypriote, qui venait de trafiquer en Phénicie, fut jeté par la tempête sur les côtes de l'Attique. C'était un homme dans la fleur de l'âge, mince de corps, assez haut de taille, et dont le teint basané annonçait l'origine barbare. Il erra pendant quelque temps par la ville d'Athènes, déplorant son malheur, que plus tard il devait bénir, impatient de retourner dans son île pour se remettre à son périlleux métier, et de faire fructifier, par son industrie, les restes de son opulence d'autrefois. Un jour, il s'arrêta devant l'étalage d'un libraire, et il jeta les yeux sur le deuxième livre de l'ouvrage où Xénophon a recueilli quelques-uns des entretiens de Socrate. Il en lut quelques passages, et ne put retenir un transport d'enthousiasme

« Où sont, demanda-t-il, les hommes qui conversent ainsi? — Les philosophes? en voilà un qui passe, répondit le libraire, désignant du doigt Cratès, que le hasard avait amené près de là; tu n'as qu'à le suivre. » Et le naufragé cypriote, entraîné comme par un charme irrésistible, courut à cet homme qu'on lui montrait, se fit son disciple, et, durant plusieurs années, s'attacha sans cesse à tous ses pas.

C'est ainsi que la Grèce et la philosophie prirent possession d'un des plus nobles esprits et des mieux trempés qu'il y ait eu au monde, je veux dire le Phénicien Zénon, de la ville de Citium dans l'île de Cypre, le fondateur de l'école stoïcienne.

Cratès et le cynisme ne purent suffire complétement à cette âme ardente. Zénon ne sut se dépouiller que de la fausse honte : il n'arriva, sur les traces de son premier modèle, qu'au mépris de l'opinion, et non point à cette impudeur qui était l'apogée de la sagesse selon les émules de Diogène. Il alla étudier, sous les mégariques Stilpon et Dodorus Cronus, puis sous les académiques Xénocrate et Polémon, des doctrines plus pures et plus dignes de la haute idée qu'il se faisait de la nature humaine; mais il ne s'y arrêta guère plus qu'il n'avait fait au cynisme. Il se lassa aussi de cette sorte de scolastique, de ces subtilités d'une métaphysique raffinée, de ces discussions sans fin sur le possible et le réel, sur la nature et les propriétés des nombres idéaux, de ces arguments captieux où il voyait enchevêtrer les vérités les plus claires et les moins contestables. Il abandonna tous les maîtres vivants; et, s'il s'attacha aux morts, surtout à Platon, comme on n'en saurait douter, ce ne fut point pour jurer sur leur parole, mais pour s'emparer de leurs idées, pour les agrandir et les féconder, et pour les mettre au service de ses conceptions personnelles.

Platon avait établi, dans le *Premier Alcibiade*, que l'homme, c'est-à-dire ce qui est véritablement nous, est tout entier dans l'âme, et que le corps n'est qu'un instrument donné par la nature, et dont l'âme se sert immédiatement, au lieu qu'elle a besoin, pour l'emploi des instruments artificiels, d'un intermédiaire, qui est le corps lui-même. La différence, suivant Platon, entre notre corps et les choses extérieures, était non point dans l'essence, mais dans une simple relation; c'était une affaire de plus ou de moins, de proximité ou d'éloignement, de dignité, si je puis m'exprimer ainsi, et rien autre chose. « C'est
« donc un principe bien constant, dit Socrate dans
« le dialogue, que, quand nous nous entretenons en-
« semble, toi et moi, en nous servant du discours,
« c'est mon âme qui s'entretient avec la tienne. Et

« c'est ce que nous disions il n'y a qu'un moment,
« que Socrate parle à Alcibiade en adressant la pa-
« role non pas au corps, qui est exposé à mes yeux,
« mais à Alcibiade lui-même, que je ne vois point,
« c'est-à-dire à son âme... Ainsi, pour revenir à no-
« tre principe, tout homme qui a soin de son corps a
« soin de ce qui est à lui, et non pas de lui... Tout
« homme qui aime les richesses ne s'aime ni lui ni ce
« qui est à lui, mais il aime une chose encore plus éloi-
« gnée, et qui ne regarde que ce qui est à lui. » On
retrouve implicitement ce principe dans tous les
dialogues moraux de Platon. C'est de là que découle
toute sa théorie de la vertu, considérée comme l'œuvre de notre liberté et effort qui nous élève au-
dessus des intérêts sensibles. C'est de là encore qu'il
a tiré son inflexible et sublime doctrine de l'expiation. Le coupable, suivant Platon, est tenu de se livrer lui-même au juge, et de solliciter, même au
prix de la vie de son corps, la réhabilitation de son
âme. Enfin le *Philèbe* est tout entier une sorte de
déduction du *Premier Alcibiade*, et comme un pressentiment de la lutte du stoïcisme et de la doctrine
d'Épicure. A un eudémonisme grossier, qui faisait
consister le bien dans le plaisir et le mal dans la douleur, Platon oppose un idéal de sagesse où le plaisir
n'entre pour rien, même en perspective ; il revendique pour l'âme tout ce qui est bien et tout ce qui es

beau, et relègue à une infinie et infranchissable distance de la vertu, au-dessous des choses de l'intelligence, au-dessous des sciences et des arts, même les plus humbles, tout ce qui tient à la sensation, tous les bonheurs et toutes les joies du corps, non pas seulement ceux que condamne absolument la raison, mais ceux-là mêmes qui n'ont rien que de pur, et dont l'âme peut, sans se dégrader, souffrir les innocentes atteintes.

L'affinité de ces doctrines avec le stoïcisme est manifeste. Simplicius dans son *Commentaire sur le Manuel d'Épictète*, n'a pas manqué de la signaler, au moins pour ce qui regarde le *Premier Alcibiade*. Il y a, en effet, des passages du *Manuel* qu'on prendrait, à la rigueur, pour des emprunts faits à ce beau dialogue. « Entre toutes les choses du monde,
« dit Épictète, les unes dépendent de nous, et les
« autres ne dépendent point de nous. Celles qui
« dépendent de nous sont nos opinions, nos mou-
« vements, nos désirs, nos inclinations, nos aver-
« sions; en un mot, toutes nos actions. Celles qui
« ne dépendent point de nous sont le corps, les
« biens, la réputation, les dignités; en un mot,
« toutes les choses qui ne sont pas du nombre de
« nos actions. »

Au reste, le système stoïcien est marqué d'un tel caractère d'originalité, et il diffère tellement, par une foule d'autres points, de la doctrine platonicienne, qu'il serait souverainement injuste de ne voir dans le fondateur qu'un simple commentateur de Platon. Zénon a trouvé, dans le champ immense des œuvres de ce grand génie, quelques blocs déjà ébauchés, et qui s'adaptaient à son plan; il y a mis la dernière main, il les a fait entrer dans l'économie de son édifice, mais non pas seuls, tant s'en faut, ni peut-être au lieu qu'eût préféré Platon.

L'occasion qui fit naître le stoïcisme, ce fut, sans nul doute, le succès des enseignements d'Épicure. Cet athéisme complet et ce matérialisme absolu, avec leurs conséquences nettement déduites et franchement acceptées, avaient séduit un peuple oublieux des grandes doctrines et des nobles spéculations, comme des grandes choses d'autrefois et de la liberté même. Il n'était pas jusqu'aux plus sages que n'entraînât le mot magique de *vertu*, si souvent retentissant dans la bouche d'un homme qui détruisait théoriquement toute vertu, sauf à démentir par sa vie le système qu'il préconisait avec tant de ferveur. C'est en l'an 300 qu'Épicure avait transporté son école de Lampsaque à Athènes; et, dès les premières années du troisième siècle, Zénon engageait avec Épicure cette grande lutte du devoir contre le bonheur, qui devait durer aussi longtemps que le monde antique.

Il y avait, dans Athènes, un vaste portique orné de splendides peintures. Polygnote avait déployé, sur les voûtes et sur les murs, toutes les merveilles de son pinceau, tous les caprices de son imagination, comme l'indique le nom même de Pœcile, c'est-à-dire *varié*, que le peuple d'Athènes donnait à ce portique, de préférence au nom officiel de Pisianactée. Depuis plus de cent années les Athéniens tenaient le Pœcile pour maudit, à raison des scènes d'horreur dont il avait été le théâtre durant la tyrannie des Trente. Quatorze cents citoyens y avaient péri par la main du bourreau. Il fallait à Zénon un lieu où il pût rassembler autour de lui ses disciples. Le Pœcile fixa son choix, non pas uniquement parce que la place était libre, mais parce qu'il voulait en effacer la vivace infamie. L'installation du stoïcisme y fut comme un hommage à la vertu persécutée et une expiation du sang injustement versé. C'est là que, durant cinquante ans, Zénon fit retentir sa parole, et que se maintint longtemps encore après lui l'école qu'il avait fondée. On sait, du reste, que le mot *stoïcisme* vient du terme grec qui signifie *portique*.

Zénon eut bientôt rallié autour de lui tout ce qu'il y avait encore d'âmes nobles et généreuses, tout ce qu'n'avaient pas entièrement corrompu ou les mœurs de ce temps malheureux, ou les doctrines de la philosophie du plaisir. On accourait, pour l'entendre, de toutes les contrées de la Grèce. Des rois mêmes s'honoraient d'être appelés ses disciples. Il eut un bonheur plus grand encore ; il trouva un homme digne de continuer après lui son œuvre. Cléanthe d'Assos, qu'il désigna pour son successeur, n'était pas seulement un esprit d'élite et un penseur profond ; c'était, si l'on en croit les anciens, un écrivain de génie. Il ne reste rien de ses ouvrages en prose ; mais son hymne à Jupiter, que nous a conservé Stobée, est à la fois et un précieux monument de la philosophie stoïcienne, et une des plus sublimes inspirations de la Muse antique. Cléanthe fit aimer les doctrines que Zénon avait révélées ; il fut comme le Platon de cet autre Socrate. D'ailleurs, le caractère de Cléanthe n'était pas inférieur à son intelligence et à ses talents. Ce que Zénon prisait surtout en lui, c'était sa patience robuste, son inébranlable fermeté, et la lutte qu'il avait soutenue avec acharnement contre la pauvreté et la mauvaise fortune. Sans ces vertus, le génie que Dieu avait mis dans cet homme eût été comme s'il n'était pas. Cléanthe avait commencé par exercer le métier d'athlète ; ensuite, il s'était vu réduit à se mettre au service des jardiniers d'Athènes. Il en était là encore quand il s'éprit de l'amour de la philosophie. Il trouva moyen de satisfaire tout à la fois les besoins de son corps et ceux de son âme. Il passait la nuit dans les jardins à tirer l'eau des puits et à arroser les plantes; le jour, il allait écouter Zénon, et travaillait à suppléer par l'étude au défaut de son éducation première.

Chrysippe, le troisième chef du Portique, fut, à son tour, comme l'Aristote du stoïcisme. Le catalogue de ses ouvrages est quelque chose d'incompréhensible et presque d'effrayant : plus de sept cents traités, et sur des sujets infiniment divers ! Chrysippe avait embrassé tout le champ alors connu des spéculations humaines. Mais il était fort inférieur, par le mérite littéraire, et au poëte Cléanthe et au sévère Zénon lui-même. Il avait, en fait de composition, des principes tout particuliers. Il regardait comme perdu tout le temps qu'auraient exigé la conception d'un plan systématique, l'harmonieuse distribution des parties du sujet, l'arrondissement des périodes, et même la correction du style. Il pensait et il se souvenait; et il écrivait ses pensées et citait ses autorités : c'était là sa manière. On lui reproche surtout son obscurité, et sa subtilité, qui passait en raffinements celle des plus fameux académiques. On l'accuse aussi d'avoir outré à plaisir les conséquences de quelques-uns des principes de ses deux maîtres, et d'avoir trop souvent quitté le sentier où avait marché Zénon.

Quoi qu'il en soit, le stoïcisme fut véritablement l'œuvre de ces trois hommes. Les autres stoïciens grecs ne furent guère, autant qu'il nous est permis d'en juger, que les commentateurs plus ou moins ingénieux, et quelquefois les contradicteurs, des pensées de Zénon, de Cléanthe et de Chrysippe. Il serait fort difficile d'établir avec certitude la part qui revient en propre à chacun des trois premiers maîtres dans le système, tel qu'on le trouve formulé chez les anciens, et surtout chez Diogène de Laërte ; et ce n'est point ici le lieu de faire une histoire approfondie du stoïcisme. Je me bornerai à marquer les points principaux sur lesquels Zénon, Cléanthe et Chrysippe semblent s'être trouvés le mieux d'accord, et à montrer sur quel fonds d'idées reposait la doctrine.

La philosophie, selon les stoïciens, est la science de la perfection humaine, et c'est par elle qu'il nous est donné de nous élever au terme suprême de cette perfection, c'est-à-dire à la sagesse. Les trois parties principales de la philosophie sont la logique, la physique et la morale. La morale contient, en réalité, l'essence même de la philosophie : la logique et la physique lui sont subordonnées, comme instruments et comme moyens préparatoires. Les stoïciens comparaient la philosophie à un champ fertile : la logique en était la haie, la physique en était la terre et les arbres, et la morale les fruits et la moisson.

La logique stoïcienne ne se bornait pas, comme celle d'Aristote, à la théorie du raisonnement et à la détermination des formes nécessaires que revêt l'expression de toute pensée : elle se proposait pour objet la matière même des vérités, et elle comprenait, en même temps que la logique proprement dite, une portion de la psychologie, de la rhétorique et de la grammaire. Elle avait spécialement pour but de fonder, en opposition aux préjugés de la foule et au caprice des opinions vulgaires, une science solide et inattaquable, et digne du vrai sage, c'est-à-dire de l'homme sincère et ami de la vérité. A la base de cette science, les stoïciens plaçaient leur théorie de la perception. Toute perception primitive résulte, selon eux, d'une impression produite sur l'âme, et s'appelle, à ce titre, une *imagination*, en prenant ce mot dans le sens étymologique : le terme grec est φαντασία. Les perceptions sensibles ne sont que le premier degré de la pensée. La raison, force active par son essence, ce qui commande en nous, suivant la forte expression stoïcienne, le λόγος, le ἡγεμονικόν, travaille sur ces premières données, tantôt involontairement et par un développement spontané de sa nature même, tantôt par une application libre et volontaire de son énergie provocatrice, et en tire, ou par voie de comparaison, ou par voie de collection, d'autres notions qui n'ont plus rien de sensible que l'occasion qui les a fait naître, toutes nos idées générales et tous nos jugements. Les notions naturelles, les jugements qu'il nous est impossible de ne pas porter, et qui se trouvent également dans tous les hommes, constituent la raison commune, le κοινὸς λόγος, le sens commun, base de toute démonstration.

C'est dans la conformité de l'idée avec son objet que les stoïciens faisaient consister le caractère distinctif de la certitude. Tel est le sens propre des mots φαντασία καταληπτική et κατάληψις, dont ils se servaient pour désigner ces perceptions et ces notions auxquelles adhère notre esprit, et dont il confesse, par son assentiment, la réalité objective. Par conséquent, la règle du vrai, c'est la droite raison, ὀρθὸς λόγος, c'est-à-dire la raison concevant l'objet conformément à ce qu'il est.

La logique proprement dite, la théorie du raisonnement, ne différait guère de la logique péripatéticienne que par la langue et par la terminologie. Je ne vois sur ce point qu'une particularité qui mérite d'être notée. Aristote avait fixé à dix le nombre des attributs généraux des êtres, à savoir : l'essence, la quantité, la qualité, la relation, le lieu, le temps, la situation, la possession, l'action, la passion. C'étaient là les conditions premières, selon lui, de toute conception, les idées fondamentales qui accompagnent nécessairement toute notion intellectuelle comme toute impression sensible. Cette liste se réduisit considérablement entre les mains des stoïciens. Ils ne reconnaissaient que quatre *catégories* (c'est le nom donné par Aristote aux attributs premiers) : la disposition locale, la qualité, la réalité et la relation. Je transcris les mots grecs, qui s'expliquent d'eux-mêmes, mais que ne rendent qu'imparfaitement les termes dont j'ai été obligé de me servir, faute de véritables équivalents : τὸ ὑποκείμενον, τὸ ποῖον, τὸ πῶς ἔχον, τὸ πρός τι ἔχον.

La physique stoïcienne correspondait à peu près à ce que les philosophes modernes appellent ontologie. C'est par cette science que les stoïciens prétendaient rendre compte, sans hypothèses, des notions communes sur les objets réels de la nature, et expliquer les principes de tout ce qui est ou participe de l'être. Tout ce qui est réellement, tout ce qui peut agir ou souffrir, est corps, suivant eux; mais, au-dessus des êtres réels, il y a les principes des êtres, qui ne sont ni engendrés ni corruptibles. Ces principes sont la matière indéterminée, mais susceptible de revêtir tous les modes, et la raison, le λόγος, qui pénètre toutes choses, qui circule dans tout l'univers, et duquel dérivent l'action, la forme et la fin de tout ce qui est. Ils nommaient *patient* le premier principe, celui dont se font les choses, et *agent* celui qui les fait être ce qu'elles sont.

L'agent est l'être que les hommes adorent sous tant de dénominations diverses : il est Jupiter, Neptune, Minerve; il est tous les dieux ensemble, car il est la Divinité. Les autres dieux n'existent qu'au regard de notre intelligence; ils ne sont que la personnification des divers attributs du Dieu unique. Dieu est dans le monde, et non hors du monde; mais il ne s'y absorbe pas : il ne cesse pas, malgré l'intimité, la nécessité de cette union, de demeurer lui-même, c'est-à-dire un animal immortel, raisonnable, parfait dans son essence et dans sa félicité. Sa force toute-puissante s'exerce en vertu de certaines lois absolues et immuables, qui sont les lois mêmes de l'univers, et qui en constituent l'unité, le plan régulier, la magnifique et vivante harmonie. Dieu est l'âme du monde ; il en est le maître éternel, l'architecte et l'ordonnateur infaillible. Mais c'est dans l'hymne de Cléanthe qu'il faut lire l'expression de la pensée stoïcienne sur la Divinité, sur les attributs et les perfections de l'Être suprême. J'en vais transcrire quelques passages.

« Salut à toi, le plus glorieux des immortels, être
« qu'on adore sous mille noms, Jupiter éternelle-
« ment tout-puissant; à toi, maître de la nature ; à

« toi qui gouvernes avec loi toutes choses ! C'est le
« devoir de tout mortel de t'adresser sa prière; car
« c'est de toi que nous sommes nés, et c'est toi qui
« nous as doués du don de la parole, seuls entre
« tous les êtres qui vivent et rampent sur la terre. A
« toi donc mes louanges; à ta puissance l'éternel
« hommage de mes chants. Ce monde immense qui
« roule autour de la terre conforme à ton gré ses
« mouvements, et obéit sans murmure à tes ordres.
« C'est que tu tiens dans tes invincibles mains l'ins-
« trument de ta volonté, la foudre au double trait
« acéré, l'arme enflammée et toujours vivante; car
« tout, dans la nature, frissonne à ses coups reten-
« tissants. Avec elle, tu règles l'action de la raison
« universelle qui circule à travers tous les êtres,
« et qui se mêle aux grands comme aux petits flam-
« beaux du monde. Roi suprême de l'univers, ton
« empire s'étend sur toutes choses. Rien sur la
« terre, Dieu bienfaisant, ne s'accomplit sans toi;
« rien dans le ciel éthéré et divin, rien dans la mer;
« rien, hormis les crimes que commettent les mé-
« chants par leur folie.....Jupiter, auteur de tous biens,
« dieu que cachent les sombres nuages, maître du
« tonnerre, retire les hommes de leur funeste igno-
« rance; dissipe les ténèbres de leur âme, ô notre
« père! et donne-leur de comprendre la pensée qui
« te sert à gouverner le monde avec justice. Alors

« nous te rendrons en hommages le prix de tes bien-
« faits, célébrant sans cesse tes œuvres, comme
« c'est le devoir de tout mortel; car il n'est pas de
« plus noble prérogative et pour les mortels et pour
« les dieux, que de chanter éternellement, par de
« dignes accents, la loi commune de tous les êtres. »

Le mot *monde*, chez les philosophes stoïciens, se trouve employé dans plusieurs acceptions différentes. Parfois il signifie Dieu lui-même, la puissance active et plastique s'appropriant la substance indéterminée, et donnant à toutes choses la vie et la réalité. Au point de vue astronomique, le monde, κόσμος, l'arrangement, suivant la force expressive du terme grec, se prend pour l'ensemble des corps célestes dans leurs rapports et leur harmonie. Mais, le plus souvent, c'est la réunion des deux principes, l'agent et le patient, que les stoïciens appellent de ce nom. Le monde est, par conséquent, un être vivant et divin. Ils lui attribuaient, avec Empédocle, la forme sphérique, comme celle qui se prête le mieux au mouvement. Le monde, en tant qu'être réel, le tout qui se compose du ciel, de la terre, de toutes les natures particulières, n'était non plus éternel, suivant eux, que chacun des êtres qui vivent, végètent ou se meuvent dans son vaste sein. Produit par le feu, lorsque se divisèrent, dans la matière primitive, les quatre éléments avec lesquels Dieu forma toutes choses, c'est par le feu, pensaient-ils, que le monde doit périr un jour, pour renaître et périr encore, comme déjà il a pu naître et périr, par une série d'éternelles vicissitudes, dont la loi réside dans la nature de Dieu lui-même, l'éternel et infatigable ouvrier.

On voit assez, d'après ce qui précède, en quoi les stoïciens faisaient consister la providence divine. Dieu agit, et il ne peut faire que le bien; et c'est par la concordance nécessaire des causes et des effets dans le monde que se révèle cette bienfaisante activité. Le Destin est, pour ainsi dire, la face visible de la Providence.

L'âme de l'homme, suivant les stoïciens, est un air ardent, et elle fait partie de l'âme du monde; mais, comme toute individualité réelle, elle est sujette à la dissolution et à la mort. Les stoïciens ne promettaient, au delà de la vie présente, qu'une autre vie plus ou moins prolongée, mais non point l'immortalité. Toutes les âmes dureront, suivant Cléanthe, jusqu'à l'embrasement du monde. Chrysippe n'admet, dans cet autre existence, que les âmes des hommes vertueux : l'anéantissement immédiat sera le partage des scélérats.

L'âme se compose de huit parties ou forces : l'une de ces parties, la force fondamentale, l'intelligence, ἡγεμονικόν, λογισμός, est le principe de toutes les autres, comme Dieu est dans le monde le principe de toutes les natures particulières ; et ces autres parties sont les cinq sens, la parole et l'imagination. Toute sensation et tout mouvement de l'âme dérivent de la faculté intelligente, à ce titre que toujours ils reposent sur quelque croyance à la vérité de leur objet, sur quelque approbation, sur quelque jugement antérieur.

Le premier penchant de tout être animé, c'est l'instinct de sa conservation. La nature l'a attaché, pour ainsi dire, à lui-même ; et voilà pourquoi il s'éloigne des choses qui lui peuvent nuire, et cherche celles qui lui sont convenables. Cet instinct, chez l'homme, a été mis sous la sauvegarde de la faculté dont relève tout son être. La raison lui révèle la fin propre de son existence ; il sait ce que c'est que l'ordre, la régularité, la loi ; il a, par conséquent, sa règle. Le premier principe de la morale stoïcienne, c'est que l'homme doit vivre selon la droite raison, ou, pour me servir de la formule la plus usitée, vivre conformément à la nature, ὁμολογουμένως τῇ φύσει ζῆν. C'est une même chose, disait Chrysippe, de vivre selon la vertu, ou de vivre selon l'expérience des choses qui arrivent par l'ordre de la nature, parce que notre nature est une partie de la nature de l'univers. La vertu et le bonheur consistent donc dans un parfait accord entre le génie que chacun de nous porte au dedans de lui-même, et la volonté de l'être qui gouverne l'univers.

Les stoïciens partageaient en trois classes les choses de ce monde, relativement à l'usage qu'il nous est donné d'en faire pendant notre vie : les biens, les maux, les choses indifférentes. L'honnête était, suivant eux, le seul bien qui eût une valeur positive et absolue, comme le vice était le seul mal vraiment digne de ce nom. Tout le reste est purement indifférent, et n'a qu'une valeur relative, et qui dépend du bon ou du mauvais emploi. Tels sont les avantages et les défauts extérieurs, la santé, les plaisirs, la richesse, la pauvreté, la douleur, la maladie; tout ce qui n'est de soi ni bon ni mauvais; tout ce qui est susceptible, suivant l'occasion, d'aider également au mal comme au bien.

La vertu est la perfection de la nature raisonnable, c'est-à-dire de notre nature en tant que raisonnable. Elle consiste dans les actes de la raison libre, indépendante, en harmonie avec elle-même et avec la nature, et s'appliquant à connaître et à pratiquer le bien. Une conduite est dite vertueuse, qui se règle tout entière sur ce principe : Que rien n'est bon hormis de faire le bien, et que là seulement réside le caractère de la liberté. La sagesse, c'est-à-dire la prudente considération des règles de notre nature, est la base sacrée de la vertu. Quant au vice, il provient ou de l'ignorance des vrais principes, ou de notre inconséquence et de notre légèreté : c'est la raison ou dédaignée ou pervertie.

Toute action est conforme ou non conforme à la nature de l'agent; et, parmi les actions conformes à sa nature, il y en a qui le sont parfaitement, et d'autres qui le sont à un moindre degré. Les actes parfaitement conformes à notre nature sont les seuls absolument bons et dignes d'éloges; et c'est par eux-mêmes qu'ils sont tels, et sans aucun regard à leurs conséquences. Les actes moins parfaitement conformes à notre nature, n'ont, au contraire, qu'une valeur relative, et qui se mesure au prix de leurs résultats. Tout le reste se nomme méfaits, transgressions, péchés, et encourt, de la part de l'agent, le démérite et la responsabilité morale. Toutes les bonnes actions sont équivalentes entre elles, comme aussi toutes les mauvaises; car il n'y a, selon les stoïciens, qu'une seule vertu et qu'un vice unique, et qui ne sont susceptibles ni de s'accroître ni de diminuer. Celui qui a une vertu, disaient-ils, les a toutes, parce qu'elles naissent toutes du même fonds commun. Un homme vertueux, disaient ils encore, joint ensemble la spéculation et la pratique; et, comme il fait certaines choses par esprit de choix, d'autres avec patience, celles-ci avec équité, celles-là avec préférence, il est nécessairement, et tout à la fois, prudent, courageux, juste et tempérant. C'étaient là les quatre formes essentielles qu'affectait, suivant eux, la vertu unique. Le vice avait, de son côté, ses quatre formes essentielles : c'étaient les quatre vices opposés à ces quatre vertus.

Le sage est exempt de passions, maître de lui-même, et laisse couler sa vie d'un cours paisible, jusqu'au terme fixé par le Destin. Les stoïciens énuméraient complaisamment toutes les puissances, toutes les perfections, tous les bonheurs de l'homme vraiment digne du nom de sage Ce portrait idéal était comme une perpétuelle exhortation à nous élever au-dessus des misères de notre condition humaine, et il éveillait dans l'âme les plus nobles instincts qu'y ait déposés l'auteur de toutes choses. On aurait la partie trop belle à renverser, au nom de la grossière réalité, cette conception sublime de l'homme vainqueur de ses passions et s'élevant jusqu'à la sainteté pure, et, autant qu'il est donné à notre faiblesse mortelle, jusqu'à la divinité même. Ce qu'il faut voir dans la doctrine, c'est le résultat ; c'est cette force énergique et invincible, ce courage à toute épreuve qui a été, dans tous les temps, et surtout à Rome, sous les Empereurs, l'apanage des hommes nourris dans les maximes stoïciennes. L'idéal stoïcien ne s'est jamais réalisé peut-être ; mais, sans cet idéal où ils aspiraient de toutes les forces de leur âme, ces hommes se fussent-ils élevés si haut, et le monde antique s'honorerait-il des noms d'un Brutus et d'un Thraséas?

La Grèce avait inventé le stoïcisme; mais c'es Rome qui montra au monde tout ce que cette philosophie renfermait de vie et de réalité, sous l'apparence un peu sophistique dont l'avaient revêtue les successeurs de Chrysippe, et déjà Chrysippe lui-même. L'esprit des Romains, admirable à saisir tout ce qui était susceptible d'une application pratique, s'empara avec une ardeur indicible d'une philosophie qui répondait si juste à ses fiers instincts. Les jurisconsultes la firent servir à l'interprétation des lois nationales, et les plus beaux génies de la littérature latine l'ornèrent de tous les charmes du style, pour en répandre la connaissance et le goût. L'éclectisme platonicien de Cicéron admit à la place d'honneur, pour ainsi dire, la morale du Portique; et Sénèque fut un pur moraliste stoïcien. Il y a des traités de Cicéron qui ne sont rien autre chose que la transcription, sous une forme plus belle et dans un éloquent langage, des commentaires stoïciens de Panétius et des autres disciples de l'école de Zénon. Sénèque eut l'honneur de mettre le premier en lumière quelques-unes des conséquences sociales du stoïcisme, les plus nobles et les plus fécondes. Enfin le stoïcisme passa dans les mœurs de tous ceux qui se souvenaient des antiques vertus romaines et de la liberté.

Il faut dire que le génie romain s'accommodait médiocrement des spéculations métaphysiques, ou plutôt physiques, sur lesquelles les stoïciens grecs avaient prétendu bâtir tout l'édifice du système, et où se concentraient encore, du temps même de l'Empire, les principaux efforts des héritiers grecs de Zénon, de Cléanthe et de Chrysippe. On trouve, jusque dans les écrits des plus décidés partisans de la doctrine, jusque dans Épictète et dans Marc-Aurèle, des preuves assez multipliées d'une sorte d'indifférence à l'endroit de certains problèmes agités autrefois par les esprits dont ils suivaient la trace morale. Le doute, sur bien des points, a remplacé chez eux des affirmations tranchantes, acceptées dans le Portique à titre de vérités incontestables, et presque de dogmes religieux et d'articles de foi. Ils ont fait bon marché surtout de ces arguties où se complaisait la logique stoïcienne, et dont il semble qu'auraient dû se préserver les disciples de Zénon, eux qui étaient en possession de si grandes vérités morales, de maximes si riches en applications positives. Mais il n'était pas donné à des Grecs de ne point tomber plus ou moins dans l'éternel défaut de cette nation disputeuse, la dialectique sans but et pour l'amour de l'argumentation.

Épictète et Marc-Aurèle sont proprement, presque uniquement, des moralistes. Le stoïcisme, chez eux, est réduit à ses véritables proportions. Ils en ont retranché, d'une main ferme et courageuse, tous les ornements superflus, ou, si l'on veut, tous les embarras, toutes les superfétations parasites. D'accord avec les anciens maîtres sur les points vraiment essentiels, ils ont porté dans tout le reste une grande liberté d'esprit, et la féconde vertu de l'indépendance. Le stoïcisme, au deuxième siècle de notre ère, ne pouvait plus parler le langage qui avait suffi jadis aux exigences des contemporains de Pyrrhus et d'Antigonus. Le temps avait marché, et transformé, par son action insensible, les dispositions et la volonté des hommes. Il y avait dans toutes les âmes comme une source d'amour qui ne demandait qu'à s'épancher. L'idée de la fraternité humaine germait sourdement au fond des cœurs. Il suffit d'ouvrir au hasard les livres d'Épictète et de Marc-Aurèle, pour reconnaître la trace lumineuse de l'immense progrès moral accompli depuis trois siècles. Cette humilité, ce renoncement à soi-même, dont Épictète proclame sans cesse l'efficace vertu; cette tendresse expansive, cet amour du prochain, ce dévouement au bonheur des hommes, qui fut à la fois toute la vie et toute la philosophie de Marc-

Aurèle, semblent d'un autre monde, pour ainsi dire, si on les compare aux premières méditations stoïciennes sur ce qui fait la force et la dignité de l'âme, sur les rapports de l'homme avec ses semblables. Zénon et les autres maîtres du Portique niaient la douleur et proscrivaient la pitié ; ils mettaient presque au rang des crimes les faiblesses de l'âme, les émotions les plus douces et les plus naturelles. La nature a repris ses droits, et dans le stoïcisme même, par Épictète et par Marc-Aurèle. Il n'y a chez eux plus rien presque d'utopique : l'un a dicté des leçons qui ont pu être la règle des saints du christianisme; et l'autre a fait, en se peignant lui-même, un des plus sublimes traités de morale qu'on ait jamais écrits.

Épictète s'est renfermé dans l'étude de l'âme humaine, et n'a proposé d'autre but à ses spéculations philosophiques que la connaissance des règles qui doivent nous guider dans la pratique de la vie. Ses ouvrages ne sont qu'une sorte de commentaire de la pensée de Platon que j'ai citée plus haut : le *Manuel*, sous une forme aphoristique et dégagée de tout appareil scientifique ou littéraire; les *Dissertations*, avec plus de développements, comme il convenait à un dessein de persuasion. Le *Manuel* est la substance et le résumé de l'enseignement d'Épictète ; les *Dissertations* sont cet enseignement même, tel qu'Arrien l'a recueilli de la bouche de son maître.

Cléanthe faisait saillir aux yeux, par une ingénieuse image, l'absurdité du principe sur lequel repose toute la doctrine morale d'Épicure. Figurez-vous, disait-il à ses disciples, un tableau où serait représentée la Volupté, assise sur un trône, dans un magnifique appareil, et revêtue d'ornements royaux. A ses côtés sont les Vertus, réduites à l'état d'humbles servantes. Elles n'ont qu'un soin unique, qu'un seul devoir, c'est d'exécuter les commandements de la Volupté. Seulement, il leur est permis de lui recommander tout bas à l'oreille de prendre bien garde de rien faire d'imprudent et qui puisse blesser les âmes des hommes, ou de s'exposer jamais à éprouver quelque sentiment de douleur. « Au reste, diraient-elles, nous les Vertus, nous sommes nées pour te servir ; nous n'avons point d'autre affaire au monde. » On pourrait dire qu'Épictète a rétabli la Vertu dans ses droits légitimes, et qu'il a définitivement chassé du trône la Volupté usurpatrice.

« Épictète, dit Pascal dans les *Pensées*, est un des philosophes du monde qui ait le mieux connu les devoirs de l'homme. Il veut, avant toutes choses, qu'il regarde Dieu comme son principal objet; qu'il soit persuadé qu'il gouverne tout avec justice; qu'il

se soumette à lui de bon cœur, et qu'il le suive volontairement en tout, comme ne faisant rien qu'avec une très-grande sagesse ; qu'ainsi cette disposition arrêtera toutes les plaintes et tous les murmures, et préparera son esprit à souffrir paisiblement les événements les plus fâcheux : « Ne dites jamais,
« dit il, J'ai perdu cela ; dites plutôt, Je l'ai rendu;
« Mon fils est mort, Je l'ai rendu ; Ma femme est
« morte, Je l'ai rendue. Ainsi des biens et de tout
« le reste. Mais celui qui me l'ôte est un méchant
« homme, direz-vous. Pourquoi vous mettez-vous
« en peine par qui celui qui vous l'a prêté vienne le
« redemander? Pendant qu'il vous en permet l'u-
« sage, ayez-en soin comme d'un bien qui appar-
« tient à autrui, comme un voyageur fait dans une
« hôtellerie. Vous ne devez pas, dit-il encore, dési-
« rer que les choses se fassent comme vous le vou-
« lez ; mais vous devez vouloir qu'elles se fassent
« comme elles se font. Souvenez-vous, ajoute-t-il,
« que vous êtes ici comme un acteur, et que vous
« jouez votre personnage dans une comédie, tel
« qu'il plaît au maître de vous le donner. S'il vous le
« donne court, jouez-le court ; s'il vous le donne
« long, jouez-le long : soyez sur le théâtre autant de
« temps qu'il lui plaît ; paraissez-y riche ou pauvre,
« selon qu'il l'a ordonné. C'est votre fait de bien
« jouer le personnage qui vous est donné ; mais de

« le choisir, c'est le fait d'un autre. Ayez toujours
« devant les yeux la mort et les maux qui semblent
« les plus insupportables ; et jamais vous ne pense-
« rez rien de bas, et ne désirerez rien avec excès. »
Il montre en mille manières ce que l'homme doit
faire. Il veut qu'il soit humble, qu'il cache ses
bonnes résolutions, surtout dans les commence-
ments, et qu'il les accomplisse en secret : rien ne
les ruine davantage que de les produire. Il ne se
lasse point de répéter que toute l'étude et le désir
de l'homme doivent être de connaître la volonté de
Dieu, et de la suivre. Telles étaient les lumières de
ce grand esprit, qui a si bien connu les devoirs de
l'homme : heureux s'il avait aussi connu sa faiblesse ! »

Marc-Aurèle est plus conforme encore, s'il est
possible, aux enseignements de la religion chrétienne. Il est moins incomplet qu'Épictète, plus
pratique même, plus profondément humain. Ce
n'est plus un maître dogmatisant ; c'est un homme
de bien qui se rend compte de toutes ses pensées,
de toutes ses actions, et qui creuse, comme il le dit,
au fond de son âme. Son livre est mieux qu'un livre, c'est lui-même. Le *Manuel* est devenu, par le
changement de quelques mots, la règle de saint Nil
et des solitaires du mont Sinaï ; mais les réprimam-
des que Marc-Aurèle s'adresse à lui-même, comme

les encouragements qu'il se donne avec la même franchise, quand il reconnaît en lui ou la trace de quelque faiblesse, ou l'espérance de quelque vertu, il n'est pas un homme, à quelque condition qu'il appartienne, qui ne puisse, aujourd'hui même, et mieux encore que dans le *Manuel*, y puiser de salutaires leçons, des provisions, comme disait l'école du Portique, pour le pénible voyage de la vie. Un homme illustre dans l'Église, le cardinal François Barberin l'Ancien, neveu du pape Urbain VIII, occupa les dernières années de sa vie à traduire dans la langue de son pays les pensées de l'empereur romain, pour en répandre parmi les fidèles les fécondes et vivifiantes semences. Il dédia cette traduction à son âme, *pour la rendre*, dit-il dans son style énergique, *plus rouge que sa pourpre, au spectacle des vertus de ce gentil.*

La physique stoïcienne se montre çà et là dans le livre de Marc-Aurèle ; mais, comme je l'ai déjà fait observer, Marc-Aurèle ne s'y attache point, n'essaye point d'en confirmer ou d'en ébranler les principes : il y fait allusion, bien plus qu'il ne les discute, uniquement préoccupé du but qu'il se propose, et où il rapporte toutes ses pensées, la connaissance de soi-même et la conduite de sa vie.

Marc-Aurèle représente le monde comme un être vivant, formé d'une matière unique, et dont une âme unique anime à la fois toutes les parties. Il n'y a rien, selon lui, qui soit hors de la nature, et la nature se suffit à elle-même : elle trouve en elle-même l'espace, la matière et l'art. La force divine qui pénètre le monde se divise entre une foule innombrable de dieux ; et ces dieux ont des corps, et ils peuvent se manifester à nos yeux : au nombre de ces dieux comptent le soleil et les astres qui resplendissent dans le ciel.

Marc-Aurèle insiste fortement sur l'idée de la Providence, comme avaient fait avant lui tous les stoïciens : il se trouve là déjà un peu plus en lui-même. Il s'attache à la règle d'action vraiment fondamentale, la conformité à la volonté de Dieu, et la résignation au sort que nous assigne l'auteur de tous biens. Tout se tient dans le monde, suivant Marc-Aurèle ; tout a sa raison d'être, et il ne saurait arriver rien qui n'ait ses causes dans la nature. Le monde moral est soumis, comme le monde sensible, à d'irréfragables lois. Tout ce qui nous arrive nous était destiné de tout temps ; de tout temps notre être était engagé dans la chaîne des événements qui devaient se réaliser un jour ; l'action des causes secondes se préparait par l'action même de la première cause, qui s'est mise d'elle-même en jeu dans l'univers. Tout arrive nécessairement, mais justement ; car la cause première n'est pas seule-

ment puissante : elle est juste, et elle distribue
à chaque être la part qui lui est due des biens dis-
pensés Il n'y a donc rien en ce monde que nous de-
vions recevoir avec tristesse, rien qui ne doive nous
trouver résignés et reconnaissants : « Tout ce qui
« t'accommode, ô monde ! dit Marc-Aurèle, m'ac-
« commode moi-même. Rien n'est pour moi préma-
« turé ni tardif, qui est de saison pour toi. Tout ce
« que m'apportent les heures est pour moi un fruit
« savoureux, ô nature ! Tout vient de toi ; tout est
« dans toi ; tout rentre dans toi. Un personnage dit :
« *Bien-aimée cité de Cécrops !* Mais toi, ne peux-tu
« pas dire : O bien-aimée cité de Jupiter ! »

Marc-Aurèle semble affaiblir quelquefois, par une
expression de doute, les principes qu'il a le plus
fortement établis ; et je pourrais relever quelques
passages où l'on croirait qu'il fait au hasard. c'est-
à-dire à l'absence de toute cause intelligente, une
part dans le gouvernement des choses humaines.
Mais il ne faut pas presser trop fort les conséquences de quelques paroles inconsidérées peut-être, ou
plutôt qui ne sont là que comme des objections qu'il
se pose à lui-même, et non comme des opinions
dont il accepte la responsabilité. Sa doctrine est
parfaitement explicite sur ce point; i y revient en
vingt passages, et dans les mêmes termes : pour un
lecteur de bonne foi, il n'y a lieu nulle part à se

méprendre sur sa véritable intention. Au reste, un esprit comme celui de Marc-Aurèle ne s'apprécie point d'après ses défaillances, si tant est qu'il y ait rien en lui qu'on puisse appeler de ce nom.

L'homme est triple suivant Marc-Aurèle : il est composé d'un corps, d'une âme ou d'un souffle de vie, et d'une intelligence ou d'une raison ; et c'est à la raison qu'appartient l'empire sur tout son être. Cet amas de poussière et de sang, cette masse charnelle qui écrase notre âme de son poids, est digne de tout mépris par elle même, et la perte que nous faisons à la mort n'a rien qui mérite le moindre de nos regrets. Les passions ont leur siége dans la partie animale de notre être, et ne sont qu'un embarras dans le voyage de la vie, quand elles ne sont pas la cause de notre chute et de notre dégradation morale. Ce n'est pas de les modérer seulement qu'il s'agit en ce monde, c'est de les détruire, c'est d'en attacher jusqu'aux plus secrètes racines. Il faut que la raison règne en maîtresse, en absolue souveraine, pleine d'un dédain profond pour tout ce qui est en dehors d'elle, et ramassée en soi-même, au sein de ses méditations. Notre raison émane de la raison universelle, elle est une portion de Dieu, elle est Dieu même en nous, car les lois qui la régissent sont les lois que subit la Divinité. Le devoir de l'homme est contenu tout entier dans un double axiome : Conformité à notre nature particulière et à la raison que nous portons en nous ; Conformité à la nature universelle et à la raison suprême, sources communes de la raison de chaque être et de sa nature. Il n'y a rien qui soit plus vraiment conforme à la nature humaine que de nous aider les uns les autres et d'échanger entre nous de mutuels secours. L'humanité nous commande d'aimer comme nos frères ceux-là mêmes qui nous ont offensés. Il n'y a qu'une seule vengeance avouée par la raison : c'est de ne pas nous rendre semblables à ceux dont nous avons à nous plaindre. Nos actions ne doivent avoir jamais qu'un mobile, l'accomplissement du bien ; et nous devons faire le bien pour lui-même, indépendamment de tout ce qui pourra en advenir, et sans aucun regard ni à notre utilité personnelle, ni aux récompenses qui y seraient attachées. Ne publions pas nos bienfaits ; oublions-les, et passons à d'autres : soyons comme la vigne, qui donne son fruit et s'empresse de recommencer sa tâche : elle ne fait point valoir à nos yeux sa fécondité ; elle a obéi à la nature, et tout est dit pour elle.

Jusqu'ici nous n'avons guère vu que le philosophe stoïcien. Toutes ces doctrines se retrouvent plus ou moins explicitement dans Épictète, dans Sénèque, dans Cicéron, dans ce que nous connaissons des stoïciens de la Grèce. Voici ce que Marc-Aurèle n'a dû qu'à lui-même, ou aux méditations des philosophes d'une autre école que celle dont il avait embrassé les dogmes.

Il admet, avec Théophraste et les péripatéticiens, et, disons mieux encore, avec le bon sens vulgaire, des degrés dans l'appréciation des actes condamnables. Il distingue, par exemple, entre les péchés de concupiscence et ceux de colère. Il y a, selon lui, un manquement plus grave à se porter au mal avec plaisir, et de connivence avec la raison dépravée, qu'à céder aux entraînements irréfléchis d'un aveugle ressentiment. Or, les stoïciens, nous l'avons déjà dit, n'admettaient pas de plus ou de moins dans la vertu. Tout ce qui s'écartait de cette règle inflexible, ils le condamnaient absolument, et sans tenir compte des circonstances qui atténuent ou aggravent la culpabilité. Les stoïciens comptaient, nous l'avons dit encore, au nombre des faiblesses indignes de l'homme, la pitié même : ils en faisaient un vice, une maladie. Si elle n'est folie, elle est pour le moins, selon eux, trouble de raison et légèreté d'esprit. Marc-Aurèle pense, au contraire, que les mouvements naturels de l'âme n'ont rien que de légitime, quand il s'agit de l'infortune de nos semblables. Il n'hésite pas même à proclamer dignes d'une sorte de pitié les hommes qui font le mal, à raison de l'ignorance où ils vivent des vrais biens et des vrais maux.

Il y a enfin, dans le livre de Marc-Aurèle, une foule de préceptes moraux dont on ne retrouverait peut-être pas toujours les analogues dans les écrivains de l'antiquité païenne, dans Épictète même, et qui offrent, avec plus d'un passage de l'Évangile, une étrange et incontestable ressemblance. Il suffit, pour s'en convaincre, de les dégager de leur entourage stoïcien, comme a fait pour quelques-uns le commentateur Gataker, et de les mettre en forme, si je puis dire; car Marc-Aurèle n'a guère fait que les jeter en passant, par allusion, ou suivant la circonstance, comme choses qui allaient de soi, et qui n'avaient besoin ni de preuves ni de longs éclaircissements. C'étaient pour lui des vérités premières, bien plus qu'un texte d'argumentation. Je signale les principales et les plus frappantes.

Il faut s'abstenir même de la pensée du mal. Il faut détruire en nous jusqu'au germe des affections vicieuses. Il faut nous abstenir de tout discours inutile. Il faut s'attacher, avant toutes choses, à la culture de son âme, et la façonner à l'image de la Divinité. Il faut supporter les injures avec résignation. Il faut avertir les autres et les reprendre avec douceur et sans les choquer. Il faut sacrifier sans regret tout ce que nous avons de plus cher au monde, jusqu'à notre vie même, dès qu'il s'agit de l'accomplissement du devoir, etc., etc.

Ce qui fait le fond véritable du stoïcisme de Marc-Aurèle, c'est une éternelle préoccupation du bonheur de ses semblables ; c'est cette inquiétude sans cesse ravivée avec laquelle il s'interroge sur ses fautes, et cherche avec lui-même, non pas les plus faciles mais les plus assurés moyens de satisfaire à la loi d'amour, de justice et d'humanité, dont il porte en lui la vivante et divine image. Aussi eût-il été oiseux de traiter son livre comme on fait ceux des philosophes dogmatiques, et d'exposer tous les points de doctrine auxquels il a touché. Je n'avais qu'à signaler le caractère singulièrement personnel de sa morale, et à en marquer, comme on dit, l'esprit et les tendances. Une âme n'est point un système ; et le livre des *Pensées* est l'âme de Marc-Aurèle.

Un illustre écrivain, dont on retrouve la trace brillante dans l'étude de l'antiquité comme dans l'histoire des littératures modernes, M. Villemain, a saisi avec un rare bonheur, et fixé par quelques mots caractéristiques, les traits de cette merveilleuse transformation du stoïcisme, dont je viens d'essayer une grossière et imparfaite exposition : « Fon-
« dée sur le mépris de la douleur, du plaisir et de la
« pitié, l'ancienne philosophie stoïque voulait dé-
« truire la nature plutôt que la régler. Elle avait in-

« terdit toutes les émotions de l'âme ; elle niait la
« douleur physique ; elle rougissait de la pitié, cette
« douleur de l'âme, ce contre-coup du mal des au-
« tres, que Dieu nous a donné pour nous forcer de
« les secourir. En établissant qu'il n'y avait pas de
« degré dans les fautes, et que toute faiblesse était
« un crime, elle faisait violence à la raison comme
« au cœur de l'homme. De là, sans doute, devaient
« sortir des âmes invulnérables; et, lorsque le génie
« républicain fut menacé par le glaive d'un dicta-
« teur, lorsque tout cédait à la gloire de César, ou
« que tout rampait sous Tibère, on conçoit que ces
« âmes aient donné de grands spectacles au monde ;
« mais enfin leur vertu n'était que le courage de
« mourir ; leur philosophie autorisait le meurtre, et
« se réfugiait dans le suicide. Brutus et Caton, au
« milieu de leur âpre patriotisme, ne laissent rien
« voir de cet amour de l'humanité qui respire dans
« l'austérité des Antonins. La source même de leurs
« maximes est différente, leurs vertus moins désin-
« téressées ; ils ne sont que des grands hommes, ils
« ont besoin de la gloire. Le stoïcisme des Antonins,
« au contraire, est nourri de cette tendre compas-
« sion, de cette justice indulgente, de cette affec-
« tion cosmopolite, qui respiraient dans la loi chré-
« tienne. »

Quelques modernes se sont imaginé que c'était

dans l'étude de l'Évangile ou dans le commerce des chrétiens, et non pas dans la contemplation de lui-même et dans son propre cœur, que Marc-Aurèle avait puisé ces hautes lumières et cette humanité profonde. C'est une thèse qu'on peut soutenir, en dépit de l'histoire et des faits; et ce passe-temps n'a rien que d'inoffensif, dès qu'il ne s'agit que d'un hommage de plus à la foi chrétienne, et à condition qu'on n'arguera pas de cette impuissance de la raison, dont quelques-uns voudraient faire aujourd'hui un dogme religieux, et qui n'est qu'un insolent paradoxe, et, au fond, une monstrueuse impiété.

Les chrétiens contemporains de Marc-Aurèle ne se fussent jamais posé une pareille question. Ils savaient trop bien à quoi s'en tenir sur son christianisme prétendu. Une ignorance complète des dogmes chrétiens peut seule expliquer la rigueur avec laquelle un tel philosophe et un tel homme fit appliquer aux sectateurs du Christ les décrets des Néron et des Adrien. La jalousie de la sagesse n'entra jamais dans cette âme. Il sévit contre des sujets qu'on lui peignait rebelles; il eût chéri des maîtres ou des frères en doctrine. Mais il ne soupçonna pas un instant l'étroite parenté qui unissait le persécuteur et les victimes; parenté que les chrétiens ne soupçonnaient pas plus que lui, et qui ne se révélá qu'après la mort de celui qui les avait frappés. Jusqu'au jour où l'on recueillit les derniers écrits de cette main toute-puissante, les chrétiens durent se méprendre sur le caractère de Marc-Aurèle. Ils le jugeaient sur ses actes publics, qui n'étaient que la politique de l'Empire : ils ignoraient l'homme, trop haut placé, et trop loin de leurs regards ; ils voyaient bien un philosophe, mais que rien ne distinguait, à l'extérieur, d'un stoïcien vulgaire.

C'est chose impossible pourtant, au dire des hommes d'une certaine école, qu'une vertu presque parfaite se soit élevée du sein de ce qu'on est convenu d'appeler les ténèbres du paganisme. Aussi, comme il était difficile d'en faire honneur à la morale révélée, ont-ils pris définitivement le parti de la nier, ou tout au moins de la tourner en ridicule. Marc-Aurèle n'est plus, pour quelques historiens, qu'un sophiste au cœur sec, nourri d'une négation superbe (c'est leur mot, et il paraît qu'ils le comprennent) ; qu'un pédant tristement rigide, travaillant sa vertu, peinant à s'enlever de terre, et retombant à plat dans les faiblesses humaines ; enfin le complaisant débonnaire des infamies de Vérus et des déportements de Faustine. C'est cette caricature qu'il leur plaît d'affubler du nom de Marc-Aurèle. C'est cette prostitution de l'histoire, du ministère sacré de la vérité, qu'on étale impudemment aux yeux des hommes, pour l'honneur d'un système; ce sont ces mensonges dont on ne craint pas de souiller la candeur même de la jeunesse ignorante. Les docteurs de la primitive Église, qui ne se doutaient pas des vertus chrétiennes du scepticisme, et qui n'avaient aucun motif pour se défier de la justice et de la raison, expliquaient la sagesse païenne, et ne la calomniaient pas; ils la confessaient sans arrière-pensée; ils en montraient la source divine, et tournaient au bien de la foi même ce que les docteurs de notre âge redoutent comme un péril pour la foi. Ils ne croyaient pas, ces faibles génies, que le genre humain eût si longtemps vécu, hormis une race, dans de complètes et visibles ténèbres morales, et que Dieu, qui est toute vérité, eût, durant quatre mille années, absolument déshérité ses enfants de ce pain de vie qu'il leur dispensa plus tard avec tant de libéralité.

« Il n'y a pas plusieurs sagesses, dit saint Augus-
« tin, mais une seule. Ce que les yeux de deux
« hommes voient en même temps n'appartient pas
« à l'œil de celui-ci ou de celui-là; c'est une troi-
« sième chose, où se portent les regards de ces deux
« hommes... On ne peut nier qu'il n'y ait une vérité
« immuable, qui renferme tout ce qui est immuable-
« ment vrai; vérité que tu ne saurais appeler tienne
« ou mienne, ni d'aucun autre homme..... C'est une

« sorte de lumière, dit le même Père en un autre
« passage, qui est, par une étrange merveille, en
« même temps secrète et publique; elle est toujours
« présente, et s'offre en commun à tous ceux qui
« contemplent les vérités immuables. »

Saint Clément d'Alexandrie dit que Dieu a fait avec les hommes, en quelque sorte, trois alliances : l'une avec les gentils, l'autre avec les Juifs, la troisième avec les chrétiens. Il a été servi et honoré par les uns et par les autres, chacun selon ses lumières. Aux gentils il a donné la philosophie; aux Juifs, la loi; et des Juifs et des gentils il a composé son Église : réunissant, pour ainsi dire, en un seul faisceau les trois alliances, toutes les trois fondées sur la parole divine; car, de même que Dieu a donné les prophètes aux Juifs, de même il a accordé aux gentils les philosophes, qui sont leurs prophètes.

Saint Justin dit, dans son *Apologie :* « Nous avons
« appris et nous avons déjà déclaré que Jésus-Christ,
« fils aîné de Dieu, était cette raison qui se commu-
« nique à tout le genre humain; et ceux qui ont vécu
« avec la raison sont chrétiens. Ainsi l'ont été, parmi
« les Grecs, Socrate, Héraclite, et leurs sembla-
« bles. »

On ne saurait nier qu'en ce sens tout spirituel, mais en ce sens uniquement, et non point par la transfusion des doctrines, Marc-Aurèle ne soit digne, entre tous les gentils, du nom que saint Justin n'hésite pas à donner à Héraclite et à Socrate. Élève des stoïciens, il avait adopté, dès sa tendre jeunesse, la vie dure et austère prescrite par ses maîtres; il avait pris le manteau grec; il couchait sur le plancher, et il fallut les instances pressantes de sa mère pour le décider à se servir d'un lit couvert de peaux; il renonça de bonne heure à tous les exercices du corps, à tous les plaisirs de la jeunesse, pour se livrer tout entier à l'étude et à la méditation, et pour se préparer aux grandes destinées que lui avait faites l'adoption d'Antonin. Nul empereur, nul homme au monde n'eut plus sincèrement à cœur le bien public; nul prince ne porta jamais plus d'ardeur, ni un plus complet oubli de lui-même, dans l'accomplissement de ses devoirs envers le genre humain. D'ailleurs, sa vie se passa tout entière dans de cruelles épreuves. Il eut à comprimer, à l'intérieur, des révoltes sans cesse renaissantes; il vit la peste décimer à plusieurs reprises les plus florissantes provinces de l'empire; il usa ses forces à vaincre sans fruit les Barbares, et il mourut avec le funeste pressentiment de l'inévitable catastrophe dont les peuples du Nord menaçaient Rome et l'Italie. De plus en plus il sentit le besoin de chercher en lui-même et dans sa conscience ce bonheur qui lui échappait de toutes parts; de protester du moins par la vertu contre les impitoyables lois de la décadence qui entraînait toutes choses. Son âme grandissait à mesure que son corps s'affaissait sous les fatigues; son courage persistait ferme et inébranlable, alors que les événements ne se lassaient pas de démentir ses plus fondées espérances.

C'est dans ces derniers jours de victoire apparente et de deuil réel, qu'il écrivit *pour lui-même*, comme le porte le titre grec de son livre, les commentaires de sa vie morale, les mémoires de sa pensée. J'en juge ainsi à la mélancolie profonde dont ces pages portent partout l'empreinte; à ces retours sur le passé qui ne peuvent être que d'un vieillard; au nom de vieillard qu'il se donne souvent à lui-même; à ces indications de lieux qu'on lit au bas des deux premiers livres du recueil, le pays des Quades et la ville de Carnuntum. Quoi qu'il en soit, on recueillit après sa mort les tablettes où il avait déposé ces confidences; on laissa, selon toute apparence, dans leur ordre premier, ou plutôt dans leur désordre, les précieuses reliques d'une pensée qui n'avait pas craint de se révéler tout entière; on n'en élagua rien, pas même les souvenirs d'auteurs favoris, pas même les citations textuelles : on vit avec raison, jusque dans ces emprunts étrangers, la trace des sentiments qui avaient passé à travers l'âme de Marc-Aurèle, une révélation non moins complète que dans les passages mêmes où il parle en son propre

nom. Il est constant du moins que, dès avant l'âge
des manuscrits que nous possédons, qu'au temps
du lexicographe Suidas, le livre de Marc-Aurèle
existait déjà sous la forme où on le trouve aujourd'hui, divisé en douze parties, qui se divisaient
elles-mêmes en un certain nombre d'articles ou de
paragraphes.

Un Français du dernier siècle, homme de mérite,
et qui s'entendait aux matières philosophiques,
M. de Joly, s'imagina, après une première lecture
du livre de Marc-Aurèle dans la traduction de Dacier, que Marc-Aurèle avait eu dessein de composer
un traité proprement dit, ou tout au moins qu'il
s'était proposé de ranger un jour, systématiquement et par ordre de matières, les pensées qu'il
avait jetées sur ses tablettes au hasard, et suivant
l'inspiration du moment. M. de Joly crut faire dès
lors une œuvre méritoire en publiant une édition
nouvelle de cette traduction, qu'il divisa en un certain nombre de chapitres, avec des titres de son
invention, sous chacun desquels il coordonna toutes
les pensées qui avaient entre elles une analogie plus
ou moins marquée. Il traduisit ensuite pour son
propre compte le même ouvrage, et persista dans
son premier système. Il s'y était même confirmé
davantage par la description d'un manuscrit du
Vatican, dont Winckelmann lui avait communiqué

les variantes. Ce manuscrit, le seul complet des
Pensées de Marc-Aurèle qui subsistât encore, ne
portait aucun titre, aucune inscription, ni au commencement de l'ouvrage, ni à la fin. On y voyait
des sections, mais qui ne répondaient pas aux livres
et aux paragraphes des éditions imprimées. Ces sections n'étaient marquées d'aucun chiffre, d'aucun
signe distinctif; seulement une ligne de blanc les
séparait, et chacune d'elles commençait par une
lettre rouge. On n'y trouvait pas ces indications de
lieux qui sont au bas des premier et deuxième livres
des éditions; et rien d'extérieur n'annonçait que
l'ouvrage fût de l'empereur Marc-Aurèle, sinon une
note à la page 189 du manuscrit, dans l'endroit où
commence le douzième livre des éditions, note ainsi
conçue : *de l'empereur Marc.* Joly trouve d'ailleurs,
dans l'examen des manuscrits partiels, qui sont en
assez grand nombre, des interversions de livres et de
paragraphes, qui prouvent, suivant lui, un complet
désordre primitif; et cette liberté des copistes anciens, il la revendique à son tour pour lui-même.
Quant au dessein de Marc-Aurèle, Joly croit en apercevoir l'évidente démonstration dans la composition
de ce qu'on appelle le premier livre, lequel ne roule
que sur un argument unique, ou à peu près, la reconnaissance de Marc-Aurèle envers sa famille, envers
ses maîtres et envers les dieux. Joly développe assez

longuement, et sans trop de méthode, toutes les raisons qui lui paraissent militer en faveur de son système, puis il conclut en ces termes : « Toute cette « discussion prouve, ce me semble, que j'ai pu fort « innocemment, et que j'ai même dû, à l'exemple « de Marc-Aurèle (qui, dans son premier corps de « tablettes, ne traita que d'un sujet), rassembler en « chapitres, suivant les matières, tout ce qui était « épars et mêlé confusément. Marc-Aurèle en eût « peut-être fait autant, s'il eût assez vécu. L'ordre « est évidemment ce qu'il y a de mieux ; il n'ôte « rien à la beauté de chaque pensée. »

Je ne vois nul inconvénient à accorder que le titre de l'ouvrage, non plus que la division en livres, et même, si l'on veut, la distinction des paragraphes par des lettres numérales, ne sont point le fait de Marc-Aurèle lui-même. Mais cette distribution des parties est fort ancienne, comme je l'ai déjà remarqué, et le titre grec *Pour lui-même* est parfaitement convenant au sujet. Quant aux indications de lieux, le pays des Quades et Carnuntum, elles se trouvaient dans le manuscrit palatin, sur lequel a été faite la première édition de l'ouvrage. Ce manuscrit, qui n'existe plus, était aussi complet que celui du Vatican, et d'une autorité pour le moins égale. Il est possible que les divisions, les lettres numérales, le titre même, y eussent été interpolés après coup, et pour la commodité des lecteurs ; mais on ne saurait suspecter l'authenticité des deux mentions géographiques dont il s'agit ; et Joly s'est empressé de le reconnaître. Pour prouver que Marc-Aurèle a voulu composer un ouvrage suivi, il ne suffisait pas d'alléguer un commencement d'exécution dans le premier livre : il fallait montrer que toutes les pensées s'encadrent exactement dans un plan suivi, et c'est ce que Joly n'est point parvenu à faire. Il a distribué les pensées sous trente-cinq chefs : pourquoi pas un autre nombre ? Il a mis le portrait de l'homme vertueux vers la fin : pourquoi pas au début ? Il a intitulé un ses chapitres *Philosophie :* qu'a-t-il voulu dire par ce mot ? c'est ce que n'expliquent nullement les pensées que ce mot semble chargé de résumer. Tout est arbitraire dans cette distribution nouvelle, et Joly n'a fait qu'imaginer une autre espèce de désordre, à la place du désordre primitif : ses chapitres rentrent, par tous les points, et à chaque instant, les uns dans les autres. Il n'y a guère de pensée qu'on ne pût promener successivement à travers toutes ses distinctions prétendues, et rattacher plus ou moins étroitement à toutes les autres pensées. Pour tout dire, il n'y a, dans le livre de Marc-Aurèle, ni commencement ni fin vraiment appréciable ; et il était impossible de ne pas échouer dans une tentative comme celle du dernier traducteur. Joly n'a fait un livre que pour l'œil, et nullement pour l'esprit. Marc-Aurèle n'eût certes pas tenu à cette puérile satisfaction. On est en droit de l'affirmer, malgré le *peut être* de l'ordonnateur.

Ces observations n'ôtent rien au mérite de la traduction de Joly, qui est réel, et que je serais mal venu à contester. Cette traduction l'emporte infiniment sur celle de Dacier par la force et le nerf du style. Joly était plus philosophe que Dacier, et il a su trouver dans la langue française des expressions franches et catégoriques, là où son devancier avait été souvent réduit à tourner autour de l'original et à se perdre dans le vague de la paraphrase. J'ai eu constamment sous les yeux ces deux traductions, et je ne dirai point, tant s'en faut, qu'elles m'aient été inutiles. Je me suis entouré d'ailleurs de toute sorte de secours, comme on le verra par les notes qui accompagnent ce travail; et il n'aura pas tenu à moi de mettre dans l'exécution ni plus de patience ni plus de scrupule. Mais je suis loin de me flatter que je donne ici le dernier mot de la critique sur le texte de Marc-Aurèle. Qui sait même s'il ne restera pas toujours d'inextricables mystères sous ces formules concises, sous ces mots de rappel qui suffisaient à l'auteur pour s'entendre avec lui-même, mais qui ne nous offrent, à nous, que des énigmes à déchiffrer? Comment s'assurer qu'on n'a point failli, et

presque à chaque pas, au travers de ce néologisme
étrange, et de ces constructions insolites qui déroutent
toutes les prévisions grammaticales? Comment
enfin supposer qu'on a fait saillir aux yeux toutes
les beautés sublimes dont étincelle ce style ou plutôt
cette pensée, malgré la bizarre irrégularité de la
forme et les âpretés de la diction? Vienne donc un
plus habile : je l'appelle de tous mes vœux. Il me
suffit, en attendant, d'avoir fait, comme dit Marc-
Aurèle, un acte d'homme. J'ai essayé d'être utile;
je l'ai été du moins à moi-même. Je n'aurai point
regret, quelque succès qu'obtienne ma tentative,
aux longues veilles que j'ai consumées dans ce rude
labeur. J'y aurai puisé peut-être quelque chose de
cette force qui enlève notre âme dans une région
sereine, au-dessus des petites passions et des rivalités
mesquines. Je m'y serai guéri, je l'espère, des
blessures dont saigne, trop souvent, même la plus
obscure et la plus inoffensive destinée.

Paris, 1er juillet 1843.

ALEXIS PIERRON.

PENSÉES
DE L'EMPEREUR
MARC-AURÈLE ANTONIN

LIVRE PREMIER

—

I

Exemples de mon aïeul Vérus[1] : Douceur de mœurs, patience inaltérable.

II

Qualités qu'on prisait dans mon père[2], souvenir qu'il m'a laissé : Modestie, caractère mâle[3].

[1] Annius Vérus, dans la maison duquel Marc-Aurèle fut élevé. Vérus avait été trois fois consul ; il avait eu le commandement de la ville de Rome, et c'est par Vespasien qu'il avait été mis au rang des sénateurs.

[2] Il se nommait, comme le précédent, Annius Vérus, suivant Jules Capitolin. Il était mort jeune, et Marc-Aurèle n'avait conservé de lui qu'un assez lointain souvenir, mais suffisant pour l'aiguillonner à la vertu.

[3] Capitolin dit de Marc Aurèle lui-même qu'il était ferme et énergique, mais exempt de présomption, et qu'on trouvait tout à la fois en lui la vertu sans âpreté, la modestie sans faiblesse, et la gravité sans aucune trace de mauvaise humeur.

III

Imiter de ma mère [4] sa piété, sa bienfaisance; m'abstenir, comme elle, non-seulement de faire le mal, mais même d'en concevoir la pensée [5]; mener sa vie frugale [6], et qui ressemblait si peu au luxe habituel des riches.

IV

A mon bisaïeul [7] je dois de n'avoir point fréquenté les écoles publiques [8]; d'avoir reçu, dans notre maison, les leçons de bons maîtres; d'avoir appris que, pour de tels objets, il faut n'épargner aucune dépense [9].

[4] Domitia Calvilla, ou Lucilla Capitolin lui donne ces deux noms. Spartien la nomme seulement Lucilla. Elle était fille de Calvisius Tullus, qui fut deux fois consul

[5] C'est l'éternel et immuable principe de la vraie morale. Méditer le crime, dit énergiquement Juvénal, c'est être coupable. Il n'y a pas de sophisme qui puisse jamais affaiblir cette indispensable vérité.

[6] Le rhéteur Aristide loue particulièrement la frugalité de Marc-Aurèle

[7] Son bisaïeul maternel, Catilius Sévérus Annius Vérus, le bisaïeul paternel, était mort quand Marc-Aurèle n'était encore qu'un très jeune enfant. Cependant on pourrait dire que c'est Annius Vérus qui avait réglé le plan d'éducation, et que son fils, celui qui a élevé Marc-Aurèle, s'y est religieusement conformé. Le bienfait remonterait alors au bisaïeul paternel.

[8] Capitolin dit que Marc Aurèle fréquenta les écoles publiques de déclamation; mais c'est dans sa jeunesse, ou même plus tard, et non pas dans son enfance. Il n'y a aucune contradiction entre le témoignage de Capitolin et le texte des *Pensées*.

[9] Le précepteur était, suivant la comédie, le plus mal payé des domestiques.

V

A mon gouverneur [10], de ne m'être jamais passionné, au Cirque, pour les Verts ou pour les Bleus [11], ni pour les petits ou les longs boucliers [12]; de savoir supporter la fatigue, réduire mes besoins, mettre moi-même la main au travail, ne point me mêler des affaires des autres, et laisser chez moi peu d'accès à la délation [13].

VI

C'est Diogénète [14] qui m'a inspiré la haine des futiles occupations, et l'incrédulité pour ce que content les jongleurs et les charlatans des incantations, de la conjuration des mauvais génies, etc. [15]. Grâce à lui, je m'occupe d'autres soins que celui d'engraisser des cailles [16], et je suis tout indifférence pour ces objets.

[10] On ignore le nom de ce personnage. On sait seulement qu'à sa mort, il fut vivement regretté de Marc-Aurèle.

[11] Lucius Vérus, le collègue de Marc-Aurèle à l'empire, ne partageait point cette indifférence. Il se passionna pour la faction des Verts.

[12] Les mots dont se sert Marc-Aurèle ne sont que la transcription en lettres grecques des termes latins *parmularius* et *scutarius*.

[13] Capitolin dit qu'il méprisa les délations qui grossissaient le fisc.

[14] Diogénète cultivait aussi les beaux arts, et il avait donné à Marc-Aurèle des leçons de peinture.

[15] Marc-Aurèle condamna par une loi, à la peine de la déportation, ceux qui se serviraient de ces moyens pour agir sur l'esprit superstitieux de la multitude.

[16] On faisait combattre des cailles les unes contre les autres, et l'on tirait, du succès de ces combats, des présages pour l'avenir.

Grâce à lui encore, je sais supporter la franchise dans le langage. C'est lui qui m'a donné du goût pour l'étude de la philosophie; qui m'a fait entendre les leçons de Bacchius [17] d'abord, puis de Tandasis [18] et de Marcien [19]; qui m'a appris, tout enfant, à écrire des dialogues [20]; qui a rendu agréables à mes yeux le grabat, la simple peau, et tout l'appareil de la discipline hellénique.

VII

Rusticus [21] m'a fait comprendre que j'avais besoin de redresser, de cultiver mon caractère. Il m'a détourné des fausses voies où entraînent les sophistes. Il m'a dissuadé d'écrire sur les sciences spéculatives, de déclamer de petites harangues qui ne visent qu'aux applaudissements [22], de chercher à ravir l'admiration des hommes par une ostentation

[17] On ignore qui était ce Bacchius.
[18] Tandasis est également inconnu.
[19] On croit que c'est le même que Capitolin nomme *Metianus*. Méric Casaubon écrit *Mœcianus*. Il est fort possible en effet que Μαικιανός soit devenu Μαρκιανός. Mécien était un jurisconsulte qui avait enseigné le droit à Marc-Aurèle.
[20] Quelques uns donnaient à Marc-Aurèle le surnom de *dialogiste*. Il dut probablement ce surnom à une certaine habileté dans le genre de composition où l'avait exercé Diogénète
[21] C'était un stoïcien, comme cet autre Rusticus qui fut mis à mort pour avoir loué Pétus Thraséas. Capitolin fait un beau portrait de Junius Rusticus. C'était un homme d'État et un homme de guerre, et le conseiller le plus sage et le plus dévoué de Marc-Aurèle.
[22] Il n'y a pas de contradiction avec ce que dit plus haut Marc-Aurèle de la composition des dialogues, art auquel il se félicite de n'être pas resté étranger Platon aurait pu mépriser Isocrate, sans que ce mépris retombât sur lui-même.

de grande activité ou de munificence. Je lui dois d'être resté étranger à la rhétorique, à la poétique [23], à toute affectation d'élégance dans le style ; de ne jamais me promener dans ma maison, revêtu d'une robe longue et traînante ; de m'être affranchi de tous les besoins du luxe ; d'écrire simplement mes lettres [24], à l'exemple de celle qu'il écrivit de Sinuesse [25] à ma mère ; de me montrer facilement exorable, toujours prêt au pardon, dès l'instant où ceux qui m'ont offensé par leurs paroles ou leur conduite veulent revenir à moi ; de mettre à mes lectures une scrupuleuse attention, et de ne jamais me contenter de comprendre superficiellement les choses ; de ne jamais donner de léger mon assentiment aux grands discoureurs. Enfin, je lui dois d'avoir eu entre les mains les commentaires d'Épictète [26] : c'est lui-même qui me prêta le livre.

VIII

Préceptes d'Apollonius [27] : Être libre ; de la cir-

[23] Les stoïciens proscrivaient ces études comme frivoles et nuisibles. Mais si Marc-Aurèle est étranger à la poétique, il a lu les poëtes, il les sait par cœur, il aime à les citer.

[24] Philostrate proclame comme modèles du style épistolaire, parmi les philosophes, Dion ; parmi les capitaines, Brutus ; parmi les empereurs, Marc-Aurèle.

[25] Ville de Campanie, sur la route de Rome à Brindes.

[26] Épictète n'avait rien écrit ; mais on recueillit ses conversations. Marc-Aurèle veut sans doute parler du livre d'Arrien. Il est possible aussi que ce soit d'un autre recueil qui n'existe plus, celui dont le *Manuel* semble n'être qu'un extrait.

[27] Cet Apollonius était de Chalcis, et appartenait à la secte stoïcienne. Dion Cassius le surnomme *Nicomédien*, on ignore pour quelle raison. C'est le même dont Démonax le cynique

conspection, mais de l'hésitation jamais ; nul regard, ne fût-ce qu'un instant, à rien autre chose que la saine raison; éternelle égalité d'âme, au milieu des douleurs aiguës, dans la perte de son enfant, dans les longues maladies. J'ai eu en lui, sous mes yeux, un vivant et manifeste exemple de l'union possible, dans le même homme, de l'extrême fermeté et de la douceur : même quand il enseignait, jamais la plus légère impatience. En lui j'ai vu un homme qui estimait certainement comme le moindre de ses biens cette expérience consommée, cette habileté à transmettre aux autres l'intelligence des questions philosophiques. C'est de lui que j'ai appris comment il faut accueillir les bienfaits que croient nous offrir nos amis : n'en soyons point humiliés; ne refusons pas sans un sentiment de gratitude.

IX

Sextus [28] a présenté à mes yeux le modèle de la bienveillance, l'exemple d'une famille gouvernée par l'affection paternelle, l'homme qui comprenait ce que c'est que vivre selon la nature [29]. Sa gravité

---

disait, en le voyant partir avec sa suite, pour Rome où le mandait Antonin le Pieux : « Voilà Apollonius et ses Argonautes ! » allusion au poëte alexandrin Apollonius, et à la fortune après laquelle le philosophe semblait courir, comme Jason et ses amis après la Toison d'or.

[28] Sextus de Chéronée, neveu de Plutarque. Quant au fameux Sextus Empiricus, il était déjà mort au temps de Marc-Aurèle. Le Sextus des *Pensées* ne peut être lui.

[29] Τοῦ κατὰ φύσιν ζῆν. C'est le principe fondamental de la morale stoïcienne. Marc-Aurèle y revient sans cesse. Son livre n'en est, pour ainsi dire, qu'un perpétuel commentaire.

n'avait rien d'affecté; il savait découvrir avec une inquiète bonté les besoins de ses amis; il supportait patiemment les sots et ceux qui donnent sans réflexion leur avis. Il s'accommodait à toutes les humeurs : aussi trouvait-on dans son commerce plus d'agréments que dans toutes les flatteries, en même temps qu'on se sentait pénétré pour lui d'un profond respect [30]. Il était habile à découvrir, à coordonner clairement, méthodiquement, les préceptes nécessaires à l'usage de la vie. D'ailleurs il ne donna jamais le moindre signe de colère ni d'aucune autre passion. Il était tout à la fois et libre de toute affection déréglée, et le plus aimant des hommes; sensible au bien qu'on disait de lui, mais ennemi des bruyantes acclamations; enfin, érudit sans pédanterie [31].

X

J'ai observé qu'Alexandre le grammairien [32] ne reprenait jamais personne qu'avec ménagement : jamais de remarque choquante au sujet d'un barbarisme, d'un solécisme, d'un son vicieux qu'il entendait proférer; seulement, il mettait à la place l'expression propre, adroitement, sous prétexte de

---

[30] Tacite fait le même éloge de son beau-père Agricola.

[31] La philosophie, selon les stoïciens, n'était pas un objet de montre et de livrée, mais une règle intérieure pour nos pensées et nos actions. Perse se moque du savant qui s'inquiète de l'opinion :

Scire tuum nihil est, nisi te scire hoc sciat alter!

[32] Cet Alexandre était un Grec né en Phrygie. On estimait ses travaux sur les poèmes d'Homère. Aristide a écrit l'éloge funèbre de ce grammairien.

réponse ou de confirmation, ou comme pour discuter non pas sur le mot, mais sur la chose même en question, ou par tel autre fin détour qui faisait passer la leçon.

XI

J'ai senti, grâce à Fronton [33], tout ce qu'il y a, dans un tyran, d'envie, de duplicité, d'hypocrisie, et combien il y a peu de sentiments affectueux chez ces hommes que nous appelons patriciens.

XII

J'ai appris d'Alexandre le platonicien [34] à ne pas dire souvent, ni sans nécessité, et à ne pas écrire dans une lettre, *Je n'ai pas le temps*; à ne jamais user d'un tel moyen, de ce prétexte d'affaires urgentes, pour refuser habituellement de rendre les services qu'exigeaient mes relations d'amitié.

XIII

Leçons de Catulus [35] : Jamais d'indifférence pour

---

[33] Cornélius Fronto, le plus célèbre des maîtres de Marc-Aurèle. On verra, dans l'*Appendice*, des témoignages éclatants de l'affection que lui portait son disciple Marc Aurèle le fit consul, et le chargea d'emplois considérables dans les provinces de l'empire.

[34] Cet autre Alexandre est problablement celui dont Philostrate a écrit la vie, et qu'on surnommait Πηλοπλάτων, Glaise-Platon. C'était un discoureur habile, sinon un grand philosophe. Il fut secrétaire de Marc-Aurèle, pour la correspondance grecque de l'empereur.

[35] Le stoïcien Cinna Catulus, mentionné par Capitolin, mais fort inconnu d'ailleurs.

les reproches d'un ami, même quand ces reproches seraient mal fondés; se sentir un vif empressement à se louer de ses maîtres, ainsi qu'en usaient, dit-on, Domitius et Athénodote [36]; témoigner à ses enfants une affection sincère.

XIV

Exemples de mon frère Sévérus [37] : Amour de nos proches, de la vérité, de la justice. C'est lui qui m'a fait connaître Thraséas [38], Helvidius [39], Caton [40], Dion [41], Brutus [42]; qui m'a fait concevoir l'idée de ce que c'est qu'un État libre, où la règle c'est l'égalité naturelle de tous les citoyens et l'égalité de leurs droits; d'une royauté qui place, avant tous les

---

[36] « Ces noms me sont inconnus. Il y a de l'apparence que « c'étaient deux hommes qui s'étaient rendus fort célèbres par la « reconnaissance qu'ils avaient toujours témoignée à leurs pré- « cepteurs » C'est l'excellent Dacier qui fait cette naïve remarque.

[37] Le mot ἀδελφός signifie à la fois frère et cousin. Ce Sévérus n'était sans doute qu'un parent maternel, descendant de l'aïeul de la mère de Marc-Aurèle, nommé Sévérus. Mais l'opinion vulgaire est qu'il s'agit ici de Claudius Sévérus, philosophe péripatéticien Marc-Aurèle le qualifie de frère, suivant Dacier, par affection. Cela est peu vraisemblable. Je trancherais volontiers la question en mettant le mot cousin. Mais Capitolin cite Claudius Sévérus parmi les maîtres de Marc-Aurèle. Supposons que c'est lui, en dépit de l'étrange épithète.

[38] L'admirable victime de Néron.

[39] Voyez, dans les Dissertations d'Épictète, I, 2, le caractère du gendre de Thraséas Ses réponses à Vespasien sont sublimes.

[40] Caton d'Utique, le fameux stoïcien.

[41] L'adversaire de Denys, l'ami de Platon, le héros de Plutarque.

[42] Le meurtrier de César.

devoirs, le respect de la liberté des citoyens [43]. Son estime pour la philosophie demeura constamment la même, et ne se démentit jamais. Il était bienfaisant, libéral ; jamais de défaillance dans son espoir ; une confiance sans réserve dans l'affection de ses amis. Il ne dissimulait pas le mécontentement que vous lui aviez causé ; ses amis n'avaient pas à deviner : Que veut-il ? ou que ne veut-il pas ? il le révélait à leurs yeux.

XV

Sois maître de toi-même [44], disait Maximus [45] ; ne sois point versatile ; montre de la fermeté dans les maladies, dans toutes les circonstances fâcheuses ; aie une humeur toujours égale, pleine à la fois de douceur et de gravité ; fais ta besogne obligée sans témoigner jamais de répugnance. Quand Maximus parlait, tout le monde était convaincu qu'il exprimait sa pensée, et, quand il agissait, qu'un but honorable guidait

---

[43] Il ne faut voir dans ces paroles que la résolution prise par Marc-Aurèle de conformer sa conduite à ses doctrines, et de mériter un éloge analogue à celui que Tacite fait de Nerva : *Res olim dissociabiles miscuit, principatum ac libertatem.* Marc-Aurèle n'a jamais songé à donner aux citoyens ce que nous appelons des garanties légales.

[44] C'est le *latius regnes* d'Horace.

[45] Le stoïcien Claudius Maximus, et non point le platonicien Maxime de Tyr. Celui-ci est d'ailleurs compté parmi les philosophes dont Marc-Aurèle suivit les leçons. Dans les anciennes éditions, au lieu de παρὰ Μαξίμου, on lit παράκλησις Μαξίμου, ce qui ne change rien au sens. Même Casaubon corrige, παρὰ ἡ). Μαξίμου, à cause du prénom connu de ce Maximus. Mais Marc-Aurèle ne désigne jamais ses maîtres ou ses parents et amis que par un nom unique, Rusticus, Sextus, Fronton, etc.

son action. Ne s'étonner de rien, n'être surpris de rien [46]; ne jamais se presser, mais ne pas non plus montrer d'indolence, d'irrésolution, d'abattement; point de ces alternatives de bonne humeur, puis de colère ou de bouderie; de la bienfaisance, de la générosité dans le pardon des fautes; jamais de mensonge; offrir dans sa personne l'image de la rectitude naturelle, plutôt que celle d'un redressement : tel était Maximus. D'ailleurs, nul jamais ne se crut l'objet de ses mépris, ni n'osa se préférer à lui. Enfin, c'était par excellence l'homme plein de grâce et d'esprit.

XVI

Ce que j'ai vu dans mon père [47] : La mansuétude [48] jointe à une rigoureuse inflexibilité dans les jugements portés après mûr examen; le mépris de la vaine gloire que confèrent de prétendus honneurs [49]; l'amour du travail et l'assiduité; l'empressement à écouter ceux qui nous apportent des conseils d'utilité publique; l'invariable application à chacun de la rémunération selon les œuvres; le tact qui nous

---

[46] C'est encore la pensée développée par Horace : *Nil admirari*, etc.

[47] Antonin, Titus Antoninus Pius, le père adoptif de Marc-Aurèle.

[48] Capitolin dit de cet excellent prince : *Erat moribus clemens, ingenio placidus et mitis, nulli acerbus, cunctis benignus*.

[49] Aurelius Victor : *Appetenti gloriæ carens et ostentatione*. Capitolin en cite un exemple. Le sénat voulait changer les noms des mois de septembre et d'octobre, et donner au premier le nom de l'empereur, au second celui de sa femme Faustine. Antonin ne le permit pas.

indique où il faut nous roidir, où il faut nous relâcher; le renoncement aux amours qu'inspirent les jeunes gens [50]; le zèle du bien public [51]. Ce n'était pas une habitude invétérée pour lui de souper avec ses amis, ni de ne pouvoir se passer d'eux dans les voyages [52] : ceux qu'une affaire avait tenus éloignés le retrouvaient toujours le même. Dans les délibérations, il ne négligeait aucune recherche; il y mettait toute la patience imaginable, et ne se payait pas des premières apparences pour suspendre le cours de son investigation. Il savait conserver ses amis : jamais il ne se fatiguait de leur affection, mais son amour pour eux n'était point fureur. Il se trouvait bien où qu'il fût : c'était toujours la même sérénité de visage. Il prévoyait de loin ; et, quand il s'occupait à régler des affaires de mince importance, jamais de fracas tragique. Les acclamations, les flatteries de toute nature, tant qu'il régna, ne se purent produire. Il veillait sans cesse à la conservation des ressources nécessaires à la prospérité de l'État [53].

[50] Allusion aux vices infâmes de l'empereur Adrien.

[51] Κοινονοημοσύνη. Il ne s'agirait, selon la plupart des commentateurs, que de cette modestie d'Antonin, qui lui faisait regarder tous les citoyens comme ses égaux, de cette *civilitas* pour laquelle nous n'avons pas de mot correspondant. J'ai suivi l'explication de Xylander, qui étend davantage le sens du terme. Au reste, κοινονοημοσύνη ne se trouve nulle part ailleurs.

[52] Marc Aurèle en usait de même. Galien, son médecin, obtint de rester paisiblement à Rome, au lieu de le suivre dans le pays des Quades et des Marcomans.

[53] Antonin fit supprimer tous les traitements qui ne répondaient à aucune fonction réelle. « Rien n'est honteux, disait-il, comme « de laisser ronger l'État par des gens qui ne contribuent point « de leur travail à sa prospérité. »

LIVRE I.

Ménager dans la dépense qu'occasionnaient les fêtes publiques, il ne trouvait pas mauvais qu'on censurât, à ce sujet, sa parcimonie. Il n'avait pas pour les dieux de crainte superstitieuse; quant aux hommes, il ne chercha jamais la popularité par ces empressements, ces complaisances, ces manières caressantes qui séduisent la foule; mais il était sobre en toutes choses [54] : jamais de manquement aux convenances, jamais de passion pour les nouveautés. Les choses qui servent, dans leur lieu, à rendre la vie plus douce, et dont la nature est envers nous si prodigue, il en usait sans faste, et sans se faire prier; il y portait la main, si elles étaient là, sans aucune affectation; absentes, il savait s'en passer. Nul ne serait en droit de dire qu'il ait été un sophiste, ni un homme de manières basses, ni un pédant [55] : tous voyaient en lui un homme mûr, complet, au-dessus de la flatterie, capable de gouverner et ses affaires et celles des autres. Ce n'est pas tout : il honorait les vrais philosophes, indulgent néanmoins pour ceux qui ne l'étaient qu'en apparence, mais sans jamais s'en laisser imposer par eux. Son commerce était plein d'agrément; il aimait à plaisanter, mais jamais jusqu'à vous en fatiguer. Il prenait de sa personne un soin modéré, et non point en homme qui aime la vie, ou qui veut étaler ses char-

[54] Νῆφον ἐν πᾶσι. C'est la modération complète. Le mot de Capitolin, *præcipue sobrius*, restreindrait l'expression grecque, qui est générale.

[55] Le portrait de ce prince par Capitolin ne dément pas les éloges de Marc-Aurèle : *Fuit vir forma conspicuus, ingenio clarus, singularis eloquentiæ, nitidæ litteraturæ; et hæc omnia cum mensura, et sine jactantia.*

mes. Jamais de négligence sur ce point : aussi dut-il à cette attention d'avoir rarement besoin de recourir à la médecine, à ses potions, à ses topiques. Il était admirable à céder le pas sans envie aux hommes éminents par quelque faculté, l'éloquence, la science de l'histoire, des lois, de la morale, ou toute autre ; à les aider à acquérir la gloire à laquelle chacun d'eux pouvait prétendre en raison de son mérite [56]. Toujours conformant sa conduite sur les exemples de nos pères, il n'affectait pas d'étaler sa fidélité aux traditions antiques. Ce n'était pas un esprit mobile et inconstant : il s'attachait aux lieux et aux objets [57]. Après de violents accès de mal de tête, il revenait bien vite aux affaires accoutumées, avec l'ardeur d'un jeune homme, et dispos comme auparavant. Il n'avait pas beaucoup de secrets : ils étaient en très-petit nombre, et restreints aux seuls intérêts de l'État. La prudence et la mesure étaient toujours sa règle, dans les spectacles publics qu'il avait à ordonner [58], dans les constructions qu'il faisait faire, dans

---

[56] Pline le Jeune dit la même chose de Trajan. Ce n'était point ainsi qu'en usaient Caligula, Néron, Domitien. Le tableau tracé pour nos terroristes par le publiciste révolutionnaire n'est que l'histoire vraie d'après Tacite : « Était-ce un philosophe, un « orateur, ou un poète ? Il lui convenait bien d'avoir plus de « renommée que ceux qui gouvernaient ! Pouvait-on souffrir qu'on « fit plus d'attention à l'auteur, aux quatrièmes, qu'à l'empereur « dans sa loge grillée ? *Virginium et Rufum claritudo nominis.* « *Suspect.* »

[57] Les principes stoïciens, sur ce point même, étaient absolus. Sénèque y insiste à plusieurs reprises. Il va jusqu'à dire à son ami Lucilius : *Mutare te loca, et de alio in alium transire nolo.*

[58] Marc Aurèle suivit les mêmes errements. *Gladiatoria munera implui modum fecit*, dit Capitolin.

ses largesses au peuple. C'était la conduite d'un homme qui a en vue ce que le devoir lui impose, et non les applaudissements que peut lui attirer l'exécution [59]. Jamais de bains qu'aux heures habituelles [60]; nulle passion pour les bâtiments; nulle recherche curieuse ni dans ses mets, dans le tissu ou la couleur de ses vêtements, ni à choisir de beaux esclaves [61]. Il portait, à Lorium, son habitation de campagne près de Rome, un vêtement fort simple, et presque toujours de laine de Lanuvium [62]. Pour le manteau qu'il portait à Tusculum, il demandait qu'on lui en accordât la grâce; et ainsi du reste. Rien en lui de dur, rien d'irrévérencieux pour personne, nulle véhémence, et jamais, comme on dit, *jusqu'à la sueur* [63] : il prenait chaque chose en son lieu, y mettait toute la réflexion nécessaire, comme à loisir, sans se troubler, avec ordre, avec une force persévérante, avec un juste accord dans tous ses mouvements. C'est bien à lui que s'appliquerait ce qu'on rapporte de Socrate [64], qu'il fut

[59] Voir la note A, à la suite des *Pensées*.

[60] Les satiriques ont fait souvent allusion à cet abus où ne tomba point Antonin : *Crudi tumidique lavantur. Crudum pavonem in balnea portas*, etc.

[61] J'entends σωμάτων dans le sens dont Gataker a réuni de nombreux exemples. C'est à tort que Xylander voit ici la répétition de ce que Marc Aurèle a dit plus haut, qu'Antonin ne prenait pas de sa personne un soin exagéré. Le pluriel du mot σῶμα ne se prête point à cette interprétation.

[62] Voir la note B, à la suite des *Pensées*.

[63] Ce proverbe, que plusieurs veulent remplacer par je ne sais quelle insignifiante expression, est fort clair de lui-même, et n'a pas besoin de commentaire.

[64] Particulièrement dans le premier livre des *Mémorables* de Xénophon.

capable et de s'abstenir et de jouir des choses dont la plupart des hommes ne peuvent ni souffrir l'abstinence, à cause de leur faiblesse, ni jouir sans en abuser. Se montrer ferme dans l'un et l'autre cas, maître de soi, tempérant, c'est le privilége de l'homme doué d'une âme forte et invincible ; et c'est ainsi que nous le vîmes, durant la maladie de Maximus [65].

XVII

Je remercie les dieux de m'avoir donné de bons aïeuls [66], de bons parents, une bonne sœur [67], de bons maîtres [68], et, dans mon entourage, dans mes proches, dans mes amis, des gens presque tous remplis de bonté. Jamais je ne me suis laissé aller à aucun manque d'égards envers nul d'entre eux, bien que, par ma disposition naturelle, j'eusse pu, dans l'occasion, commettre quelque irrévérence ; mais la bienfaisance des dieux n'a pas permis que la circonstance se présentât où je serais tombé dans cette faute. Je dois encore aux dieux de n'avoir pas trop longtemps reçu mon éducation chez la concubine de mon aïeul ; d'avoir conservé pure la fleur de ma

---

[65] Claudius Maximus, le philosophe stoïcien dont il a été question plus haut.
[66] Son aïeul paternel Annius Vérus, et son aïeul maternel Calvisius Tullus.
[67] Cette sœur se nommait Annia Cornificia.
[68] On a vu plus haut quel attachement et quelle reconnaissance Marc-Aurèle avait conservés pour tous ceux qui avaient servi à quelque chose dans son éducation.

jeunesse; de ne m'être pas fait homme avant l'âge, d'avoir différé au delà même; d'avoir vécu sous la loi d'un prince et d'un père qui devait dégager mon âme de toute fumée d'orgueil, et m'amener à comprendre qu'il est possible, tout en vivant dans un palais, de se passer et de gardes, et d'habits resplendissants, et de torches, et de statues, et de tout autre appareil; enfin, qu'un prince peut resserrer sa vie presque dans les limites de celle d'un simple citoyen, sans pour cela montrer moins de noblesse, moins de vigueur, quand il s'agit d'être empereur et de traiter des affaires de l'État. Ils m'ont donné de rencontrer un frère [69] dont les mœurs étaient pour moi une exhortation à veiller sur moi-même, en même temps que sa déférence et son attachement devaient faire la joie de mon cœur; d'avoir des enfants qui n'ont ni l'esprit trop lourd, ni le corps contrefait [70]; de n'avoir pas fait de trop grands

---

[69] Cet éloge de Lucius Vérus paraît singulier. Marc-Aurèle n'a pu ignorer les déportements de son frère adoptif; et il écrit ici, non pour le public, non pour sa cour, mais pour lui même, et dans toute la sincérité de son cœur. Gataker conjecture qu'il s'agit d'un autre personnage, de celui que Marc Aurèle nommait son frère Sévérus, quel qu'ait été du reste ce Sévérus. Mais le mot *frère*, sans désignation particulière, ne peut guère s'appliquer qu'au fils adoptif d'Antonin; et l'affection aveugle quelquefois les plus clairvoyants sur les vices de leurs amis ou de leurs proches.

[70] Commode était beau, et ne décela sa perversité que quand il fut maître de l'empire. Marc-Aurèle avait eu de Faustine plusieurs autres enfants: deux fils, Vérus et Antonin, morts en bas-âge, et trois filles, Lucilla, Fadilla, Cornificia. Cornificia est l'infortunée que Caracalla fit périr. Suivant quelques uns, Marc-Aurèle aurait même eu quatre filles; mais on ignore le nom de la quatrième.

progrès dans la rhétorique, dans la poétique, et dans les autres études : j'y fusse peut-être resté captivé, si j'eusse aperçu que j'y réussissais à souhait. Grâce aux dieux encore, je me suis hâté d'élever ceux qui avaient soigné mon éducation, aux honneurs qui me semblaient l'objet de leurs désirs : je ne les ai point laissés, tout jeunes qu'ils fussent encore, sur la simple espérance que plus tard j'y songerais. Ce sont les dieux qui m'ont fait connaître Apollonius, Rusticus, Maximus [71] ; qui m'ont offert, entourée de tant de lumière, l'image de ce que c'est qu'une vie conforme à la nature : oui, les dieux, et leurs dons, et leurs secours, et leurs inspirations, rien ne m'a manqué ; et depuis longtemps j'ai pu vivre conformément à la nature. Si je suis en deçà du but encore, c'est ma faute, c'est parce que j'ai mal observé les avertissements des dieux, et je dirai presque leurs leçons. Si mon corps a résisté si longtemps à la vie que je mène ; si je n'ai touché ni à Bénédicta, ni à Théodotus [72], et si, plus tard, saisi par les passions de l'amour, j'ai pu revenir à la santé ; si, malgré mes fréquents dépits contre Rusticus, je n'ai jamais passé les bornes et rien fait dont j'aie eu à me repentir ; si ma mère, qui devait mourir jeune, a pu néanmoins passer près de moi ses dernières années [73] ; si, chaque fois que j'ai voulu venir au secours de quelque personne dans l'indigence, ou affligée de

---

[71] Les maîtres dont Marc-Aurèle a parlé plus haut.

[72] On se passe fort bien de savoir ce que c'était que Bénédicta et Théodotus.

[73] Quand elle mourut, Marc Aurèle n'était point encore empereur ; mais on ne sait pas la date de sa mort.

quelque autre besoin, je ne me suis jamais entendu dire que l'argent me manquait pour accomplir mon projet ; si moi-même je ne suis jamais tombé dans une nécessité semblable, et si jamais je n'ai eu besoin de rien recevoir de personne ; si j'ai une femme d'un tel caractère, si complaisante, si affectueuse, si simple [74] ; si j'ai trouvé tant de gens capables pour l'éducation de mes enfants [75] ; si j'ai conçu en songe l'idée de me servir de remèdes souvent efficaces, et particulièrement contre mes crachements de sang et mes vertiges, et cela à Caïète comme à Chrèse [76] ; si, à l'origine de ma passion pour la philosophie, je ne suis pas devenu la proie de quelque sophiste ; si je n'ai pas perdu mon temps à l'étude des écrivains, ou à la résolution des syllogismes, ou à la recherche des secrets des choses célestes : c'est aux dieux que je le dois. Oui, tant de bonheurs ne peuvent être l'effet que de l'assistance des dieux et d'une heureuse fortune.

[74] L'éloge de Faustine a moins lieu de nous surprendre que celui de Lucius Vérus. Suivant quelques-uns, les mœurs de Faustine ont été calomniées. D'ailleurs, une femme astucieuse, avec des semblants de tendresse, n'aurait pas eu de peine à endormir la vigilance d'un homme qui ne croyait pas aisément au mal dans les autres, et que tant de soins divers tiraillaient en tous sens.

[75] On cite, parmi les maîtres de Commode, Onésicrate, Aristius Capella Anteius Sanctus, qui avaient en ce temps-là une grande réputation de science et de talent

[76] Chrèse est un endroit inconnu. Quelques uns lisent Χρύση au lieu de Χρήση. Chryse était une ville de la Troade. Mais Marc Aurèle a-t-il jamais mis le pied en Troade ? Chrèse, nommée à côté de Caïète ou Gaëte, comme on dit aujourd'hui, a bien l'air d'être tout simplement quelque villa en Italie.

Écrit chez les Quades, sur les bords du Granua [77].

[77] Les Quades et les Marcomans occupaient à peu près le pays où s'établirent plus tard les Hongrois. Le Granua est une rivière de Hongrie, qui n'a guère changé de nom depuis Marc-Aurèle. C'est le Garan ou Garam, qui prend sa source dans le comitat de Gœmer, et se jette dans le Danube près d'Esztergom ou Strigonie. Cette rivière est considérable.

LIVRE II

I

Il faut, le matin, commencer par se dire à soi-même : Je vais me rencontrer avec un indiscret, un ingrat, un insolent, un fourbe, un envieux, un homme insociable [1]. Tous ces vices sont en eux des effets de l'ignorance où ils sont des vrais biens et des vrais maux [2]. Pour moi, je sais d'une notion claire que le caractère du bien, c'est l'honnête; ce-

---

[1] Sénèque avait dit la même chose, et avait ajouté spirituellement : « Je regarderai toutes ces misères d'un œil calme et « bienveillant, comme le médecin regarde ses malades. »

[2] Tout le monde sait par cœur ces deux vers du Plutarque d'Amyot :

> Du vieux Zénon la docte confrérie
> Disait tout vice être issu d'ânerie.

Marc-Aurèle revient souvent sur ce principe de la morale stoïcienne.

lui du mal, ce qui est honteux [3]; que l'homme qui me manque est en réalité mon parent, non que nous soyons nés du même sang, du même germe, mais par notre commune participation à l'esprit, par notre prélèvement commun sur la nature divine. Nul de ceux-là ne saurait donc me nuire, car nul ne peut me précipiter dans ce qui est honteux [4]. Je ne puis pas non plus m'irriter contre mon parent, ni me sentir pour lui de la haine, car nous sommes nés pour nous prêter à une œuvre mutuelle, comme les pieds, comme les mains, comme la mâchoire supérieure et l'inférieure [5]. Par conséquent, l'hostilité des hommes entre eux est contre nature [6]. Or, sentir en soi de l'indignation, de l'aversion, c'est une hostilité.

II

Voici pourtant tout ce que je suis : un peu de chair, un faible souffle, et un principe modérateur.

[3] Zénon et Chrysippe avaient formulé la doctrine ; mais c'est dans Platon qu'en est le germe. Tacite résume admirablement cette doctrine, quand il dit d'Helvidius Priscus : « Doctores « sapientiæ secutus est, qui bona sola quæ honesta ; mala tantum « quæ turpia; potentiam, nobilitatem, cæteraque extra animum, « neque bonis neque malis annumerant. »

[4] L'expression grecque est une image intraduisible : αἰσχρῷ περιβάλλειν, *turpitudinis amictu involvere.*

[5] Les poètes anciens, comme les moralistes, sont pleins de ces expressives comparaisons. Rappelez-vous surtout les vers charmants du *Moretum*, sur le concours fraternel des deux mains dans l'œuvre à laquelle s'applique l'humble personnage de Virgile.

[6] Sénèque, *de Ira*, II, 31 « Illud ante omnia cogita, fœdam « esse et exsecrabilem vim nocendi, et alienissimam homini, « cujus beneficio etiam sæva mansuescunt. »

Laisse là les livres ; plus de distraction [7] : le temps te manque. Considère-toi comme un mourant ; méprise cette chair : du sang, des os, un réseau fragile, un tissu de nerfs, de veines et d'artères ' Contemple ce souffle lui-même : qu'est-ce enfin ? du vent ; non pas encore une chose toujours la même, mais une expiration puis une aspiration à tous les instants. Il y a donc le troisième principe, celui qui commande. C'est là qu'il faut appliquer tous tes soins. Tu es vieux [8] ; ne permets plus qu'il soit dans l'esclavage, ni qu'il soit entraîné au gré d'un sauvage caprice, ni qu'il murmure contre la destinée, contre le présent, ou qu'il n'ose envisager l'avenir.

III

Les œuvres des dieux sont pleines de providence. Les événements fortuits ne sont pas en dehors de la nature, c'est-à-dire de cet ordre dont la Providence règle l'enchaînement et le concert. C'est de la Providence que découlent toutes choses. A ce principe se rattachent et la nécessité, et ce qui est utile à l'harmonie de l'univers dont tu es une partie. Le bien, pour chaque partie de la nature, c'est ce qui est conforme au plan de tout l'ensemble, et ce qui

---

[7] Perse commente souvent avec un rare bonheur les idées stoïciennes. Ainsi, V, 154

> En quid agis ? duplici in diversum scinderis hamo.
> Hunccine an hunc sequeris ? Subeas alternus oportet
> Ancipiti obsequio dominos, alternus oberres.

[8] Un peu plus bas, au § 6, Marc Aurèle fait encore allusion à son âge avancé. C'est donc durant une de ses dernières expéditions qu'il écrivit les *Pensées.*

tend à la conservation de ce plan. Or, l'harmonie du monde se conserve à la fois, et par les changements des éléments, et par ceux des êtres qui en sont composés. Que cela te suffise ; que ce soient là pour toi les seules vérités. Chasse loin de toi la soif des livres [9], afin de ne pas mourir en proférant des murmures, mais avec la vraie paix de l'âme, et le cœur plein de reconnaissance pour les dieux [10].

IV

Souviens-toi depuis combien de temps tu en remets l'exécution, et combien de fois les dieux t'ont fourni des occasions favorables, dont tu n'as pas fait usage. Oui, il faut que tu sentes enfin un jour de quel monde tu es une partie, et de quel maître du monde ton existence est une émanation ; que le temps pour toi a des bornes circonscrites : si tu ne t'en sers pas pour mettre la sérénité dans ton âme, il disparaîtra, tu disparaîtras toi-même ; et lui jamais ne reviendra [11].

---

[9] Cette pensée, que nous avons déjà vue indiquée plus haut, se trouve plusieurs fois dans Sénèque, mais sous une forme moins absolue. Sénèque, écrivain de métier autant que philosophe, recommande seulement la modération en fait de lecture. Il proclame la supériorité de l'étude de soi-même, mais sans y sacrifier tout le reste.

[10] Marc Aurèle commente lui-même, liv. IV, § 18, cette pensée, et par les exemples les plus frappants, par les images les plus vives.

[11] Il y a là comme un souvenir du *rusticus expectat* d'Horace, et surtout de l'énergique réflexion de Phèdre :

... Tempus in id sum semel
Non ipse possit Jupiter repetchendere.

V

Songe, à chaque heure du jour, qu'il faut montrer dans tes actions un caractère ferme, comme il convient à un Romain et à un homme ; une gravité qui ne se démente jamais, mais point affectée ; un cœur aimant, de la liberté, de la justice. Débarrasse ton âme de toute autre pensée : tu l'en débarrasseras si tu considères chacun de tes actes comme le dernier de ta vie, si tu agis sans précipitation, sans aucune de ces passions qui ôtent à la raison son empire, sans dissimulation, sans amour-propre, et avec résignation aux décrets de la destinée. Vois-tu combien sont peu nombreux les préceptes dont l'observation suffit pour assurer à notre existence un cours paisible et le bonheur des dieux [12] ? Oui, l'observation de ces préceptes, c'est tout ce que les dieux exigent de nous.

VI

Couvre-toi d'ignominie, oui, couvre-toi d'ignominie, ô mon âme [13] ! Tu n'auras plus le temps de t'honorer. Pour tous les hommes la vie est fugitive [14] ; mais la tienne touche presque à son terme,

---

[12] Marc Aurèle revient souvent sur cette pensée, et Sénèque l'avait plus d'une fois répétée avant lui. Les moralistes chrétiens sont pleins de remarques analogues Toute doctrine repose, en définitive, sur un très-petit nombre de principes fondamentaux

[13] Voir la note C, à la suite des *Pensées*.

[14] *Le moment où je parle est déjà loin de moi.* Vingt poëtes l'ont dit, mais pas un aussi bien que Perse et Boileau.

et tu n'as de toi aucun respect, car c'est dans les âmes des autres que tu places ta félicité [15].

VII

Tu es tiraillé dans tous les sens par les événements du dehors. Donne-toi du loisir, afin d'apprendre quelque chose de bon, et cesse de te laisser aller au tourbillon [16]. Préserve-toi encore d'une autre agitation insensée ; car c'est folie aussi de fatiguer sa vie à des actions sans but [17] : il faut un but où se dirigent tous nos désirs, et en un mot toutes nos pensées.

VIII

On n'a guère pu voir un homme tomber dans l'infortune pour n'avoir point étudié ce qui se passe dans l'âme d'un autre ; mais ceux qui ne suivent pas avec attention les mouvements de leur âme, tombent nécessairement dans le malheur.

---

[15] On verra au long, plus tard, le sens de ce reproche que Marc-Aurèle se fait à lui même. Le vrai stoïcien conforme sa vie à la nature : la première de toutes les vertus, c'est donc le mépris de l'opinion d'autrui. Fais ce que dois, advienne que pourra.

[16] Aulu Gelle cite deux beaux vers d'Ennius :

Imus huc, hinc illuc ; quum illuc ventum est, ire illinc lubet.
Incerte errat animus : præter propter vita vivitur.

[17] Socrate ne cesse de lutter, dans Platon, contre ce hasard auquel les hommes livrent aveuglément leur existence et leurs intérêts les plus précieux. La nécessité d'un but toujours présent à notre esprit, toujours marqué à nos moindres actions, est une idée antérieure au stoïcisme.

IX

Voici les réflexions qui doivent toujours t'être présentes : Quelle est la nature de l'univers ? Quelle est la mienne ? Quels sont les rapports de celle-ci avec l'autre, et quelle partie est-elle du tout, et de quel tout [18] ? Et ceci : Il n'est personne qui puisse m'empêcher de faire toujours et de dire ce qui est conforme à cette nature dont je suis une partie [19].

X

Théophraste, se servant pour la comparaison des fautes d'un mode d'évaluation à la portée de tous, dit avec raison que les fautes de concupiscence sont plus graves que celles de colère [20]. En effet, c'est avec une certaine douleur, une contraction non apparente de l'âme, que l'homme irrité s'éloigne de la raison ; mais celui qui pèche par concupiscence, subjugué par la volupté, montre, pour ainsi dire, dans ses fautes, plus d'intempérance, plus de fai-

---

[18] Perse, III, 12.

.. Quem te deus esse
Jussit, et humana qua parte locatus es in re

[19] « Nos natures, disait Chrysippe, sont des parties de la nature « du tout. »

[20] Ce n'est pas ici le seul point sur lequel Marc-Aurèle se soit éloigné des sentiments outrés des premiers stoïciens. Le paradoxe de l'égalité des fautes est insoutenable. On ignore à quel ouvrage de Théophraste Marc Aurèle se réfère. Mais Aristote, avant Théophraste, avait développé cette doctrine. Voir la *Morale à Nicomaque*, VII, 6. D'ailleurs le bon sens et la justice ont fait de tout temps la distinction.

blesse efféminée. C'est donc un mot sensé et digne
de la philosophie, que celui de Théophraste : Que le
crime est plus grand à pécher avec un sentiment de
plaisir qu'avec un sentiment de douleur. En somme,
l'un a plutôt l'air d'un homme qui a reçu d'abord
une offense, et que la douleur a forcé de se mettre
en colère ; l'autre, au contraire, s'est porté de son
plein gré à l'injustice, entraîné qu'il était à la satisfaction de sa concupiscence.

XI

Règle chacune de tes actions et de tes pensées sur
cette réflexion : Il est possible que je sorte à l'instant de cette vie. Or, t'en aller d'au milieu des
hommes, s'il y a des dieux, n'a rien qui doive t'effrayer, car ils ne te jetteront pas dans le malheur [21] ;
si, au contraire, il n'y en a pas, ou s'ils ne prennent
nul souci des choses humaines, que m'importe de
vivre dans un monde vide de dieux, ou vide de providence ? Mais il y a des dieux, et qui prennent souci
des choses humaines. Ils ont donné à l'homme un
pouvoir efficace, qui peut le garantir de tomber
dans les maux véritables. Il n'est pas de mal imaginable, qu'ils n'y aient pourvu, en donnant à l'homme
le pouvoir de n'y point tomber [22]. Mais ce qui ne
rend pas l'homme plus malheureux, comment ren-

[21] C'est une expression figurée, semblable à celle que nous avons notée au § 1 de ce livre, κακῷ περιϐάλλειν.

[22] Cicéron, dans les *Paradoxes*, II, 1, formule ainsi le principe des stoïciens : « Nemo potest non beatissimus esse, qui est totus
« aptus ex sese, quique in so uno ponit omnia »

drait-il plus malheureuse la vie de l'homme ? Ce
n'est point par ignorance, ou, sinon par ignorance,
ce n'est point pour n'avoir pu le prévenir ou le cor-
riger, que la nature de l'univers aurait laissé subsister un désordre [23] : non, n'attribuons ni à l'impuissance ni au défaut d'art une si étrange bévue, cette
distribution indifférente des biens et des maux et
aux hommes de bien et aux méchants, sans nul
égard au mérite. Pour la mort et la vie, la gloire et
l'infamie, la douleur et le plaisir, la richesse et la
pauvreté, toutes ces choses ne sont distribuées indifféremment et aux hommes de bien et aux méchants, que parce qu'il n'y a en elles rien d'honnête
ni rien de honteux : ce ne sont donc ni des biens ni
des maux véritables.

XII

Oh ! que toutes choses s'évanouissent en peu de
temps, les corps au sein du monde, leur souvenir au
sein des âges ! Que sont tous les objets sensibles, et
surtout ceux qui nous séduisent par l'attrait de la
volupté, ou nous effrayent par l'image de la douleur ;
ceux enfin dont le faste nous arrache des cris d'admiration ? Que tout cela est frivole, digne de mépris ! C'est un dégoût, une corruption, c'est la mort.

---

[23] Il semble, comme l'a observé Méric Casaubon, que Marc-
Aurèle censure ici une opinion de quelques stoïciens, fort inju-
rieuse pour la Divinité, à savoir : Que Dieu avait été impuissant
à empêcher l'indifférente distribution des biens et des maux
extérieurs, et que c'est pour cette raison que les choses sont ainsi
dans le monde.

Voilà ce que doit comprendre ta raison. Songe à ce que sont ceux-là mêmes dont les opinions et les voix nous donnent la gloire. Qu'est-ce que la mort? Si on la considère en elle seule ; si, par une abstraction de la pensée, on la sépare des images dont nous la revêtons, on verra que la mort n'est rien qu'une opération de la nature. Or, quelconque a peur d'une opération de la nature, est un faible enfant [24]. Il y a plus : non-seulement c'est là une opération de la nature, mais c'est une opération utile à la nature [25]. Considère enfin comment l'homme touche à Dieu, par quelle partie de lui-même, et quand cette partie de l'homme se trouve dans les conditions nécessaires.

XIII

Rien n'est plus misérable qu'un homme qui tourne en tous sens autour de toutes choses ; qui *fouille*, comme on dit, *les souterrains* [26], et dont les conjectures veulent pénétrer ce qui se passe dans l'âme du prochain. Sentons bien qu'il nous suffit de vivre avec le génie qui est au dedans de nous [27], et de l'honorer

[24] Sénèque, après avoir rappelé à son ami Lucilius les vers de Lucrèce sur la puérilité de la plupart des terreurs humaines, ajoute que nous sommes plus déraisonnables que les enfants mêmes, puisque nous nous effrayons en pleine lumière.

[25] Nous vivons de ce qui est mort, dit énergiquement Sénèque le père, dans la préface du cinquième livre des *Controverses*.

[26] C'est un mot de Pindare. Platon s'en sert dans le *Théétète*, pour caractériser le véritable philosophe. Il est probable que Marc-Aurèle songeait au passage de Platon, et qu'il a voulu en donner la contre-partie.

[27] Cette manière de parler de l'âme était vulgaire dans la philosophie dès avant Zénon. Socrate s'en réfère sans cesse à son génie.

d'un culte sincère. C'est lui rendre ce culte que de le préserver du contact de toute passion, de toute légèreté téméraire, de toute impatience contre les choses qui viennent des dieux ou des hommes. Car ce qui vient des dieux mérite nos respects, au nom de la vertu ; ce qui vient des hommes, notre amour, au nom de leur parenté avec nous, et quelquefois une sorte de pitié [28], à cause de leur ignorance des vrais biens et des vrais maux ; aveuglement aussi grand que celui qui nous empêche de distinguer le blanc d'avec le noir [29].

XIV

Dusses-tu vivre trois mille ans, trente mille ans même, souviens-toi néanmoins que personne ne perd une autre vie que celle dont il jouit, que personne ne jouit d'une autre vie que de celle qu'il perd. La plus longue et la plus courte reviennent donc au même. L'instant présent est pour tous d'une égale durée, quelque inégalité qu'il y ait dans la durée du passé ; et ce qu'on perd n'est, dès lors, qu'un point imperceptible. En effet, nul ne saurait perdre ni le passé, ni l'avenir, car comment pourrait-on lui ravir ce qu'il ne possède pas [30] ? Voici donc deux vérités

---

[28] Voir la note D à la suite des *Pensées*.
[29] Cette comparaison est fréquente chez les écrivains sacrés. Gataker en a réuni une foule d'exemples. Il cite aussi une phrase de Philon le Juif, dont le mot de Marc-Aurèle semble une sorte de réminiscence : « L'ignorance, en mettant dans l'âme un « aveuglement plus funeste que celui du corps, est la source de « tous les péchés »
[30] Voir la note E, à la suite des *Pensées*.

qu'il faut se rappeler : l'une, c'est que tout, de toute éternité, présente le même aspect dans le monde, et que c'est dans un cercle que roulent toutes choses, et qu'il n'y a aucune importance à ce qu'on voie les mêmes objets pendant cent années, ou pendant deux cents, ou pendant des siècles infinis [31] ; la seconde, c'est que celui qui a vécu le plus longtemps possible, et celui dont la mort aura été la plus prématurée, ne perdent qu'un instant de durée égale : en effet, il n'y a que le présent dont ils puissent être dépouillés, puisqu'ils ne possèdent que cela seul, et que ce qu'on ne possède pas, on ne le perd jamais.

XV

Tout est dans l'opinion Les raisonnements de Monime le cynique [32] sont de toute évidence ; évidente est aussi l'utilité de ces raisonnements, si l'on y prend, dans la limite du vrai, ce qu'il y a en eux de salutaire.

XVI

L'âme de l'homme se couvre d'ignominie, avant tout lorsqu'elle devient, autant qu'il est possible, un

---

[31] Voir la note F, à la suite des *Pensées*.
[32] Monime était un disciple de Diogène et de Cratès. Il penchait vers le scepticisme absolu. Il comparait les êtres à des silhouettes sans réalité, et leurs perceptions aux rêves du sommeil ou aux hallucinations de la folie. On trouve dans Sextus Empiricus le dogme auquel Marc Aurèle fait allusion : « Monime le Cynique « dit que tout est un vain appareil, c'est-à-dire que, dans « notre opinion, nous attribuons l'existence à ce qui n'existe pas. »

abcès, une tumeur maladive sur l'harmonie du monde : en effet, s'impatienter de ce qui se passe dans l'univers, c'est se séparer de la nature, laquelle contient, dans ses parties, les natures de chacun des autres êtres ; puis, par l'aversion qu'elle conçoit pour un homme, ou par les mouvements d'animosité qui l'entraînent à nuire : telles sont les âmes des hommes colères. Elle se couvre aussi d'ignominie quand elle se laisse vaincre par le plaisir ou la douleur ; de même encore, lorsqu'elle use de dissimulation, de feinte, de mensonge, dans ses actions ou dans ses paroles ; de même, enfin, lorsqu'elle ne donne aucun but à ses actions, à ses efforts, et qu'elle abandonne son énergie au hasard et à l'irréflexion, tandis que le devoir commande de rapporter à une fin même les plus petites choses [33]. Or, la fin des êtres raisonnables, c'est de se conformer à cette raison et à cette loi qu'imposent la cité et le gouvernement antiques par excellence [34].

XVII

La durée de la vie humaine est un point ; la matière, un flux perpétuel [35] ; la sensation, un phéno-

[33] Épictète va, s'il est possible, plus loin encore Il veut qu'on applique la règle en toutes choses, et qu'on n'allonge pas même le doigt sans se servir de la règle.

[34] C'est l'univers, le κοσμο-, comme l'avaient admirablement nommé les philosophes antiques. On trouve partout, chez les anciens, cette image de la *cité du monde;* mais personne n'a su rendre comme Marc Aurèle ici et dans d'autres passages, toutes les idées qu'elle contient.

[35] Voir la note G, à la suite des *Pensées.*

même obscur ; la réunion des parties du corps, une masse corruptible ; l'âme, un tourbillon ; le sort, une énigme ; la réputation, une chose sans jugement. Pour le dire en somme, du corps, tout est fleuve qui coule ; de l'âme, tout est songe et fumée ; la vie, c'est une guerre, une halte de voyageur ; la renommée posthume, c'est l'oubli. Qu'est-ce donc qui peut nous servir de guide ? une chose, et une seule, la philosophie. Et la philosophie, c'est de préserver le génie qui est au dedans de nous de toute ignominie, de tout dommage ; c'est de vaincre le plaisir et la douleur, de ne rien faire au hasard, de n'user jamais de mensonge et de dissimulation, de n'avoir jamais besoin ni qu'un autre agisse, ni qu'il n'agisse pas ; c'est encore de recevoir tout ce qui nous arrive, tout ce qui nous échoit, comme venant du même lieu d'où nous sommes sortis ; c'est enfin d'attendre la mort d'un cœur paisible, et de n'y voir qu'une dissolution des éléments dont chaque être est composé. Que si les éléments eux-mêmes n'éprouvent aucun mal dans leurs perpétuels changements de l'un en autre, pourquoi voir d'un œil affligé le changement et la dissolution de toutes choses ? Cela est conforme à la nature. Or, rien n'est mal, qui est conforme à la nature.

Écrit à Carnuntum [36].

[36] Carnuntum était une ville de Pannonie, où Marc Aurèle fit de longs séjours, durant les préparatifs des interminables guerres contre les Quades et les Marcomans. Quelques-uns écrivent le nom de cette ville *Carnutum*. Ptolémée écrit Καρνοῦς, Καρνοῦντος. Mais ces variantes n'importent aucunement.

LIVRE III

I

Il ne faut pas s'arrêter à cette réflexion seule, que la vie chaque jour se dépense, et que ce qui nous en reste diminue chaque jour. Il faut réfléchir aussi que, dût-on prolonger son existence jusqu'à un grand âge, il n'est pas sûr que notre pensée conservera plus tard la même faculté d'intelligence, la même aptitude pour cette contemplation qui est le fondement de la science des choses divines et humaines. En effet, si l'on se met à tomber en enfance, la respiration, la nutrition, la perception des images, le désir, toutes les fonctions de cette nature, ne continuent pas moins leur jeu; mais la possession de nous-mêmes [1], mais la diligente observation du de-

---

[1] Ἐαυτῷ χρῆσθαι, littéralement *se servir de soi-même*. Cette expression se trouve plusieurs fois en latin dans Sénèque. Ainsi, *Lettre* 58 : *Multis iners vita sine usu jacuit sui*; *Lettre* 60 : *Vivit is qui se utitur*. Il est probable que ce n'est pas Sénèque

voir dans toutes ses règles, et la coordination des impressions reçues, et l'examen de l'opportunité de notre affranchissement ²; en un mot, tout ce qui demande l'usage d'un raisonnement bien exercé est éteint en nous. Il faut donc se hâter, non-seulement parce que sans cesse nous nous approchons davantage de la mort, mais parce que l'intelligence et la conception des choses cessent en nous avant la vie même.

II

Voici d'autres remarques qu'il faut faire encore. Il y a, jusque dans les accidents qui affectent les productions de la nature, une sorte de grâce et d'attrait. Ainsi, le pain, durant la cuisson, crève dans certaines parties; et ces entre-bâillements, ces manquements, pour ainsi dire, au dessein de la boulangerie, ont je ne sais quel agrément, quelle vertu particulière qui aiguillonne l'appétit. Ainsi encore les figues s'entr'ouvrent à leur maturité; la maturité aussi, dans les olives, surtout quand elle approche de la décomposition, ajoute au fruit un mérite particulier. Les épis courbés vers la terre ³, le sourcil du lion, l'écume qui découle de la gueule des sangliers, et tant d'autres choses fort éloignées, si on les regarde

---

qui l'a inventée. C'est sans doute une formule des premiers stoïciens. Elle dit admirablement ce qu'on appelle en psychologie la direction des facultés de l'âme

² Voir la note II, à la suite des *Pensées*.

³ Sénèque, *Lettre* 41 : « Vitem laudamus, si fructu palmites
« onerat ; si ipsa ad terram, pondere eorum quæ tulit, adminicula
« deducit. »

en elles-mêmes, du caractère de la beauté, contribuent néanmoins à l'ornement des êtres, et nous font plaisir en eux, parce que ce sont des accompagnements de leur nature même. Si donc nous avions un sens, une intelligence plus profonde des lois de la production dans l'univers, il n'y a presque rien qui ne nous parût, même les accompagnements accidentels des choses, dans une sorte d'harmonieux concert avec tout l'ensemble. Nous envisagerions alors de véritables gueules béantes d'animaux sauvages avec non moins de plaisir que celles dont les peintres et les sculpteurs nous montrent les imitations[1]. Une vieille femme, un vieillard, pourraient avoir, à nos yeux aidés de la sagesse, une jeunesse, une beauté, les charmes mêmes de l'enfance. De même dans bien d'autres cas ; non pas de l'avis de tous, mais selon l'estime de l'homme qui aura contracté avec la nature et ses œuvres une intime familiarité.

III

Hippocrate, après avoir guéri bien des maladies, lui-même est tombé malade, est mort. Les Chaldéens ont prédit les morts de bien des hommes ; puis, eux aussi, la destinée les a ravis au monde. Alexandre et Pompée, et Caius César, qui avaient si souvent détruit de fond en comble des villes entières, et massacré des multitudes innombrables de cavaliers et d'hommes de pied dans les batailles,

---

[1] Voir la note I, à la suite des *Pensées*.

sont partis de la vie à leur tour. Héraclite, après avoir pénétré les secrets de la nature, après toutes ses dissertations sur l'embrasement du monde, est mort d'hydropisie, et le corps enduit de fiente de vache [5]. La vermine a tué Démocrite [6]; une vermine d'une autre espèce a tué Socrate [7]. Qu'est-ce à dire? tu t'es embarqué, tu as traversé la mer, te voilà au port : débarque! Si c'est dans une autre vie [8], rien n'est vide de dieux, pas même cette autre existence. Si c'est au contraire pour ne plus rien sentir, ce sera la fin des douleurs et des voluptés qui te travaillent, de ta sujétion à un vase [9] d'autant plus indigne, que ce qui vit sous sa loi est de plus noble condition [10]. Ici, c'est l'intelligence, c'est ton génie; là, c'est terre et pourriture.

IV

Ne va pas user la part qui te reste de vie, en

[5] Héraclite, affecté d'hydropisie, avait demandé aux médecins, dit-on, s'il n'y avait pas moyen de transformer cette inondation en sécheresse. Ils imaginèrent de le mettre dans du fumier au soleil Ce traitement ne réussit pas.

[6] Les autres témoignages anciens ne s'accordent point avec Marc-Aurèle Démocrite, selon Diogène de Laerte, est mort de vieillesse. Lucrèce dit qu'il échappa à la décrépitude par le suicide

[7] Voir la note J, à la suite des *Pensées*.

[8] Les stoïciens parlent toujours des suites de la mort en termes dubitatifs On dirait qu'ils se sentent mal à l'aise entre les rudes arguments de l'épicurisme et les peu concluantes sinon peu poétiques démonstrations du *Phédon*

[9] Cette expression est fréquente dans Lucrèce et Cicéron définit le corps: *Quasi vas animi, aut aliquod receptaculum*

[10] Sénèque, *Lettre* 65 : « Major sum, et ad majora genitus, « quam ut mancipium sim mei corporis. »

pensées dont les autres soient l'objet, à moins que tu ne les rapportes à quelque but d'intérêt public. Oui, tu fais défaut à l'accomplissement d'un autre devoir; je dis qu'occuper ton esprit de ce que fait tel ou tel et du pourquoi, et de ce qu'il dit, et de ce qu'il a dans l'âme, et de ce qu'il machine, etc. **11**, c'est te détourner de l'étude du principe modérateur qui est en toi. Il faut donc exclure, dans la série de tes pensées, tout hasard, toute frivolité, et particulièrement toute curiosité et toute malice; il faut t'habituer à n'avoir que des pensées de telle nature que, si l'on te demande tout à coup à quoi tu songes, tu puisses franchement répondre : A ceci ou à cela; en sorte qu'on voie, à tes pensées, que tout en toi est simplicité et bienveillance; que tout est d'un être sociable, plein de mépris pour toute pensée qui n'a d'objet que le plaisir, qu'une jouissance quelconque; pour toute haine, toute envie, tout soupçon, enfin tout sentiment dont l'aveu te ferait rougir de honte. Un tel homme, qui, dès cet instant, ne néglige rien pour se mettre au rang des hommes vertueux, est comme un prêtre, un ministre des dieux **12**. Il vit aussi dans une intime familiarité avec celui qui a au dedans de lui son temple **13** : c'est cette divinité qui préserve l'homme de la souillure de toute volupté, de la blessure de toute douleur, des

---

11 On a déjà vu deux fois cette pensée, liv. II, § 8 et § 13.

12 Le vrai philosophe, comme dit Porphyre, est le prêtre du Dieu de l'univers; et nous sommes, suivant l'expression de l'Apôtre, le temple spirituel et les prêtres saints destinés à offrir des victimes spirituelles.

13 Ce qu'il appelle ailleurs *notre génie*.

attentes de la calomnie ; c'est elle qui le rend insensible à toute perversité, et qui fait de lui un athlète pour le plus grand des combats [14], la victoire à remporter sur toutes les passions ; un homme profondément imprégné de justice [15] ; saluant du fond de son âme la bienvenue de tout ce qui lui arrive, de tout ce qui est son partage [16] ; occupant rarement son esprit, et jamais sans une nécessité d'intérêt public, de ce que dit, de ce que fait, de ce que pense un autre. C'est à ses propres affaires qu'il emploie toute son activité [17] ; et l'objet perpétuel de ses pensées, c'est la destinée que lui dispensent les lois de l'univers. Il assigne à son activité l'honnête pour but ; il vit persuadé que toujours le bien est dans sa destinée, car, emportée suivant les lois de l'univers, la destinée qui est notre partage y entraîne à son tour chacun de nous [18]. Il se souvient que tout être raisonnable est son parent, et qu'il est dans la nature de l'homme de chérir tous ses semblables ; qu'il faut s'attacher, non pas à la gloire que dispense la foule [19], mais à l'estime de ceux qui vivent conformément à la nature.

[14] *Athlète de la vertu* est une expression vulgaire chez les écrivains antiques ; et les chrétiens sont sans cesse nommés, chez les Pères, athlètes de Dieu, du Christ, de la foi, de la piété.

[15] Perse, III, *sub fin* :

Compositum jus fasque animi, sanctosque recessus
Mentis, et incoctum generoso pectus honesto.

[16] Marc-Aurèle a déjà dit cela ; il le répétera encore à plusieurs reprises

[17] « C'est assez pour moi, disait Épictète, de ce qui dépend de moi : voilà ce qu'il me faut mettre en état convenable. »

[18] Voir la note K, à la suite des *Pensées*.

[19] Voir la note L, à la suite des *Pensées*.

Pour ceux qui ne vivent pas ainsi, il ne perd jamais de vue la conduite qu'ils mènent et dans leur intérieur, et hors de leur maison, et la nuit, et le jour, et les compagnies honteuses où ils vautrent leur honte : il ne fait donc nul cas de la louange de telles gens, qui ne sont pas même en paix avec eux-mêmes [20].

V

Ne montre dans tes actions ni mauvaise volonté, ni misanthropie, ni préoccupation, ni distraction ; jamais à ta pensée d'ornement frivole [21] ; point de prolixité dans tes discours ; jamais d'air affairé. Offre d'ailleurs, au gouvernement du dieu qui est au dedans de toi, un être viril, mûri par l'âge, ami du bien public, un Romain, un empereur ; un soldat à son poste, comme s'il attendait le signal de la trompette ; un homme prêt à quitter sans regret la vie, et dont la parole n'a besoin ni de l'appui d'un serment, ni du témoignage de personne. C'est là qu'on trouve la sérénité de l'âme [22], qu'on apprend à se passer et des services d'autrui, et de cette tranquillité que pourraient nous donner les hommes. Nous devons être droits, et non point redressés.

VI

Si tu trouves, dans la vie humaine, quelque chose

---

[20] Sénèque a fréquemment exprimé des idées analogues ; et Aristote l'avait dit avant aucun stoïcien.
   [1] Voir la note M, à la suite des *Pensées*.
   [2] Voir la note N, à la suite des *Pensées*.

qui l'emporte sur la justice, la vérité, la tempérance, le courage ; en un mot, sur la vertu d'une intelligence qui se suffit à elle-même dans tous les cas où c'est la droite raison qu'elle donne pour règle à tes actes, et à qui suffit le destin, dans les événements où notre volonté n'a point de part; si tu vois, dis-je, quelque chose de préférable, tourne-toi de ce côté de toute la puissance de ton âme, et jouis de ce bien suprême que tu as trouvé. Mais si rien ne se montre à tes yeux de meilleur [23] que le génie qui habite en toi, qui s'est fait le maître de ses propres désirs, qui se rend un compte exact de toutes ses pensées, qui s'arrache, comme disait Socrate, aux passions des sens, et qui, plein de soumission pour les dieux, est animé d'une tendre affection pour les hommes; si tout le reste te paraît petit et sans valeur au prix de lui, ne cède la place à nul autre objet : une fois entraîné, une fois sur le penchant, tu ne pourrais plus, sans un tiraillement fâcheux, tenir au premier rang dans ton estime ce bien, qui est le bien propre de ton espèce, et qui t'appartient véritablement. Il ne faut jamais que le bien qui règle à la fois et la raison et la pratique trouve rien qui le contre-balance, comme feraient les louanges de la multitude, les charges publiques, les jouissances des voluptés; toutes choses, si on leur accorde une place même petite dans notre bonheur, qui prévaudront à l'instant, et qui nous entraîneront hors de la voie. Choisis donc, te dis-je, sans hésitation et comme un homme libre, le bien suprême [24], et t'y

[23] Horace avait dit : *Si cuncta putas vilute minora.*
[24] C'est une formule antique. Plutarque l'attribue à Pythagore.

attache de toute ta puissance. — Mais le bien suprême, c'est l'utile. — Oui, ce qui est utile à l'animal raisonnable [25], c'est là le bien qu'il te faut conserver ; mais ce qui ne l'est qu'à l'animal, repousse-le au contraire. Préserve ton jugement des fumées de l'orgueil Puisses-tu, du moins, soumettre les choses à un solide examen !

VII

N'estime jamais chose utile pour toi, ce qui te forcera quelque jour de manquer à ta parole, de perdre ton honneur, de haïr, de soupçonner quelqu'un, de le maudire, d'user de dissimulation avec lui ; ne désire jamais rien qui ait besoin d'être caché par des murs ou des voiles [26]. Celui qui met au premier rang son intelligence, le génie qui est en lui, et les mystères de la vertu dont ce génie est la source, ne fait pas des lamentations tragiques, ne pousse pas des gémissements, n'a besoin ni de la solitude, ni de l'entourage d'une foule nombreuse. Il vivra, et c'est là le bien suprême, exempt d'attachement et de répugnance pour la vie [27], parfaitement indifférent à la longueur ou à la brièveté du temps pendant lequel son âme sera enveloppée de

---

[25] Les stoïciens s'accordent avec Platon, qui soutient que le bien et le beau sont toujours utiles Les épicuriens intervertissaient les termes, et faisaient de l'utile la règle suprême.

[26] L'Évangile dit que celui qui commet le mal hait la lumière ; et l'hypocrite s'enveloppe d'épaisses ténèbres :

Noctem peccatis, et fraudibus objice nubem.

[27] Martial : *Summum nec metuit diem, nec optat.*

son corps. Oui, s'il lui faut partir à l'instant même, il partira avec le même empressement [28] qu'il le ferait pour a... accomplir tout acte conforme à l'honneur et à la décence; attentif à cette seule chose au monde, de préserver sa pensée de toute direction indigne d'un être raisonnable et né pour la société.

VIII

Tu ne trouverais dans la pensée d'un homme bien châtié, bien purifié, nulle sanie [29], nulle immondice, nulle fourbe. Jamais ce n'est une vie incomplète que brise en lui la destinée, comme qui dirait l'acteur tragique sortant de la scène avant la fin et le dénoûment de la pièce [30]. En lui non plus, rien de servile, rien d'affecté, nulle dépendance d'autrui, nul déchirement, nul acte qui redoute la censure, ou dont il doive se cacher.

IX

Fais ton étude de la faculté d'où naît en toi l'opinion [31]. C'est là l'efficace préservatif qui garantira ton esprit de toute opinion contraire à la nature

---

[28] Sénèque avait dit que l'homme sage doit non pas fuir la vie, mais en sortir; et Épictète, qu'il doit obéir avec empressement à l'ordre du départ.

[29] Horace : *Pus atque venenum*.

[30] Cette comparaison de la vie et du théâtre est développée au long dans Épictète Marc-Aurèle y revient encore dans d'autres passages On connaît celui de Sénèque : *Quomodo fabula, sic vita*, etc. Voyez la *Lettre* 77

[31] Voir la note O, à la suite des *Pensées*.

ainsi qu'aux conditions d'existence de l'être raisonnable. L'absence de toute précipitation dans nos jugements [32], la bienveillance pour les hommes, la déférence aux ordres des dieux : telles sont les prescriptions que la raison nous impose.

X

Rejette donc tout le reste ; ne t'attache plus qu'à ce petit nombre d'objets. En outre, souviens-toi que le seul temps qu'on vit, c'est le présent, un instant imperceptible [33] : l'autre, ou on l'a vécu déjà, ou il est incertain [34]. C'est donc petite chose que ce que vit chacun de nous [35] ; petit aussi est le coin de la terre où nous le vivons [36] ; petite enfin la renommée qu'on laisse après soi, même la plus durable : elle se transmet par une succession d'hommes de chétive nature, destinés à mourir bientôt, et qui ne se connaissent pas eux-mêmes, bien loin de connaître celui qui est mort longtemps avant eux [37].

[32] Ἀπροπτωσίαν. Zénon définissait cette vertu *la science qui nous fait connaître quand il faut accorder ou refuser notre assentiment*.

[33] On a déjà vu cette pensée, on la reverra encore.

[34] Ceci est un lieu commun chez les moralistes et chez les poètes.

[35] Marc-Aurèle insiste sur ce point, au livre VI, § 16.

[36] On reverra plusieurs fois cette idée.

[37] Marc Aurèle semble s'être inspiré du passage où Cicéron, dans le *Songe de Scipion*, exprime avec une si vive éloquence la vanité de la renommée : *Ipsi autem qui de nobis loquentur, quamdiu loquentur ?* etc. Au reste, Marc-Aurèle revient fréquemment sur cette idée.

XI

Aux règles dont j'ai parlé il faut en ajouter une encore : Se faire toujours la définition ou la description de l'objet qui tombe sous l'action de la pensée, de façon à bien voir quel il est en soi et dans son essence, quelles parties intégrantes constituent son ensemble; à pouvoir te dire à toi-même et son vrai nom, et les noms des parties qui le composent et dans lesquelles il doit se résoudre. Rien, en effet, n'est propre à élever les sentiments de l'âme comme de pouvoir faire l'examen méthodique et rationnel de chacun des objets qui se présentent à nous dans la vie, et d'y porter un regard tel, qu'à l'instant même on comprenne à quel ordre de choses chaque objet appartient, et de quelle utilité il y est; quel rang il tient dans l'univers, et quel par son rapport avec l'homme, avec le citoyen de cette cité suprême [38] dont les autres cités sont comme les maisons. Oui, il me faut savoir ce qu'est, et de quoi est composé, et combien de temps doit durer cet objet qui affecte présentement ma vue; quelle est la vertu dont j'ai besoin à son endroit; si c'est la douceur, la force d'âme, la vérité, la confiance, la simplicité, la modération, etc. A chaque événement, il faut se dire : Ceci vient de Dieu; ceci est un effet de l'enchainement des choses, de l'ordre que déroule la destinée, de tel ou tel concours de circonstances, de tel ou

---

[38] Épictète avait dit : *Tu es citoyen et partie du monde.* Diogène le cynique se nommait lui-même κοσμοπολίτης. On sait que c'était une expression familière à Socrate.

tel hasard; ceci est l'œuvre d'un homme de ma tribu, d'un parent, d'un ami : il ignore, lui, ce qui est conforme à la nature; mais moi je ne l'ignore pas : c'est pourquoi je le traite, suivant la loi naturelle de la société, avec bienveillance et justice. Je ne mets pas moins de soin, même dans les choses indifférentes [39], à estimer chaque objet suivant son véritable prix.

XII

Si, dans l'exécution de l'affaire présente, c'est la droite raison qui te guide; si tu y mets tout ton soin, toute ta vigueur, toute ta douceur; si rien d'étranger ne t'en peut distraire; si tu conserves pur et sans tache le génie qui est en toi [40], comme s'il te fallait le rendre tout à l'heure; si tu agis, en un mot, sans désir, sans crainte, et qu'il te suffise de régler conformément à la nature l'action présente, et de mettre dans tes paroles, dans tes accents, une héroïque vérité, tu mèneras une vie de bonheur : or, il n'y a personne qui puisse t'empêcher d'agir ainsi [41].

XIII

De même que les médecins ont toujours prêts sous la main les instruments, les ferrements propres à la cure des maladies imprévues, de même tu dois

---

[39] Voir la note P, à la suite des *Pensées*.
[40] On a déjà vu cette expression. L'idée est développée au § 16, le dernier de ce livre.
[41] Voyez plus haut, liv. II, § 9, la même observation.

être muni des préceptes nécessaires pour connaître les choses divines et les choses humaines [42], et pour te souvenir toujours, même dans l'action la plus insignifiante, du lien qui enchaîne celles-ci à celles là. En effet, tu ne feras jamais bien aucune chose humaine, si tu négliges son rapport avec les divines : pour les divines, observation réciproque.

XIV

Ne va plus à l'aventure; car tu n'auras le temps de lire ni tes propres mémoires [43], ni les hauts faits des anciens Romains et des Grecs, ni ces extraits d'auteurs que tu as mis à part pour l'usage de ta vieillesse. Hâte-toi donc d'arriver au but; et, renonçant aux vaines espérances, toi-même, si tu as tes intérêts à cœur, viens-toi en aide, tandis qu'il dépend de toi encore.

XV

On ne comprend pas combien de différentes significations ont ces mots, *voler, semer, acheter, être oisif*. Ce ne sont point les yeux du corps, c'est une autre vue qui distingue ce qu'il faut faire [44].

XVI

Corps, âme animale intelligence : le corps a les

---

[42] Le *Manuel* d'Épictète était une provision de ce genre. Le titre l'indique. Ce livre ne devait pas quitter les mains du stoïcien véritable. Il lui rappelait sans cesse ses devoirs.

[43] Marc Aurèle avait écrit l'histoire de sa vie, et il en avait laissé le manuscrit à son fils. Cet ouvrage est perdu.

[44] Voir la note Q, à la suite des *Pensées*.

sensations, l'âme animale les passions, l'intelligence les principes. La perception des objets qui tombent sous l'action des sens est une faculté qu'ont les brutes mêmes [45]. L'agitation que nous imprime l'action mécanique des passions, les animaux féroces la connaissent, et les hommes efféminés [46], et un Phalaris, et un Néron. De régler sa conduite avec intelligence pour toutes les bienséances extérieures, ceux qui nient les dieux en ont aussi le secret, ainsi que les traîtres à la patrie, ainsi que ceux qui osent tout quand ils ont leurs portes fermées. Si ce sont là des facultés communes à tous ceux que j'ai nommés, ce qui reste le propre de l'homme de bien, c'est l'acceptation sans murmure de ce qui lui arrive, de ce qui est la trame de son existence ; c'est le soin de ne jamais souiller le génie qui habite dans sa poitrine ; de ne le point troubler d'une foule confuse de perceptions, mais de le conserver calme, modestement soumis à la divinité, ne disant jamais un mot qui ne soit vrai, ne faisant jamais une action qui ne soit juste. Que si tous les hommes refusent de croire à la simplicité, à la modestie, à la tranquillité de sa vie, il ne s'irrite contre personne ; il ne se détourne pas non plus de la route qui conduit à la fin de l'existence, à cette fin où il faut qu'on arrive pur, paisible, préparé pour le départ, et plein d'une résignation volontaire à sa destinée.

---

[45] Voir la note R, à la suite des *Pensées*.
[46] 'Ανδρογύνων. Ce mot est pris évidemment dans un sens figuré. On s'en servait pour désigner honnêtement ces hommes qui n'ont, dans aucune langue, de nom qu'on puisse écrire. Il n'y a d'androgynes proprement dits que dans la Fable.

LIVRE IV

—

I

Quand ce qui commande en nous [1] suit sa nature, voici sa conduite avec les événements de la vie : toujours c'est sans effort qu'il se transporte du côté de ce qui lui est possible et permis. Il n'a de prédilection pour aucun sujet déterminé. S'il se porte vers les choses préférées, c'est sous condition [2]. De l'obstacle qui se présente il fait la matière même de son action [3]. C'est ainsi que le feu se rend le maître de ce qui lui tombe dedans : une petite lampe en

---

[1] Τὸ ἔνδον κύριενον. C'est ce que Marc-Aurèle appelle ordinairement τὸ ἡγεμονικον. C'est la raison, ce qui commande ou règne, la maîtresse-portion de notre être.

[2] On ne doit jamais dire d'une manière absolue : Je ferai cela; J'irai là, etc. Il faut toujours sous entendre la possibilité d'un obstacle afin de n'y jamais trouver de mécompte. C'est ce que signifie le mot ὑπεξαίρεσις, proprement, *exception*. Sénèque développe en plusieurs endroits la théorie de l'exception

[3] Cette idée est énergiquement exprimée par Sénèque : *Calamitas virtutis occasio est.*

eût été éteinte ; mais le feu resplendissant s'approprie bientôt les matières entassées, les consume, et par elles s'élève plus haut encore.

II

N'exécute aucune action au hasard, ni autrement que ne le comportent les règles que l'art prescrit.

III

Ils se cherchent des retraites, chaumières rustiques, rivages des mers, montagnes : toi aussi tu te livres d'habitude à un vif désir de pareils biens. Or, c'est là le fait d'un homme ignorant et inhabile, puisqu'il t'est permis, à l'heure que tu veux, de te retirer dans toi-même⁴. Nulle part l'homme n'a de retraite plus tranquille, moins troublée par les affaires, que celle qu'il trouve dans son âme, particulièrement si l'on a en soi-même de ces choses dont la contemplation suffit pour nous faire jouir à l'instant du calme parfait⁵, lequel n'est pas autre, à mon sens, qu'une parfaite ordonnance de notre âme. Donne-toi donc sans cesse cette retraite, et là renouvelle toi toi-même⁶. Qu'il y ait là de ces maximes

---

⁴ Sénèque commente sans cesse, avec son ami Lucilius, le vers fameux d'Horace :

Cœlum, non animum mutant, qui trans mare currunt.

⁵ Il s'agit de ces δόγματα, de ces principes fixes que le sage doit toujours avoir sous la main, et dont il a été question plus haut, liv. III, § 12.

⁶ J'ai pris l'expression dans le sens moral complet, et non pas seulement comme l'équivalent de *récréation*, qu'elle pourrait avoir

courtes, fondamentales, qui, au premier abord, suffiront à rendre la sérénité à ton âme, et à te renvoyer en état de supporter avec résignation tout ce monde où tu reviens. Car enfin, qu'est ce qui te fait peine la méchanceté des hommes? mais porte ta méditation sur ce principe, que les êtres raisonnables sont nés les uns pour les autres [7] ; que, se supporter mutuellement, c'est une portion de la justice, et que c'est malgré nous que nous faisons le mal [8] ; enfin, qu'il n'a de rien servi à tant de gens d'avoir vécu dans les inimitiés, les soupçons, les haines, les querelles : ils sont morts, ils ne sont plus que cendre. Cesse donc enfin de te tourmenter. Mais peut-être ce qui cause ta peine, c'est le lot d'événements que t'a départi l'ordre universel du monde? remets-toi en mémoire cette alternative : ou il y a une Providence, ou il n'y a que des atomes ; ou bien rappelle-toi la démonstration que le monde est comme une cité [9]. Mais les choses corporelles, même après cela, te feront encore sentir leur importunité? songe que notre entendement ne prend aucune part aux émotions douces ou rudes qui tourmentent nos esprits animaux, sitôt qu'il s'est recueilli en lui-même et qu'il a bien reconnu son pouvoir propre [10] ; et

d'ailleurs. Marc-Aurèle veut qu'on trouve en soi plus que le vulgaire ne va chercher aux champs, parmi la verdure et les fleurs, et sur le bord des eaux

[7] Le stoïcien Caton pense ainsi dans Lucain :

Nec sibi, sed toti genitum se credere mundo.

[8] Cette pensée sera répétée plusieurs fois
[9] Voyez *passim*, et les §§ 4 et 23 de ce livre.
[10] Cette pensée se retrouve liv. V, § 14, et liv. VII, § 28.

toutes les autres leçons que tu as entendu faire sur la douleur et la volupté, et auxquelles tu as acquiescé sans résistance. Serait-ce donc la vanité de la gloire qui viendrait t'agiter dans tous les sens? regarde alors avec quelle rapidité l'oubli enveloppe toutes choses [11]; quel abîme infini de durée tu as devant toi comme derrière toi; combien c'est vaine chose qu'un bruit qui retentit; combien changeants, dénués de jugement sont ceux qui semblent t'applaudir; enfin la petitesse du cercle qui circonscrit ta renommée. Car la terre tout entière n'est qu'un point; et ce que nous en habitons, quelle étroite partie n'en est-ce pas encore? et, dans ce coin, combien y a-t-il d'hommes, et quels hommes! qui célébreront tes louanges? Il reste donc que tu te souviennes de te retirer dans ce petit domaine qui est toi-même. Et, avant tout, ne te laisse point emporter çà et là. Point d'opiniâtreté; mais sois libre, et regarde toutes choses d'un œil intrépide, en homme, en citoyen, en être destiné à la mort [12]. Puis, entre les vérités les plus usuelles, objets de ton attention, place les deux qui suivent: l'une, que les choses extérieures ne sont point en contact avec notre âme, mais immobiles en dehors d'elle, et que le trouble naît en nous de la seule opinion que nous nous en sommes formée intérieurement; l'autre, que tout ce que tu vois va changer dans un moment et ne sera plus.

[11] Voyez plus haut, liv. II, § 17, et plus bas, dans ce même quatrième livre les §§ 19 et 23.

[12] Sénèque a plusieurs fois insisté sur ce point, notamment dans la Lettre 101, où il prend pour texte le vers de Virgile:

Trable visif rma Lethumque Labosque.

Remets-toi sans cesse en mémoire combien de changements se sont déjà accomplis sous tes yeux. Le monde, c'est transformation ; la vie, c'est opinion [13].

IV

Si l'intelligence nous est commune à tous, la raison nous est aussi commune, qui fait de nous des êtres raisonnables. Si la raison, cette raison aussi nous est commune, qui prescrit ce qu'il faut faire et ce qu'il ne faut pas faire. Cela étant, la loi est commune à tous : par conséquent, nous sommes concitoyens. Si nous sommes concitoyens, nous vivons ensemble sous un même gouvernement; enfin, le monde est comme une cité : de quelle autre état en effet pourrait-on dire que le genre humain, pris dans son ensemble, suit les lois [14] ? Mais c'est de là, de cette cité commune, que nous viennent et l'intelligence elle-même, et la raison, et la loi qui nous régit : sinon, d'où viendraient elles ? Car, de même que ce qui est terrestre en moi est une partie empruntée à une certaine terre, et ce qui est humide, à un autre élément; de même que le souffle que j'exhale vient d'une certaine source, comme aussi il y a une source particulière d'où me viennent la chaleur et les parties enflammées, car rien ne vient de rien, comme rien ne se réduit à rien [15]; de

---

[13] Il a dit, liv. II, § 15 : « Tout est dans l'opinion »

[14] C'est ici cette démonstration dont il a été question dans le paragraphe précédent.

[15] Le principe métaphysique *ex nihilo nihil* a été admis par toutes les sectes philosophiques de l'antiquité. Il a fallu la révé-

même l'intelligence est aussi le produit de quelque cause.

V

La mort est, ainsi que la naissance, un mystère de la nature. Ce sont les mêmes éléments, d'un côté se combinant, de l'autre se dissolvant dans les mêmes principes [16]. Il n'y a là absolument rien dont ne doive rougir, car il n'y a rien qui répugne à l'essence de l'être intelligent, ni au plan de notre constitution [17].

VI

Tel est l'ordre de la nature : des gens de cette sorte doivent, de toute nécessité, agir ainsi [18]. Vouloir qu'il en soit autrement, c'est vouloir que la figue n'ait pas de suc. Souviens-toi, en un mot, de ceci : Dans un temps bien court toi et lui vous mourrez ; bientôt après vos noms mêmes ne survivront plus [19].

---

lation chrétienne pour faire prévaloir le principe contraire, *tirer du néant*, devant lequel la raison humaine s'humilie. Encore est-il loin d'avoir réuni l'assentiment de tous les docteurs du christianisme.

[16] Les mots désignant l'opération contraire à la σύγκρισις manquent dans le texte. Il faut suppléer καὶ διάκρισις ou καὶ διάλυσις, sans quoi l'idée boite et les derniers mots de la phrase, εἰς ταὐτά, n'ont pas de sens.

[17] Saint Augustin mourant répétait ces paroles de Psidonius : « La belle affaire que des charpentes et des murs tombent, et que « des mortels meurent ! »

[18] « Il y a des chiens qui aboient par habitude, dit Sénèque com- « mentant la même pensée ; et les méchants ne font que céder aux « impulsions d'une maladie. »

[19] Hésiode dit que les hommes des anciens âges ont disparu

VII

Supprime l'opinion, tu as supprimé cette plainte : *On m'a fait du mal.* Supprime la plainte *On m'a fait du mal*, et le mal même est supprimé [20].

VIII

Ce qui ne rend pas l'homme pire qu'il n'est naturellement, ne saurait empirer sa vie, ne saurait le blesser ni extérieurement ni en dedans de lui-même [21].

IX

C'est pour un bien que la nature est forcée d'agir comme elle fait.

X

Tout ce qui arrive, arrive justement [22]. C'est ce que tu reconnaîtras, si tu observes attentivement les choses. Je ne dis pas seulement qu'il y a un ordre de succession marqué, mais que tout suit la loi de la justice et dénote un être qui distribue les choses

---

sans laisser de nom, νώνυμοι. Marc Aurèle développe magnifiquement l'idée au § 33 de ce livre, et liv. VIII, § 31.

[20] Ceci est une sorte de lieu commun pour Marc-Aurèle ; mais nulle part il ne l'a aussi vivement exprimé.

[21] Nous avons déjà vu cette pensée ; elle est développée liv. VII, § 64.

[22] C'est ce que le christianisme répète sans cesse. Sénèque, Lettre 96, exprime admirablement cette conformité à la volonté de Dieu : *Solet fieri. Parum est. Debuit fieri. Decernuntur ista, non accidunt.*

selon le mérite [23]. Prends-y donc bien garde, comme déjà tu as commencé ; et tout ce que tu fais, fais-le dans la vue de te rendre homme de bien ; je dis homme de bien dans le sens propre du mot [24] : que ce soit là la règle constante de chacune de tes actions.

XI

N'aie jamais des choses l'opinion qu'en a celui qui t'offense, ou celle qu'il veut t'en faire concevoir ; mais vois-les comme elles sont dans la réalité [25].

XII

Il faut sans cesse que tu sois préparé à ces deux choses: l'une, de faire uniquement ce que te suggère, pour l'utilité des hommes, la faculté qui règne sur toi et qui te soumet à sa règle [26] ; l'autre, de changer d'avis s'il se trouve là quelqu'un qui te redresse, qui te fasse abandonner ta pensée. Il faut pourtant que toujours le changement ait pour motif une raison probable de justice ou de publique uti-

---

[23] Ailleurs Marc-Aurèle cite un poète qui dit que Dieu fait tout par des lois.

[24] On peut voir là une allusion au *si fractus illabatur orbis*.

[25] Sénèque dit qu'il y a un moyen de se venger de l'outrage, c'est d'en dérober le plaisir à son auteur en s'y montrant insensible

[26] Le ἡγεμονικόν est qualifié ici ὁ τῆς βασιλικῆς καὶ νομοθετικῆς λόγος, la raison royale et législative Cette périphrase est un suffisant commentaire de la formule stoïcienne.

lité [27], ou toute autre raison analogue ; mais seulement celles-là, et non point le plaisir [28] ou l'honneur que nous y avons pu apercevoir.

XIII

Tu as la raison en partage ? — Oui. — Que ne t'en sers-tu donc ? car, si elle remplit sa fonction, que veux-tu davantage [29] ?

XIV

Tu as subsisté comme partie d'un tout [30]. Tu t'absorberas dans l'être qui t'a produit [31], ou plutôt tu seras repris par sa puissance génératrice [32], en vertu d'un changement.

XV

Il y a bien des grains d'encens destinés au même

---

[27] Marc-Aurèle nous a montré l'empereur Antonin mettant en pratique cette maxime.

[28] Cette pensée est à la fois platonicienne et stoïcienne. Cicéron dit que la vertu doit être absolument désintéressée. Lucain nous montre Caton réalisant l'idéal des moralistes :

> In commune bonum ; nullosque Catonis in actus
> Surrepsit partemque tulit sibi nata voluptas.

[29] Ceci sera répété *passim*, et notamment liv. X, § 11.

[30] Il l'a dit déjà, liv. II, § 3.

[31] On se rappelle le développement donné à cette idée, liv. II, § 12.

[32] Ce λόγος σπερματικός, c'est Dieu même. Les stoïciens avaient imaginé pour Dieu, dans le monde, une fonction analogue à celle de la procréation chez les êtres vivants.

autel : l'un tombe plus tôt, l'autre plus tard dans le feu ; mais la différence n'est rien.

XVI

Il ne faut que dix jours, et ceux-là te regarderont comme un dieu, qui te regardent aujourd'hui comme une bête farouche et comme un singe : reviens seulement à tes maximes et au culte de la raison [33].

XVII

Ne fais pas comme si tu devais vivre des milliers d'années. La mort pend sur ta tête : tandis que tu vis, tandis que tu le peux, rends-toi homme de bien.

XVIII

Combien de temps il gagne, celui qui ne prend pas garde à ce que le prochain a dit, a fait, a pensé, mais seulement à ce qu'il fait lui-même, afin de rendre ses actions justes et saintes ! Agathon [34] disait : Ne regarde point autour de toi les mœurs corrompues, mais cours sur la ligne droite, devant toi, sans jamais dévier.

XIX

Celui qu'éblouit l'éclat de la réputation qu'il peut

---

[33] Voir la note S, à la suite des *Pensées*.
[34] Le nom de ce poète dramatique, contemporain et ami de Socrate, a été introduit dans le texte par une correction de Xylander, κατὰ τοῦ Ἀγάθωνα, au lieu de κατὰ τὸ ἀγαθόν.

laisser après sa mort, ne réfléchit pas que chacun de ceux qui se souviendront de lui mourra bientôt lui-même ; qu'il en arrivera autant à leurs successeurs dans la vie, jusqu'à ce que s'éteigne cette renommée tout entière, après avoir passé par quelques êtres dont la vie à peine allumée est destinée à s'éteindre [35]. Admettons même que ceux qui se souviendront de toi soient immortels, et immortelle ta mémoire : que t'en reviendra-t-il, je ne dis pas après la mort, mais même pendant la vie ? Qu'est-ce que la gloire, sauf une certaine utilité pratique ? C'est donc à tort que tu négliges le don que t'a fait la nature, en t'attachant à toute autre chose qu'à la raison [36].

XX

Tout ce qui est beau, dans quelque genre que ce soit, est beau par lui-même ; c'est en lui que réside toute sa beauté, et la louange n'en fait pas partie. La louange ne rend un objet ni pire ni meilleur. Et ce que je dis là, je l'applique à toutes les choses que l'usage vulgaire nomme belles : par exemple, les objets matériels et les œuvres de l'art. Ce qui est beau dans la réalité [37] a-t-il besoin de louange? non, pas plus que la loi, pas plus que la vérité, pas plus que la bienveillance, que la pudeur. Y a-t-il là quelque chose qui soit beau parce qu'on le loue, ou que puisse gâter le blâme? L'émeraude perd-elle de

[35] Voir la note T, à la suite des *Pensées*.

[36] Je donne le sens probable de cette dernière phrase, dont le texte est absolument corrompu et inintelligible.

[37] Τὸ ὄντως καλόν. Les stoïciens ne donnaient ce nom qu'à la vertu seule.

son prix pour n'être point louée? Que dirai-je de l'or, de l'ivoire, de la pourpre, d'une lyre, d'un glaive, d'une fleur, d'un arbrisseau?

XXI

Si les âmes ne périssent pas [38], comment, depuis les siècles éternels, l'air les contient-il? — Mais comment la terre contient-elle les corps de ceux qui ont été ensevelis depuis tant de siècles? De même que les corps, après avoir subsisté sur la terre, changent, se dissolvent, et font ainsi place à d'autres cadavres; de même les âmes, quand elles sont transportées dans l'air, y font quelque séjour, puis changent, se dissipent, s'enflamment, absorbées dans la puissance génératrice de l'univers, et, de cette façon, font place aux survenantes. Voilà ce qu'on peut répondre, dans l'hypothèse de la persistance des âmes [39]. Et il faut tenir compte, non-seulement de ce grand nombre de corps ensevelis de la sorte, mais encore de ceux des animaux qui sont mangés chaque jour par nous et par les autres animaux; car quelle quantité ne s'en consomme-t-il pas, qui sont ensevelis, si je puis dire, dans les corps de ceux qui s'en nourrissent [40]! Cependant ce lieu

---

[38] Voir la note U, à la suite des *Pensées*.
[39] Ici encore Marc-Aurèle s'abstient d'affirmer.
[40] C'est la fameuse expression d'Hérodote, condamnée, on ne sait pourquoi, par Longin, γῦπες ἔμψυχοι τάφοι. On connaît le vers de Lucrèce :

   Viva videns vivo sepeliri viscera busto.

Ennius avait dit :

   Vulturis in silvis miserum mandebat homonem :
   Heu ! quam crudeli condebat viscera busto !

suffit à les recevoir, parce qu'ils se transforment, partie en sang, partie en matière aérienne ou ignée.

Quel moyen, sur ce sujet, de découvrir la vérité? la division en matière et en forme [41].

XXII

Ne te laisse point entraîner au gré du tourbillon : toujours, quand tu te mets en mouvement pour agir, c'est ce qui est juste qu'il faut faire ; toujours, entre tes pensées, tiens-toi à ce qui peut clairement se concevoir.

XXIII

Tout ce qui t'accommode, ô Monde [42], m'accommode moi-même. Rien n'est pour moi prématuré ni tardif, qui est de saison pour toi. Tout ce que m'apportent les heures est pour moi un fruit savoureux, ô Nature [43] ! Tout vient de toi ; tout est dans toi ; tout rentre dans toi [44]. Un personnage dit : *Bien aimée cité de Cecrops* [45] ! Mais toi, ne peux-tu pas dire : O bien-aimée cité de Jupiter !

XXIV

Fais peu de choses, dit celui-là [46], *si tu veux que le*

---

[41] Voir la note V, à la suite des *Pensées*.
[42] Voir la note X, à la suite des *Pensées*.
[43] Voir la note Y, à la suite des *Pensées*.
[44] Le poète Pacuvius exprime la même idée dans les beaux vers conservés par Cicéron : *Hoc vide circum*, etc.
[45] Cette exclamation est tirée de quelque tragédie aujourd'hui perdue.
[46] On sait par Sénèque que c'est Démocrite qui avait préconisé

calme règne dans ton âme. Il eût été mieux peut-être de dire : Fais ce qui est nécessaire, et tout ce qu'exige la condition d'un être sociable, et de la manière qu'elle l'exige. Il y aura là tout ensemble et la satisfaction du bien accompli, et aussi celle d'avoir fait un petit nombre d'actions. En effet, la plupart de nos paroles et de nos actions ne sont pas nécessaires : les retrancher, c'est se donner plus de loisir, moins de trouble d'esprit. Par conséquent, il faut, sur chaque chose, se faire cette question : Ceci n'est-il point chose sans nécessité ? Or, il faut supprimer, non-seulement les actions inutiles, mais encore les pensées inutiles ; car, ôtez ces dernières, il n'y a même plus cause d'actions superflues.

XXV

Essaie de voir comment tu te trouveras de vivre en homme de bien, qui se résigne à ce que lui envoie l'ordre général des événements [47], et qui fait consister son bonheur dans la pratique de la justice [48] et dans la bonté.

XXVI

Tu as vu cela ? vois encore ceci : ne te trouble pas toi-même ; mets la simplicité dans ton âme. Quelqu'un se met en faute ? c'est lui qui portera la

---

cette maxime; et Stobée nous a conservé la maxime dans les propres termes dont s'était servi Démocrite.

[47] Ceci a déjà été dit, et le sera encore.

[48] Ceci est un lieu commun pour Marc Aurèle.

faute [49]. Tu as éprouvé un accident? c'est bien: tout ce qui t'arrive t'était destiné de tout temps par l'effet des lois universelles, et faisait partie de leur trame [50]. Tout est dans quelques mots : La vie est courte; il faut mettre à profit le présent [51], par une conduite réglée selon la raison et la justice De la sobriété dans le relâche.

XXVII

Ou le monde a été bien ordonné, ou c'est un amas confus, un pêle-mêle fortuit qu'on appelle pourtant le monde. Quoi ! tu peux être, toi, un monde bien réglé; et dans l'univers tout serait désordre et confusion ! et cela quand toutes choses sont tout à la fois si distinctes et si confondues, et si bien marchant d'accord [52] !

XXVIII

Il y a le caractère sombre, le caractère efféminé, le caractère opiniâtre, le féroce, le brutal, le puéril, le stupide, le fourbe, le bouffon, le perfide, le tyrannique.

XXIX

Si c'est être étranger dans le monde, d'ignorer

---

[49] Il y a une restriction admirable à cette pensée, liv. IX, § 38.
[50] C'est un lieu commun du stoïcisme.
[51] Même observation.
[52] Les anciens philosophes nommés physiciens, c'est-à dire les atomistes, les matérialistes de l'antiquité, appelaient le monde un homme immense, et l'homme un microcosme, un petit monde. La comparaison a été depuis perpétuellement reproduite, avec un sens plus ou moins relevé, suivant le système dont on partait.

ce qui y est, ce n'est pas être moins étranger, d'ignorer ce qui s'y fait [53]. C'est un déserteur [54], celui qui se dérobe à l'empire des lois de la cité; un aveugle, celui qui a les yeux de l'intelligence fermés; un indigent, celui qui a besoin d'autrui, et qui ne possède pas en lui ce qui est nécessaire pour la vie [55]; un abcès dans le corps du monde [56], celui qui s'en retire [57], et qui se sépare de la raison de l'universelle nature, à cause du chagrin que lui font éprouver les accidents de la vie, car c'est la nature qui te les apporte, et c'est elle qui t'a porté [58]; un lambeau séparé de la cité, celui qui a arraché son âme de la société des êtres raisonnables. société dont les liens sont les mêmes pour tous les êtres [59].

XXX

Celui-là, bien que sans tunique, est pourtant philosophe [60]; celui-ci, sans livre; cet autre, demi-nu. *Je manque de pain*, dit-il, *et pourtant je maintiens mon*

[53] Lieu commun du stoïcisme.
[54] Marc-Aurèle développe cette pensée, liv. X, § 25.
[55] C'est un lieu commun du stoïcisme, que Marc-Aurèle a déjà rappelé.
[56] Marc-Aurèle s'est déjà servi de cette expression, liv. II, § 16.
[57] Il y a en grec un jeu de mots intraduisible. Les composants d'ἀπόστημα sont les mêmes que ceux du participe ἀφιστάμενος.
[58] Le commentaire de ceci est surtout liv. XII, § 1.
[59] Le monde était mû, suivant les stoïciens, par une âme unique, dont chaque âme particulière était une portion et comme un membre, mais tenant au tout.
[60] Les cyniques seuls, entre tous les philosophes grecs, ne portaient pas de tunique. Les stoïciens tenaient les cyniques pour de vrais philosophes. Juvénal dit que la tunique seule faisait la différence des cyniques et des stoïciens.

système. — Pour moi, ce n'est pas la science qui me donne mes moyens de subsistance ; et je maintiens aussi le mien.

XXXI

Aime l'art que tu as appris ; c'est à cela qu'il faut t'arrêter. Ce qui te reste de vie, passe-le en homme qui a remis aux dieux, du fond du cœur, le soin de ses affaires. Ne te fais ni le tyran, ni l'esclave d'aucun homme au monde.

XXXII

Considère, pour prendre un exemple, le temps où régnait Vespasien ; tu y verras toutes ces choses : gens qui se marient, qui élèvent des enfants, qui sont malades, qui meurent, qui font la guerre, qui célèbrent des fêtes, qui négocient, qui labourent la terre, qui flattent, qui sont remplis d'arrogance, de soupçons, de desseins pervers ; qui désirent la mort de tels ou tels ; qui murmurent de l'état présent des choses ; qui se livrent à l'amour ; qui thésaurisent ; qui briguent des consulats, des royautés. Eh bien ! ils ne sont plus, ni ici ni ailleurs : ils ont cessé de vivre. Descends ensuite au temps de Trajan : même spectacle encore ; et ce siècle aussi a péri. Vois, contemple de même les épitaphes d'autres temps, de nations entières : combien d'hommes qui, après des efforts inouïs, sont tombés bientôt, se sont dissous dans les éléments des choses ! Rappelle surtout à ta mémoire ceux que tu as connus

LIVRE IV.

toi-même en proie aux distractions vaines, négligeant de faire ce que comportait leur organisation d'homme, de s'y attacher opiniâtrément, d'y borner leurs désirs. Il est nécessaire, à ce sujet, de se souvenir que le soin qu'on donne à chaque action doit être proportionné à son importance, et avoir une mesure [61]. De cette manière, tu ne te désespéreras pas d'avoir jamais donné à des choses futiles plus d'attention qu'il ne convenait.

XXXIII

Les mots jadis usités ont aujourd'hui besoin d'explication. C'est là aussi le sort des noms de ceux qui furent illustres jadis. Ce sont, en quelque sorte, des mots à expliquer, que Camille [62], Céson [63], Volésus [64], Léonnatus [65], et ceux qui les suivirent de près, Scipion, Caton, puis Auguste même, puis Adrien, puis Antonin. Toutes choses s'évanouissent, et bientôt passent au rang des fables; un complet oubli les engloutit bientôt. Et je parle ici d'hommes qui ont jeté, pour ainsi dire, une merveilleuse splendeur. Car, pour les autres, à peine ont-ils expiré,

---

[61] On peut rapprocher ici les vers fameux du poëte satirique Lucilius :

Virtus, Albine, est pretium persolvere verum,
Queis in versamur, queis vivimu' rebu' potesse, etc.

[62] Le vainqueur des Gaulois.
[63] Il y a plusieurs Romains de ce nom mentionnés dans l'histoire. On ne sait pas duquel Marc-Aurèle veut parler.
[64] Inconnu. On ne trouve de Volsus dans l'histoire qu'au temps des empereurs.
[65] Le parent, l'ami et le compagnon d'Alexandre.

nul ne les connaît, nul ne s'informe d'eux ⁶⁶. Après tout, que serait-ce que l'immortalité de notre mémoire? une vanité ⁶⁷. Quel est donc l'objet sur lequel il faut porter tous nos soins? un seul, et le voici : pensées de justice ; actions utiles au bien public ; discours purs de tout mensonge ; disposition à se résigner à tout ce qui nous arrive, comme à chose nécessaire, qui nous est familière, et qui découle du même principe, de la même source que nous.

XXXIV

Abandonne-toi sans résistance à la Parque, et laisse-la filer ta vie avec les événements qu'il lui plaira ⁶⁸.

XXXV

Tout passe en un jour, et le panégyrique et l'objet célébré.

XXXVI

Considère sans cesse que c'est par un changement que tout se produit, et accoutume-toi à penser qu'il n'y a rien que la nature universelle aime tant que de changer les choses qui sont, pour en faire de nouvelles qui leur ressemblent ⁶⁹. Tout ce qui est,

---

⁶⁶ Allusion aux paroles de Télémaque, dans le premier chant de l'*Odyssée :* οἴχετ' ἄϊστος, ἄπυστος.

⁶⁷ Voyez plus haut, §§ 3 et 19, et plus loin, *passim.*

⁶⁸ Sénèque, *de Provid* , 5 : « Quid est boni viri ? *Præbere se* « *fato.* »

⁶⁹ Marc-Aurèle reviendra fréquemment sur ce point.

est pour ainsi dire la semence de ce qui en doit
naître. Mais toi, tu ne regardes comme semences
que celles qu'on répand sur la terre, ou dans le sein
d'une mère. Cela est d'un homme par trop grossier.

XXXVII

Tu mourras bientôt, et tu n'es encore ni ferme,
ni exempt de troubles, ni libre de la fausse opinion
que tu peux être malheureux par les choses extérieures [70], ni bienveillant pour tous les hommes ;
enfin, ce n'est pas dans les seules actions justes que
tu fais consister la sagesse.

XXXVIII

Examine bien leurs âmes ; et vois ce que les hommes sages évitent, ce qu'ils ambitionnent [71].

XXXIX

Ton mal n'est pas situé dans l'esprit d'un autre ;
il n'est pas non plus dans une modification, une
altération de ce qui t'enveloppe [72]. Où est-il donc ?
dans la partie de toi-même où se forme l'opinion
concernant les maux. Que l'opinion ne s'y forme
pas, et tout est bien. Son voisin si proche, le corps,
fût-il coupé, brûlé, ulcéré, en pourriture, il faut

---

[70] On a déjà vu ceci, et on le verra encore.
[71] C'est ici un de ces cas d'utilité réservés où, suivant Marc-Aurèle, il est permis de s'inquiéter de ce que fait, pense ou dit le prochain.
[72] Marc-Aurèle développe cette pensée, liv. X, § 1.

que la partie qui se forme une opinion sur ces choses reste néanmoins en repos, c'est-à-dire qu'elle juge qu'il n'y a ni mal ni bien dans ce qui peut arriver également à l'homme méchant et à l'homme vertueux. En effet, ce qui arrive également et à celui qui vit contre la loi de la nature [73], et à celui qui suit cette loi, une telle chose n'est ni selon la nature, ni contre la nature.

XL

Représente-toi sans cesse le monde comme un animal composé d'une seule matière et d'une âme unique. Vois comment tout se conforme à son seul sentiment; comment tout se fait par son unique impulsion; comment tout est la cause coopérante de tout ce qui se produit; enfin, quels sont l'enchaînement, la solidarité mutuelle de toutes choses.

XLI

Tu es une âme chétive portant un cadavre, comme disait Epictète.

XLII

Il n'y a aucun mal pour les êtres à subir le chan-

---

[73] J'ai ajouté les mots : *à celui qui vit contre la loi de la nature*. Le mot ἐπίσης et la fin de la phrase contiennent virtuellement cette idée. On peut supposer ou que le texte est corrompu, ou que Marc Aurèle, qui ne se piquait pas, en fait de style, d'une exactitude bien rigoureuse, s'est contenté d'indiquer vaguement ce qu'il voulait dire. L'ellipse, supportable peut-être en grec, rendrait le français inintelligible.

gement, comme il n'y a non plus aucun bien pour
eux à exister par l'effet du changement [74].

XLIII

Le temps est un fleuve et un torrent impétueux
entraînant tout ce qui naît [75]. A peine chaque chose
a-t-elle paru, elle a été entraînée ; et une autre est
déjà entraînée, et une autre y tombera bientôt.

XLIV

Tout ce qui arrive est aussi habituel, aussi ordinaire que la rose dans le printemps, que les fruits
pendant la moisson : ainsi la maladie, la mort, la
calomnie, les conjurations, enfin tout ce qui réjouit
ou afflige les sots [76].

XLV

Les choses qui succèdent à d'autres ont toujours,
avec celles qui les ont précédées, un rapport de famille. Ce n'est point, en effet, comme une suite de
nombres sans rapport entre eux, et qui ne contiennent que la quantité qui les constitue. C'est un
enchaînement harmonieusement réglé [77]. Et de
même qu'il règne, dans tout ce qui est, une coor-

---

[74] On a vu ceci au § 5 de ce livre ; Marc-Aurèle le dira encore.
[75] Lieu commun philosophique depuis Platon, et même depuis Héraclite.
[76] Sénèque, *Lettre* 107 « Nihil horum insolitum, nihil inexpectatum est. Offendi rebus istis tam ridiculum est, quam queri quod spargaris in publico, aut inquineris in luto. »
[77] Voyez plus haut le § 40 de ce livre, et *passim* dans l'ouvrage.

dination parfaite, de même il y a, dans les choses qui naissent, non pas succession pure et simple, mais une évidente et admirable parenté.

XLVI

Souviens-toi toujours du mot d'Héraclite, que la mort de la terre, c'est quand elle devient eau ; la mort de l'eau, quand elle devient air ; celle de l'air, quand il devient feu ; et réciproquement [78]. Souviens-toi de l'homme qui oublie où conduit le chemin [79]. Remarque que cette raison qui gouverne l'univers, et dans le commerce de laquelle se passe notre vie, nous sommes en lutte avec elle, et que nous regardons comme étrangères les choses mêmes que nous rencontrons chaque jour. Enfin, il ne faut pas agir, parler, ni comme si nous dormions [80], car nous nous imaginons aussi dans le sommeil que nous agissons et que nous parlons [81], ni comme des enfants soumis à l'autorité de leurs parents, et qui n'ont que cette raison : Ainsi faisaient nos parents [82].

[78] Clément d'Alexandrie, dans les *Stromates*, prétend que c'est à Orphée qu'Héraclite avait emprunté l'idée et la formule de son principe. Il cite même les vers plus ou moins authentiques où le philosophe aurait puisé.

[79] Allusion à quelque conte ou proverbe, dont le sens moral n'est pas difficile à deviner.

[80] On se rappelle les admirables vers de Lucrèce :

> Et vigilans stertis, nec somnia cernere cessas,
> Atque animi incerto fluitans errore vagari.

[81] Virgile a décrit incomparablement le phénomène : *Ac velut in somnis*, etc.

[82] Passage corrompu, et susceptible d'interprétations diverses.

XLVII

De même que si quelque dieu te disait : Tu mourras demain, ou tout au plus tard après-demain ; tu ne tiendrais guère à mourir après-demain plutôt que demain, à moins que tu ne fusses de la dernière lâcheté ; car quel serait le délai ? de même regarde comme chose de peu d'importance qu'il faille mourir dans un grand nombre d'années ou demain [83].

XLVIII

Considère sans cesse combien sont morts de médecins, qui souvent avaient froncé le sourcil à l'aspect des malades ; combien de mathématiciens, qui avaient prédit, comme chose merveilleuse, la mort d'autres hommes ; combien de philosophes, qui avaient discuté sans fin sur la mort et sur l'immortalité ; combien de guerriers, qui en avaient tué tant d'autres ; combien de tyrans, qui avaient usé avec une affreuse arrogance du droit de vie et de mort, comme s'ils eussent été immortels [84] ; combien de villes, si j'ose dire ainsi, sont mortes tout entières [85] : Hélice,

---

J'ai suivi l'interprétation de Gataker, adoptée par Schultz Elle a l'avantage de s'accorder avec ce qui précède, et de fournir une conclusion

[83] Voyez plus haut, le § 15 de ce livre.

[84] Ce genre de consolation, qui n'a jamais consolé personne, était fort du goût des anciens Lucrèce développe, à propos de la mort, un thème analogue. On connaît cette belle poésie.

[85] Il y a un tableau de ce genre dans la fameuse lettre de Sulpicius à Cicéron.

Pompéi, Herculanum [86], d'autres en nombre infini. Ajoute ceux que tu as connus toi-même, qui se sont succédé les uns aux autres, celui-ci menant les funérailles de celui-là, puis bientôt enseveli lui-même; puis d'autres comme lui, et tout cela en quelques instants. En un mot, il faut avoir toujours devant les yeux le peu de durée, le peu de prix des choses humaines : hier ce n'était qu'un germe, demain ce sera une chair salée, ou de la cendre [87]. Il faut donc se conformer à la nature, durant cet instant imperceptible que nous vivons [88]; il faut partir de la vie avec résignation [89], comme l'olive mûre tombe en bénissant la terre sa nourrice, et en rendant grâces à l'arbre qui l'a produite.

XLIX

Sois semblable à un promontoire contre lequel les flots viennent sans cesse se briser. Le promontoire demeure immobile, et dompte la fureur de l'onde qui bouillonne autour de lui. — Que je suis malheureux que telle chose me soit arrivée ! — Ce n'est point cela; il faut dire : Que je suis heureux, après ce qui m'est arrivé, de vivre exempt de douleur, insensible au coup qui me frappe aujourd'hui, inaccessible à la crainte de celui qui peut me frap-

---

[86] Inutile de rien remarquer sur Herculanum et Pompei. Pour Hélice, c'était une ville d'Achaïe, qui fut engloutie sous les flots de la mer. *Si quæras Helicen,...* dit quelque part Ovide, *invenies sub aquis.*
[87] Allusion à la coutume d'embaumer ou de brûler les morts.
[88] Lieu commun du stoïcisme. Voyez *passim.*
[89] Autre lieu commun.

pei plus tard! — En effet, la même chose pourrait arriver à tout autre qu'à moi ; mais cet autre eût bien pu ne pas la supporter sans douleur. Pourquoi donc tel accident est-il appelé infortune, et tel autre plutôt bonheur? Appelles-tu donc en général malheur de l'homme, ce qui n'est point un obstacle à l'accomplissement du but de la nature de l'homme? Et y a-t-il un obstacle à l'accomplissement du but de la nature humaine, dans ce qui n'est point contre le vœu de cette nature? Quoi ! tu sais quel est ce vœu : ce qui t'est arrivé t'empêchera-t-il donc d'être juste, magnanime, tempérant, sage, réservé, véridique, modeste, libre ; d'avoir toutes les vertus dont la présence est le caractère propre de la nature humaine [90]? Souviens-toi, du reste, à chaque événement qui provoquerait ta tristesse, de recourir à cette vérité : Que ce n'est point là un malheur, mais qu'il y a un réel bonheur à supporter cet accident avec courage [91].

L

C'est un moyen trivial, efficace néanmoins, pour s'aider à mépriser la mort, de repasser dans son souvenir ceux qui ont tenu avec le plus d'opiniâtreté à l'existence. Quel avantage ont-ils sur ceux qui sont morts avant le temps? Ils sont tombés aussi eux-mêmes, un Cécidianus, un Fabius, un

---

[90] La pensée est reprise en détail, liv. XI, § 1

[91] Épictète avait dit : « Ce n'est pas la mort qui est un malheur, « mais la crainte de la douleur et de la mort »

Julianus, un Lépidus [92]; tous ceux enfin qui, comme eux, avaient suivi bien des funérailles, ont eu les leurs à leur tour. Oui, la différence est peu de chose; et encore, ce temps, à travers quels accidents, avec quels êtres, ils ont eu à l'épuiser, et dans quel corps! Ne t'en fais donc pas une affaire. Considère, derrière toi, l'abîme de la durée, et devant toi un autre infini [93]. Quelle différence y a-t-il, dans cette immensité, entre celui qui a vécu trois jours et celui qui a vécu trois âges d'homme [94]?

LI

Va toujours par le plus court chemin. Or, le plus court chemin, c'est celui qui est selon la nature; c'est-à-dire qu'il faut, dans toutes nos paroles, dans toutes nos actions, suivre la saine raison [95]. Une telle résolution te délivrera de mille chagrins, de mille combats, de toute dissimulation, de toute vanité.

---

[92] Il y a, dans l'histoire romaine, tant de noms semblables à ceux là, qu'on ne sait pas de quels personnages précisément Marc-Aurèle a voulu parler.

[93] Lieu commun du stoïcisme. Voyez *passim*.

[94] Allusion à l'épithète donnée par les poëtes au vieux Nestor.

[95] Marc-Aurèle répète et précise cette pensée, liv. VIII, § 30.

LIVRE V

1

Le matin, lorsque tu sens de la peine à te lever [1], fais cette réflexion : Je m'éveille pour faire œuvre d'homme [2]; pourquoi donc éprouver du chagrin de ce que je vais faire les choses pour lesquelles je suis né, pour lesquelles j'ai été envoyé dans le monde? Suis-je donc né pour rester chaudement couché sous mes couvertures? — Mais cela fait plus de plaisir. — Tu es donc né pour te donner du plaisir [3]? Ce n'est donc pas pour agir, pour travailler? Ne vois-tu pas les plantes, les passereaux, les fourmis, les araignées, remplissant chacun sa fonction, et servant selon leur pouvoir à l'harmonie du monde? Et après cela tu refuses de faire ta fonction d'homme! tu ne cours

---

[1] Comparez le § 12 du livre VIII.
[2] Voyez *passim*, et notamment liv. II, § 1.
[3] Cicéron, dans le premier livre des *Devoirs*, exprime la même pensée.

point à ce qui est conforme à ta nature! — Mais il faut bien prendre du repos. — Je le veux. Pourtant la nature a mis des bornes à ce besoin [1]. Elle en a bien mis au besoin de manger et de boire Toi, néanmoins, tu passes ces bornes, tu vas au delà de ce qui doit te suffire. Dans l'action, il n'en est plus de même : tu restes en deçà du possible. C'est que tu ne t'aimes pas toi-même, sinon tu aimerais ta nature, et ce qu'elle veut. Oui, ceux qui aiment leurs métiers sèchent sur leurs ouvrages, oubliant le bain et la nourriture; mais toi, tu fais moins de cas de ta propre nature que le ciseleur n'en fait de son art, le danseur de sa danse, l'avare de son argent, l'ambitieux de sa folle gloire. Eux, quand ils sont à l'œuvre, ils ont bien moins à cœur le manger ou le dormir, que le progrès de ce qui les charme : les actions qui ont l'intérêt public pour but te paraissent-elles plus viles et moins dignes de tes soins?

II

Qu'il est aisé de repousser, d'effacer toute image fâcheuse [5] ou qui nous porte à haïr les hommes, et de se mettre sur-le-champ dans une parfaite tranquillité d'âme!

III

Juge-toi digne de conformer toutes tes paroles,

---

[1] Ce n'est pas le jeu qui est réprimandable, comme dit Horace; c'est de passer sa vie à jouer.
[5] Marc-Aurèle reviendra souvent sur ce qu'il appelle des *images*.

toutes tes actions à la nature. Que jamais le blâme, les discours qui pourraient s'ensuivre, n'aient sur toi aucune influence⁶. S il est bien de faire la chose, ou de la dire, ne la juge pas indigne de toi. Eux, ils ont leur manière propre de juger, leur passion propre : n'y regarde pas ⁷, va ton droit chemin ⁸, suis la nature qui t'est propre et celle qui est commune à tous ⁹. Il n'y a, pour l'une et pour l'autre, qu'une seule route ¹⁰.

IV

J'avance dans la route à l'aide des secours que me fournit la nature, jusqu'à ce que je tombe pour me reposer ; jusqu'à ce que j'exhale mon souffle dans cet air que je respire tous les jours ; jusqu'à ce que je sois étendu sur cette terre où mon père avait puisé la semence de mon être, ma mère mon sang, ma nourrice son lait ; d'où je tire depuis tant d'années ma nourriture et ma boisson de chaque jour ; qui me porte tandis que je la foule aux pieds et que j'en abuse de tant de façons.

---

⁶ C'est un des thèmes favoris de Sénèque, dans ses leçons à son ami Lucilius

⁷ On se rappelle ce que Marc-Aurèle a dit, liv. II, § 8.

⁸ Voir les développements, liv. VII, § 55 et liv. X, § 11.

⁹ Marc-Aurèle nous a présenté liv. I, § 9, dans la personne de son maître Sextus, l'idéal réalisé de cette perfection suprême du stoïcisme.

¹⁰ C'était l'opinion de Chrysippe. Mais Cléanthe voulait qu'on se conformât uniquement à la nature commune, et non point à celle qui nous est propre. Il y a entre elles, selon lui, antagonisme et nullement accord.

V

Tu n'es point en état de faire admirer la vivacité de ton esprit; je le veux, mais il y a bien d'autres choses pour lesquelles tu ne peux pas dire : Je n'y suis point propre. Fais donc ce qui est tout entier en ton pouvoir : sois sincère, grave, laborieux, ennemi des plaisirs, résigné à la destinée, satisfait de peu, bienveillant, libre, sans amour pour le luxe, la frivolité, la magnificence. Ne sens-tu pas combien de choses tu peux exécuter dès aujourd'hui, pour lesquelles tu n'as pas l'excuse d'inaptitude et d'insuffisance? Et pourtant, tu restes volontairement au-dessous de tes devoirs. Est-ce une imbécillité naturelle qui t'oblige à murmurer, à montrer ta paresse, à flatter, à accuser ton misérable corps, à céder à ses caprices, à te livrer à la vanité, à rouler tant de projets? non, par les dieux, non! Depuis longtemps tu as pu être libre de ces défauts. Seulement, si tu es véritablement né avec un esprit lent, peu pénétrant, il faut t'attacher à ce défaut lui-même, ne point négliger cette pesanteur d'esprit, ni t'y complaire [11].

VI

Il y a tel, qui, après avoir fait un plaisir à quelqu'un, se hâte de lui porter cette faveur en compte. Cet autre n'a point une précipitation pareille, mais il regarde l'obligé comme son débiteur, il a toujours

---

[11] Cette sagesse pratique rappelle le passage d'Horace : *Non possis oculo quantum*, etc.

présent à la pensée le service qu'il a rendu [12]. Un troisième enfin ignore, si je puis dire, ce qu'il a fait [13] : il est semblable à la vigne, qui porte son fruit et puis après ne demande plus rien, satisfaite d'avoir donné sa grappe. Comme le cheval après la course, comme le chien après la chasse, comme l'abeille quand elle a fait son miel, l'homme qui a fait le bien ne le crie point par le monde. Il passe à une autre action généreuse [14], de même que la vigne se prépare à porter d'autres raisins dans la saison. Faut-il donc être du nombre des gens qui ne savent pour ainsi dire pas ce qu'ils font? — Oui. — Mais il faut bien savoir ce que l'on fait ; car c'est le propre, dit on, d'un être qui doit vivre en société avec les autres, de sentir que ce qu'il fait est utile et bon pour la société, et, par Jupiter! de vouloir que celui qui vit avec lui le sente lui-même. — Ce que tu dis là est vrai sans doute ; mais tu comprends mal le sens de mes paroles. Par conséquent, tu seras un de ceux dont j'ai fait mention tout à l'heure. Eux aussi, en effet, ils sont conduits par des raisons auxquelles leur esprit donne son adhésion. Si tu veux bien comprendre ce que signifient mes paroles, ne crains pas que cela te fasse négliger aucune des actions utiles au bien de la société.

[12] Sénèque revient sans cesse, dans son traité, sur l'idée de la gratuité du bienfait.

[13] Sénèque avait dit, *de Benef.*, II, 6 « Quam dulce, quam « pretiosum est, si gratias sibi agi non est passus, qui dedit ; si « dedisse, dum dat, oblitus est ! »

[14] Voyez *passim*. Plaute dit la même chose dans le *Trinumus :*

Is probus est, quem non pœnitet quam sit probus...
Benefacta benefactis aliis pertegito, ne perpluant.

VII

Prière des Athéniens : Fais pleuvoir, fais pleuvoir, ô bon Jupiter, sur les champs et les prés des Athéniens ! — Ou il faut ne jamais prier, ou il faut prier ainsi, simplement et noblement [15].

VIII

On tient souvent ce propos : Esculape [16] a ordonné à ce malade de monter à cheval, de prendre un bain froid, de marcher pieds nus. Cet autre propos est tout à fait analogue : La nature de l'univers a ordonné à tel homme de faire une maladie, d'être mutilé d'un membre, de perdre ceux qui lui sont chers, d'éprouver tout autre dommage. En effet, *a ordonné* signifie, pour le médecin, qu'il a prescrit telle chose au malade, comme propre à rétablir sa santé ; et, dans l'autre cas, que ce qui arrive à chacun est disposé pour l'homme, en quelque façon, dans l'ordre marqué par la destinée. Nous disons aussi qu'une chose convient, dans le même sens que les artisans disent que les pierres carrées qui entrent dans les murs ou dans les pyramides conviennent,

---

[15] Les Athéniens priaient même, selon Pausanias, non pas pour l'Attique seulement, mais pour toute la Grèce. Marc Aurèle condamne toutes les prières qui n'ont pour objet qu'un intérêt personnel.

[16] Il s'agit peut être de l'inspiration divine, comme celle à laquelle Marc Aurèle attribuait les remèdes que lui-même avait trouvés à Caïète et à Chrèse. Cette superstition était générale. Mais le nom d'Esculape se prenait habituellement pour dire un médecin quelconque.

quand il y a entre elles une certaine symétrie de position. A tout prendre, le concert des choses est unique ; et, de même que le monde, ce grand corps [17], se compose de tous les corps, de même l'ensemble de toutes les causes constitue la destinée, cette cause suprême [18]. Ce que je dis est bien connu, même des hommes les plus simples. Ils disent, en effet : *Sa destinée le portait ainsi* [19]. Oui, c'est là ce que portait sa destinée, ce qui était ordonné de tout temps pour lui. Recevons donc ce qui nous arrive, comme ce que nous ordonne Esculape : il y a, dans les remèdes, bien des choses désagréables, mais auxquelles nous nous soumettons de bon cœur, dans l'espoir de la santé. Envisage l'accomplissement, l'exécution complète des décrets de la nature commune, comme tu fais ta santé. A tout ce qui t'arrive, soumets-toi de bon gré, quelque dur que cela te paraisse, comme à une chose qui a pour résultat la santé du monde [20], le succès des vues de Jupiter, et sa satisfaction. Car il ne nous l'eût point envoyé, s'il n'y eût vu l'intérêt de l'univers. La nature ne porte jamais rien, dans ce que nous voyons, qui ne concorde avec l'être vivant sous sa loi.

Voilà donc deux raisons pour lesquelles il te faut aimer ce qui t'arrive : l'une, que c'est pour toi que la

---

[17] Voyez plus haut, liv. IV, § 40.
[18] Sénèque définit la destinée presque dans les mêmes termes : *series implexa causarum*.
[19] Voyez *passim* ce fatalisme vulgaire, consacré par la doctrine stoïcienne.
[20] Sénèque, *Lettre* 74 : « Sciatque illa ipsa, quibus lædi videtur, ad conservationem universi pertinere, et ex his esse quæ cursum mundi officiumque consummant. »

chose s'est faite, et qu'elle était ordonnée pour toi, et qu'elle t'appartenait en quelque sorte, filée qu'elle était de tout temps avec ta destinée, en vertu des causes les plus antiques; l'autre, que même ce qui arrive à chaque homme en particulier est cause du succès, de l'accomplissement des vues de celui qui gouverne l'univers, et, par Jupiter! de la durée même du monde. En effet, le tout lui-même serait mutilé, si tu retranchais la moindre des parties, la moindre des causes qui constituent son ensemble et sa continuité. Or, c'est en retrancher quelque chose, autant qu'il est en toi, que de montrer de la répugnance à te soumettre [21]. C'est en quelque façon retrancher l'accident du monde.

IX

Point de dégoût, de découragement, de désespoir, si tu ne réussis pas toujours à faire chaque chose suivant les règles de la raison. Si tu viens d'échouer, recommence [22]; que ce soit assez, pour ta satisfaction, d'avoir le plus souvent agi comme il sied à un homme [23]. Il faut aimer l'œuvre à laquelle tu retournes; il ne faut pas revenir à la philosophie

---

[21] On se rappelle les vers de Lucain :

...A prima descendit origine mundi
Causarum series, atque omnia fata laborant,
Si quidquam mutasse velis.

[22] Il s'agit d'être, pour parler comme Sénèque, non pas égal aux meilleurs, mais meilleur que les mauvais Platon, dans le *Protagoras*, développe cette pensée, à propos des vers de Simonide sur un mot de Pittacus

[23] Épictète insiste particulièrement sur cette idée, dans plusieurs passages des *Dissertations*

comme un écolier chez son maître, mais comme
ceux qui ont mal aux yeux recourent à l'éponge [24]
et à l'œuf [25], comme tel autre au cataplasme, tel
autre aux douches [26]. A cette condition l'obéissance aux ordres de la raison ne sera plus pour toi
un supplice [27]; tu y acquiesceras sans reserve. Souviens-toi que tout ce qu'exige la philosophie, c'est
ce qu'exige ta nature ; et toi, tu voulais ce qui est
contraire à la nature ! Lequel des deux l'emporte en
attraits? Ne sommes-nous pas souvent les dupes
d'une illusion, que nous prenons pour le plaisir?
Examine, au contraire, s'il n'y a pas un attrait supérieur dans la magnanimité, la liberté, la simplicité,
le calme de l'âme, la sainteté de la vie. Y a-t-il quelque chose qui ait plus d'attrait que la prudence?
Songe à l'excellence de cette vertu, à la fois intelligence et science, qui jamais ne trébuche, qui toujours atteint heureusement son objet.

X

Les choses sont enveloppées, pour ainsi dire, de
telles ténèbres, que bien des philosophes, et qui
n'étaient pas des moins habiles, ont été d'avis que
nous n'y pouvions rien comprendre [28]. Oui, les

[24] C'est l'espèce d'éponge que les Latins nommaient *penicillus*,
et qui était très-fine et très légère.
[25] Pline parle de l'emploi de l'œuf comme remède dans les
maladies des yeux.
[26] καταιόνησιν, en latin *perfusionem*. Dès la plus haute antiquité on s'est servi des douches dans les affections cérébrales
[27] Voir la note Z, à la suite des *Pensées*.
[28] C'était spécialement l'opinion des pyrrhoniens ; mais d'autres
avant eux avaient signalé l'infirmité de notre intelligence.

stoïciens eux mêmes pensent qu'on ne peut les
comprendre sans difficulté. Toutes nos conceptions sont sujettes à des variations infinies. Où est
l'homme en effet qui n'a jamais varié dans ses opinions [29]? Passe maintenant aux objets mêmes de la
connaissance : que la durée en est courte! qu'ils
sont de peu de prix! Ils peuvent tomber dans la
possession d'un débauché infâme, d'une courtisane,
d'un voleur [30] ! Considère ensuite les mœurs de ceux
avec lesquels il nous faut vivre [31]. Le plus complaisant des hommes peut à peine les supporter [32], que
dis-je? à peine aucun d'eux peut-il se supporter lui-
même [33]. Au milieu de ces ténèbres, de ces ordures,
dans ce courant qui entraîne et la matière, et le
temps, et le mouvement, et les choses mues elles-
mêmes, qu'y a-t-il qui soit digne d'une si grande
estime, et qui mérite véritablement nos soins? je ne
le vois pas Au contraire, il faut se consoler soi-
même, et attendre la dissolution naturelle [34], sans
impatience du retard, et en se reposant dans cette
double pensée : d'un côté, qu'il ne m'arrivera rien
qui ne convienne avec la nature de l'ensemble des
choses; de l'autre, qu'il est en mon pouvoir de ne

---

[29] Cicéron, *ad Fam.*, IX, 2 : « Quis est tam lynceus, qui in
« tantis tenebris nihil offendat, nusquam incurrat ? »

[30] Marc Aurèle semble reproduire une phrase de Sénèque,
lettre 81.

[31] Voyez *passim*, et notamment liv. IV, § 50

[32] Marc-Aurèle peint énergiquement ceci, liv X, § 36.

[33] Sénèque, *lettre* 53 : « Incredibilia sunt quæ tulerim, quum
« me ferre non possem. »

[34] On se souvient du développement, liv III, § 1.

rien faire contre mon Dieu et mon génie [35], car il n'y a personne qui puisse me contraindre à transgresser leurs ordres [36].

XI

Quel est enfin l'usage que je fais aujourd'hui de mon âme [37]? c'est la question que je dois m'adresser à moi-même dans chaque occasion. Je dois examiner ce qui se passe présentement dans cette partie de moi qu'on appelle le guide de l'âme. Quelle est l'âme que j'ai présentement [38]? est-ce celle d'un enfant? celle d'un jeune homme? celle d'une femmelette? celle d'un tyran? celle d'une bête de somme? celle d'un animal féroce?

XII

Voici encore à quoi tu peux reconnaître la vraie nature de ce que le vulgaire regarde comme des biens. Si l'on a l'idée que telles ou telles choses sont des biens véritables, par exemple, la sagesse, la tempérance, la justice, le courage, cette idée une fois dans l'esprit, on ne supportera plus d'y voir ajouter rien qui ne soit d'accord avec l'essence même du bien [39]. Fais-toi, au contraire, l'idée de ce que la multitude regarde comme des biens, et tu

---

[35] Voyez *passim*, et plus bas le § 27 de ce livre.
[36] C'est aussi un lieu commun pour Marc Aurèle.
[37] Voyez *passim*. Ces questions reviennent sans cesse chez les stoïciens.
[38] Même observation.
[39] Voir la note AA, à la suite des *Pensées*.

écouteras, tu accueilleras sans répugnance, comme explication bien placée en son lieu, le mot du poëte comique. Le vulgaire lui-même se représente de la même manière la différence : autrement, il s'offenserait de ce mot, il en désapprouverait l'application. Or, quand il s'agit de la richesse, du luxe, de la gloire, nous accueillons la plaisanterie comme chose bien trouvée et bien dite. Va donc, et demande s'il faut estimer de pareilles choses, les compter comme des biens, quand, à l'idée qu'on s'en est faite, on peut à propos ajouter un pareil mot : Celui qui les possède *en est tellement encombré, qu'il n'a pas chez lui un endroit pour ses nécessités naturelles* [40].

XIII

Forme et matière, voilà ce qui me constitue [41]. Ni l'un ni l'autre de ces deux principes ne s'anéantira dans le non-être, comme ce n'est pas le non-être qui les a faits ce qu'ils sont. Ainsi donc chacune des parties de moi se transformera, par le changement, en une partie du monde [42], laquelle, par un changement encore, se transformera en une autre partie du monde ; et ainsi de suite à l'infini [43]. C'est par un changement de cette sorte que j'existe [44], qu'ont existé ceux qui m'ont donné la naissance ; et de même en remontant à l'infini. Car rien n'em-

---

[40] On ignore quel est le comique qui a fourni la citation.
[41] Voyez *passim*. C'est le fond métaphysique de la doctrine.
[42] Autre lieu commun du stoïcisme.
[43] Ceci est développé liv VI, § 15
[44] Voyez *passim*, et particulièrement liv. VII, § 18.

pêche de parler de la sorte, bien que la puissance
modératrice fasse subir au monde de périodiques
révolutions [45].

XIV

La raison et la logique sont des puissances qui se
suffisent à elles-mêmes et aux opérations qui dépendent d'elles [46]. C'est d'un principe qui leur est propre qu'elles partent; c'est par elles-mêmes qu'elles
marchent à la fin qu'elles se proposent. On nomme
catorthoses [47] les actions de cette sorte, pour désigner que c'est là le droit chemin.

XV

Il ne faut appeler choses de l'homme aucunes de
celles qui n'appartiennent pas à l'homme en tant
qu'homme. On ne les exige point en lui; la nature
humaine n'en fait point la promesse; elles ne sont
pas non plus des principes de perfection pour la nature humaine. Par conséquent, ni la fin à laquelle
doit tendre l'homme, à savoir le bien, ne consiste

---

[45] Le monde, suivant les stoïciens, rentrait, au bout d'un temps
déterminé, dans le sein de Dieu; puis il en sortait après une
autre période. Héraclite, avant les stoïciens, avait avancé une
opinion analogue. Il disait que le monde périrait par l'embrasement, pour renaître ensuite.

[46] C'est-à-dire que, pour accomplir le bien, la raison n'a besoin
que d'elle même, et se passe de tous les secours étrangers, lesquels ne feraient que l'offusquer et la conduire à l'erreur.

[47] Κατορθώσεις. C'est ce que Cicéron rend en latin par *recte
facta*. Les catorthoses avaient pour opposé les actions qualifiées
σκολιά, στρεβλά, courbes, tortueuses, les mœurs que Perse nomme
curvi mores.

en elles, ni ce qui peut lui faire atteindre cette fin.

D'ailleurs, s'il y avait là quelque chose qui appartînt à l'homme, il n'appartiendrait donc pas à l'homme de mépriser ces objets, de lutter contre eux [48]. Il ne serait donc pas digne de louanges, celui qui montre qu'il sait se passer d'eux. Celui qui se prive volontairement d'une partie du sien ne serait pas un homme vertueux, si c'étaient là les biens véritables. Or, plus on se dépouille de ces biens prétendus et de tout ce qui leur ressemble, ou plus c'est avec résignation qu'on s'en voit dépouillé, plus aussi on est vertueux.

XVI

Telles seront tes pensées habituelles, tel sera ton esprit [49], car l'âme prend la teinture de nos pensées [50]. Plonge la donc sans cesse dans des pensées comme celles-ci : Là où l'on peut vivre, on y peut peut bien vivre [51]; on peut vivre à la cour, donc on peut bien vivre à la cour. De plus, chaque être est convenablement organisé pour l'objet que son organisation se propose [52]. Cet objet que se pro-

---

[48] Sénèque, *de Ira*, I, 13 : « Non est bonum, quod incremento « malum fit. »

[49] Clément d'Alexandrie dit que ce qui caractérise l'homme, ce sont les pensées auxquelles il s'arrête, et qui mettent leur empreinte dans son âme.

[50] Voyez, liv. VI, § 30, les développements, et l'exemple cité par Marc Aurèle.

[51] Ceci rappelle plusieurs passages de Sénèque, et surtout le conseil d'Horace :

      Ut, quocumque loco fueris, vixisse libenter,
      Te dicas.

[52] Voyez *passim*, et notamment liv. VII, § 55.

pose son organisation est le but où il se porte, et ce but, c'est sa fin. Or, là où est la fin, là aussi est l'avantage et le bien de chaque être. Le bien de l'être raisonnable est dans la société humaine, car il y a longtemps qu'on a démontré que nous sommes nés pour la société [53]. N'est-il pas évident que les êtres inférieurs existent en vue des êtres supérieurs [54], et que les êtres supérieurs existent les uns pour les autres? Or, les êtres animés l'emportent sur les êtres inanimés [55]; et les animés, à leur tour, le cèdent aux êtres raisonnables.

XVII

Poursuivre l'impossible, c'est folie : or, il est impossible que les méchants n'agissent pas comme ils font [56].

XVIII

Il n'arrive à personne rien que la nature ne l'ait rendu capable de supporter [57]. Les mêmes accidents arrivent à d'autres, qui, soit par ignorance de ce qui leur arrive [58], soit par ostentation de grandeur

[53] Cette démonstration était partout chez les stoïciens; et elle se représente à chaque instant, sous une forme ou une autre, chez Marc Aurèle

[54] Voyez passim, et plus bas le § 30 de ce livre

[55] Chrysippe avait dit : « L'animal est supérieur au non-animal. »

[56] Voyez passim, et plus bas le § 28 de ce livre

[57] Marc Aurèle explique cette pensée, liv. VIII, § 46, et liv. X, § 3

[58] Aristote dit qu'il y a des gens qui, sans le savoir, se montrent braves Sénèque remarque que les enfants et les fous ne

d'âme [59], restent calmes et insensibles aux coups. Ah! c'est une honte que l'ignorance et la vanité aient plus de pouvoir que la sagesse [60].

XIX

Ce ne sont point les choses elles-mêmes qui touchent notre âme par aucun endroit [61]. Il n'y a pour elles nul accès jusqu'à l'âme; elles ne peuvent imprimer à l'âme ni changement, ni mouvement [62]. L'âme seule se meut elle-même; et, tels sont les jugements qu'elle pense devoir porter, tels deviennent pour elle les objets extérieurs [63].

XX

Sous un point de vue, les hommes nous sont unis par un lien étroit : c'est en tant qu'il faut leur faire du bien et les supporter [64]; mais, en tant que tel ou tel est un obstacle à l'accomplissement des œuvres qui me sont propres [65], l'homme est pour moi chose

---

craignent pas la mort, et il conclut par la même leçon que Marc-Aurèle. *Lettre* 36 : « Esse turpissimum, si eam securitatem ratio non præstat, ad quam stultitia perducit. »

[59] Sénèque cite l'exemple des athlètes, qui endurent tout *gloriæ cupiditate*.

[60] Sénèque insiste fréquemment sur ces idées, surtout dans les *ettres* 4, 76, 78.

[61] Voyez le développement, liv. XI, § 16.

[62] Voyez *passim*, et notamment liv. VI, § 49.

[63] Ceci est encore plus souvent répété.

[64] Voyez plus bas, au § 33, les admirables prescriptions que Marc-Aurèle se fait à lui même.

[65] Voyez liv. VIII, § 41 et liv. XI, § 9.

indifférente [66], non moins que le soleil, le vent, une bête sauvage. Ces objets peuvent entraver mon énergie [67] ; mais ni mon désir, ni mon affection ne peuvent avoir d'entraves, parce que j'agis sous condition et puis donner à mon action un autre objet [68]. En effet, ma pensée change, transforme, en ce que j'avais dessein de faire, cela même qui entrave mon action. Tout obstacle qui arrête une œuvre devient l'objet même de l'œuvre ; et tout nous devient une route, qui s'oppose à notre route.

XXI

Honore ce qu'il y a dans le monde de plus excellent : c'est l'être qui se sert de tout, et qui administre toutes choses [69]. Pareillement, honore ce qu'il y a de plus excellent en toi [70] : c'est un être de la même famille que le premier [71] ; car, lui aussi, il se sert des autres choses qui sont en toi, et c'est lui qui gouverne ta vie [72].

XXII

Ce qui ne nuit point à la cité ne nuit point au

---

[66] On se rappelle ce que les stoïciens appelaient *choses indifférentes*.
[67] Voyez liv. VIII, § 32.
[68] Voyez plus haut, liv. IV, § 1, et plus bas, liv. VI, § 50.
[69] Dieu est ordinairement désigné ainsi. Voyez *passim*.
[70] L'âme ou le génie. Voyez *passim*.
[71] Sénèque, *Lettre* 65 : « Quem in hoc mundo locum Deus obtinet, hunc in homine animus; quod est illic materia, id nobis corpus est Serviant ergo deteriora melioribus »
[72] Épictète, au début des *Dissertations*, développe longuement et magnifiquement cette idée, un des points fondamentaux de la doctrine stoïcienne.

citoyen [73]. Toutes les fois que tu t'imagines qu'on ,'a fait tort, applique à l'instant la règle suivante : Si la cité n'en éprouve aucun dommage, je n'ai éprouvé moi-même aucun dommage. Si la ville est offensée, ce qu'il faut, ce n'est pas de s'irriter contre celui qui a commis cette offense, c'est de lui montrer ce qu'il a négligé de faire [74].

XXIII

Réfléchis souvent à la rapidité avec laquelle est emporté et disparaît tout ce qui est, et tout ce qui vient au monde. La matière est, comme un fleuve, dans un perpétuel écoulement [75]. C'est par de continuels changements que se manifestent les actions de la nature [76], par des transformations infinies qu'on reconnaît les causes efficientes. Il n'y a presque rien qui soit stable [77]. Vois près de toi cet abîme immense du temps qui n'est plus et de l'avenir, où s'évanouissent toutes choses [78]. N'est-ce donc pas un insensé, celui que de tels objets gonflent de vanité, déchirent de tourments, et qui se lamente à leur sujet [79], comme s'ils pouvaient, même un instant, lui causer la moindre importunité ?

[73] Voyez *passim*, et particulièrement liv. X, § 6

[74] Il faut aider un peu au texte. Il y a seulement τί τὸ παρορώμενον; mais l'interrogation même indique ce qu'il faut suppléer. Les traducteurs latins ajoutent, *sed ostendendum*.

[75] Voyez *passim*, et notamment liv IV, § 43.

[76] Autre lieu commun de la doctrine.

[77] C'est le mot d'Ovide :

>   ... Nihil est toto quod persistet in orbe ;
>   Cuncta fluunt

[78] Voyez liv. II, § 12 et liv. XII, § 32.

[79] On a déjà vu ceci, liv. IV, § 44.

XXIV

Souviens-toi de cette matière universelle dont tu est une si mince partie [80]; de cette durée sans fin dont il t'a été assigné un moment si court et comme un point [81]; enfin de cette destinée dont tu es une part, et quelle part !

XXV

Un autre se conduit mal : que m'importe? c'est son affaire [82]. Ses affections lui sont propres, ses actions lui sont propres aussi. Moi, ce que j'ai maintenant, c'est ce que veut que j'aie la commune nature; et ce que je fais, c'est ce que ma nature veut que je fasse [83].

XXVI

Que la partie de ton âme qui commande, qui règne en toi, reste immobile à tout mouvement de la chair, soit doux ou rude [84]. Qu'elle ne se confonde point avec la chair; qu'elle se renferme en elle-même; qu'elle borne l'empire de ses passions dans les limites de la matière. Lorsque, par l'effet d'une sympathie dont la cause est ailleurs, elles pénètrent

---

[80] *Quota pars omnium sumus ?* avait dit Sénèque.
[81] Voyez *passim*, et notamment liv. II, § 17.
[82] Voyez la formule morale liv. IX, § 4.
[83] Épictète fait la même observation sur l'indifférence des actions d'autrui.
[84] Voyez le développement de cette pensée, liv. X, § 8.

jusqu'à la pensée (je veux dire par l'effet de l'union de l'âme et du corps), alors il ne faut point s'efforcer de lutter contre un sentiment naturel [85] ; mais que le guide n'aille pas y ajouter, de son chef, l'opinion que c'est là un bien ou un mal.

XXVII

Il faut vivre avec les dieux. C'est vivre avec les dieux que de leur montrer sans cesse une âme satisfaite de son partage [86], obéissant à tous les ordres du génie qui est son gouverneur et son guide [87] : don de Jupiter, émanation de sa nature [88]. Ce génie, c'est l'intelligence et la raison de chaque homme.

XXVIII

Te mets-tu en colère contre celui qui sent le bouc ? te mets-tu en colère contre celui qui a l'haleine mauvaise ? Qu'y peut-il faire ? c'est là la nature de sa bouche, de ses aisselles. C'est une nécessité que de tels objets il sorte une telle émanation. Mais l'homme

---

[85] Sénèque rejetait du stoïcisme, comme Marc-Aurèle, tout ce qui lui paraissait outré Pas plus que Marc-Aurèle, il n'aurait prononcé le mot qu'on prête à Posidonius. Il répète dans maint passage qu'on ne doit pas épuiser son énergie à lutter inutilement contre la nature, et qu'il est absurde de nier un plaisir ou une douleur qui sont réels, et sur lesquels notre volonté n'a aucune prise

[86] Voyez *passim*, et notamment liv. II, § 17.

[87] Autre lieu commun de la doctrine.

[88] Les poëtes antiques ont souvent exprimé cette idée. On connaît les beaux vers de Manilius :

    Quis cœlum possit, nisi cœli munera nosset,
    Et reperire Deum, nisi qui pars ipsa deorum est ?

a la raison, va-t-on dire, et il peut, avec de l'attention, comprendre en quoi il pèche. Tant mieux pour toi ! Toi aussi tu as de la raison. Sers-toi de cette raison pour émouvoir la sienne ; montre-lui sa faute, rappelle-lui son devoir. S'il t'écoute, tu le guériras, il n'est pas besoin de colère : ne fais ni l'acteur tragique ni la courtisane [89].

XXIX

Tu penses vivre ici comme tu as formé le projet de vivre quand tu en seras dehors. Si l'on ne t'en laisse pas la liberté, alors sors de la vie même [90], non pas pourtant en homme qui souffre un mal véritable. Il y a de la fumée ici, je m'en vais. Est-ce là à tes yeux une affaire ? Mais, pendant que rien ne me chasse encore, je reste libre, et personne ne m'empêchera de faire ce que je veux [91] : or, je veux ce qui est conforme à la nature d'un être raisonnable et né pour la société.

XXX

L'esprit de l'univers aime l'union, l'harmonie des choses : il a donc fait les êtres inférieurs en vue des supérieurs ; il a uni les supérieurs entre eux par de

---

[89] Je fais rapporter les derniers mots à tout ce qui précède. En effet, donner une leçon de morale, ce n'est pas déclamer, ce n'est pas non plus permettre tout avec une lâche complaisance ; voilà ce que Marc-Aurèle a voulu dire. Voilà ce qu'il a exprimé avec son énergique concision, par deux images caractéristiques.
[90] Voyez *passim*, et particulièrement liv. VIII, § 47.
[91] Autre lieu commun de la doctrine.

mutuels liens [92]. Tu vois comment il a établi la subordination, la combinaison dans toutes choses ; comment à chaque être il a fait sa part suivant son mérite ; comment enfin il a enchaîné dans un concert mutuel les êtres supérieurs.

XXVI

Comment t'es-tu comporté jusqu'à ce jour envers les dieux, envers tes parents, tes frères, ta femme, tes enfants, tes maîtres, tes gouverneurs, tes amis, tes proches, tes serviteurs ? Peux-tu dire, jusqu'à présent :

> Jamais je n'ai fait tort à personne, ni par mes actions ni par mes paroles [93] ?

Rappelle-toi par quels événements tu as passé, et ce que tu as eu la force de subir. Songe que l'histoire de ta vie est complète, et que tu as consommé ton ministère. Songe à tant de belles actions que tu as vues ; à tant de plaisirs, de douleurs, que tu as méprisés ; à tant d'honneurs que tu as négligés ; à tant d'ingrats que tu as traités avec bienveillance.

XXVII

Pourquoi des âmes ignorantes et grossières troublent-elles une âme cultivée et instruite ? Quelle est

---

[92] Nous avons déjà vu ceci plusieurs fois dans ce livre même
[93] On ne sait pas quel poëte a fourni la citation. Il y a un vers de l'*Odyssée* qui dit à peu près la même chose que celui, mais le texte de ce vers diffère beaucoup des paroles citées par Marc-Aurèle.

donc l'âme cultivée et instruite ? c'est celle qui connaît le principe et la fin des êtres, et la raison qui pénètre à travers la matière [94] et qui, pendant toute la durée des siècles, gouverne l'univers et lui fait subir les révolutions périodiques dont elle a déterminé la succession [95].

XXXIII

Dans un instant tu ne seras plus que de la cendre, un squelette, un nom, ou pas même un nom [96]. Et le nom n'est qu'un bruit, qu'un écho [97] ! Ce que nous estimons tant dans la vie n'est que vide, pourriture, petitesse [98] : des chiens qui mordent, des enfants qui se battent, qui rient, qui pleurent bientôt après ! La foi, *la pudeur, la justice* et la vérité ont, *pour l'Olympe, laissé la terre spacieuse* [99]. Qu'y a-t-il donc qui te retienne ici-bas ? Les choses sensibles sont sujettes à mille changements, et n'ont rien de solide ; les sens n'ont que des perceptions obscures, toutes pleines de fausses images [100] ; la force vitale elle-même est une vapeur du sang [101] ; la gloire n'est rien, si tu songes à ce que sont les hommes [102]. Qu'attends-tu donc ? Tu attends avec calme l'instant

---

[94] Cette phrase rappelle la fin de l'*Hymne* de Cléanthe.
[95] Voyez plus haut, dans ce livre, § 13.
[96] Voyez *passim* Nous avons déjà renvoyé le lecteur à cet éloquent tableau.
[97] Voyez le développement, liv. VI, § 16.
[98] Lieu commun de la doctrine.
[99] Citation d'Hésiode, *Œuvres et Jours*, vers 195.
[100] Voyez *passim*, et notamment liv. II, § 17.
[101] Voyez liv. VI, § 15.
[102] Voyez *passim*, et notamment liv. III, § 4.

où tu vas t'éteindre, te déplacer peut-être [103]. Jusqu'à
ce que ce temps arrive, que te faut-il ? Te faut-il
autre chose que d'honorer, de louer les dieux, de
faire du bien aux hommes [104], de savoir supporter
et t'abstenir [105] ? Rappelle-toi que tout ce qui est en
dehors des limites de ton corps et de ton esprit n'est
ni à toi ni sous ta puissance [106].

XXXIV

Il est en ton pouvoir de couler toujours une vie
heureuse, puisque tu peux suivre le droit chemin,
c'est-à-dire soumettre à la règle tes pensées et tes
actions. Voici deux principes qui sont communs et
à l'âme de la Divinité et à celle de l'homme, de tout
animal raisonnable : l'un, c'est que rien d'extérieur
ne doit entraver nos actions [107] ; l'autre, qu'il faut
faire consister le bien à vouloir, à faire ce qui est
juste, à borner là tous ses désirs [108].

XXXV

S'il n'y a là ni méchanceté de ma part, ni effet de
ma méchanceté ; si la cité n'en souffre point, pourquoi m'en troubler si fort ? Mais comment l'ordre de
l'univers pourrait-il en souffrir [109] ?

---

[103] Nous avons déjà noté ces formules dubitatives.
[104] Voyez liv. VI, § 30, où Marc-Aurèle peint le caractère de l'empereur Antonin.
[105] C'est la formule générale du stoïcisme.
[106] Voyez passim, et notamment liv XII, § 3.
[107] On a déjà vu ceci deux fois dans ce livre même, §§ 10 et 0.
[108] Voyez passim, et plus haut le § 14 de ce livre.
[109] Avec la doctrine de l'unité de matière et de l'unité d'esprit,

XXXVI

Ne te laisse entraîner d'aucun côté par l'action des sens ; viens au secours des autres suivant ton pouvoir et suivant leur mérite : pourtant, si la perte qu'ils ont faite n'est qu'en choses indifférentes, garde-toi d'y voir une perte véritable : ce préjugé est un mal. Il faut être comme le vieillard qui demandait en s'en allant la toupie de son élève [110] : il n'oubliait pas que ce n'était qu'une toupie. Fais comme lui. Te voilà déclamant dans la tribune aux harangues [111]. As-tu donc oublié, ô homme ! ce que c'est que la gloire ? — Point du tout, mais on trouve qu'elle doit être l'objet des soins les plus empressés. — Et pour cela tu veux, toi aussi, devenir insensé ! moi, j'en suis revenu. En quelque lieu qu'un homme soit abandonné, il peut vivre heureux. L'homme vit heureux qui se fait à lui-même une bonne fortune : or, la bonne fortune, ce sont de bonnes habitudes de l'âme, de bons désirs, de bonnes actions.

il n'y a de réel que l'esprit et la matière. L'homme n'est qu'un accident passager. Mais, si l'homme est un être véritable, si l'âme est immortelle, la question change. L'homme prend alors, dans l'ordre de l'univers, une importance considérable : il est plus que l'univers même.

[110] Allusion à quelque fable ou à quelque scène de comédie dont l'original n'existe plus

[111] Cette phrase et celles qui suivent sont pleines, dans le texte, de difficultés inextricables. Ici, comme dans les autres passages désespérés, j'ai choisi entre les interprétations proposées, et j'ai adopté celle qui m'a paru offrir le sens le plus clair et le plus complet.

LIVRE VI

I

La matière de l'univers est obéissante, propre à prendre toutes les formes [1]. La raison qui la gouverne [2] n'a en elle même aucun principe qui la porte à faire le mal ; car elle n'a aucune malice, elle ne commet aucun mal, et rien n'éprouve de sa part aucun dommage. C'est suivant ses lois que tout se produit, s'accomplit dans le monde.

II

Qu'importe que tu aies froid ou chaud, quand tu fais ton devoir ; qu'importe que tu aies envie de dormir ou que tu aies assez dormi ; qu'on te blâme ou qu'on te loue [3] ; que tu meures ou que tu fasses quel-

---

[1] D'autres stoïciens pensent, au contraire, que la matière se montre parfois rebelle à Dieu ; et c'est par là que Sénèque rend compte des imperfections qui nous frappent dans l'univers.
[2] Dieu Voyez passim.
[3] Voyez passim, et particulièrement, liv. X, § 11.

que autre chose ? car, mourir, c'est aussi une des actions de la vie [4] ; et là il suffit, comme dans le reste, de bien disposer ce qui est entre nos mains [5].

III

Regarde au dedans des choses : prends garde de te tromper sur la qualité, sur le mérite de chaque objet [6].

IV

Tout ce qui subsiste est sujet à des changements rapides [7] ; toutes choses s'évaporeront [8], s'il y a unité de substance, ou se dissiperont dans leurs éléments.

V

La raison qui gouverne l'univers sait quelle est sa propre nature, et ce qu'elle fait, et sur quelle matière porte son action.

VI

La meilleure manière de se venger, c'est de ne se pas rendre semblable aux méchants [9].

---

[4] Sénèque, *Lettre* 77 : « Quid ! tu nescis unum esse ex vitae offi-
« ciis, et mori ? »

[5] Sénèque, *Lettre* 101 : » Ille ex futuro suspenditur, cui irritum
« est praesens. »

[6] Voyez les règles tracées liv. III, § 11.

[7] C'est l'idée si souvent développée dans le livre V.

[8] Voyez notamment liv. VIII, § 25, et liv. X, § 7.

[9] Sénèque aime à développer cette idée. Il va jusqu'à affirmer qu'on peut triompher des méchants en s'obstinant à leur faire du

VII

Mets toute ta joie, toute ta satisfaction, à passer d'une action utile à l'État à une autre action qui lui soit encore utile, en te souvenant toujours de Dieu.

VIII

Ce qui commande en nous, c'est ce qui s'éveille soi-même; qui se tourne, qui se façonne comme il est et comme il veut être [10]; qui fait que tout ce qui lui arrive lui paraît tel qu'il le veut [11].

IX

Toutes les choses s'accomplissent selon les lois de la nature de l'univers [12], et non point en vertu de quelque autre nature qui envelopperait celle-ci extérieurement, ou qui serait enfermée en elle, ou qui serait suspendue en dehors d'elle.

X

Ou tout est un mélange confus [13], éléments qui s'agrègent, qui se dispersent, ou il y a dans le monde unité, ordre, providence. Dans le premier cas, pour-

---

tien : *Vincit malos pertinax bonitas*. Marc-Aurèle n'est pas si optimiste. C'est déjà quelque chose de ne rien prendre des vices d'autrui.

[10] Voyez le développement, liv. XI, § 1.
[11] Lieu commun de la doctrine.
[12] Même observation.
[13] Voyez liv. IV, § 27.

quoi ce désir de rester dans ce mélange fortuit, dans
un tel bourbier? Qu'ai-je à m'occuper d'autre chose
que de savoir comment *je deviendrai terre* [14] ? Pourquoi aussi me troubler ? La force de dispersion
finira par agir sur moi, quoi que je fasse. Dans le
second cas, j'adore l'être qui nous gouverne, je mets
en lui tout mon repos, toute ma confiance

XI

Quand tu te vois bouleversé, pour ainsi dire, par
l'effet inévitable des choses extérieures, reviens au
plus vite à toi, et ne reste pas plus longtemps qu'il ne
faut hors de la cadence. Pour ne pas trop faillir à la
mesure, rentrons-y sans cesse [15].

XII

Si tu avais à la fois une marâtre et une mère, tu
aurais des égards pour l'une, mais ce serait auprès
de ta mère que tu retournerais à chaque instant. Ta
marâtre et ta mère, ce sont la cour et la philosophie. Reviens souvent à celle-ci, repose-toi dans son
sein [16] : c'est elle qui te rend l'autre supportable ;
c'est elle qui te rend supportable à la cour.

---

[14] Les mots αἶα γίνεσθαι sont la fin d'un vers hexamètre. Xylander y voit un souvenir de ce vers d'Homère :

'Αλλ' ὑμεῖς μὲν πάντες ὕδωρ καὶ γαῖα γένοισθε.

Mais cela ressemble bien peu

[15] Voir la note BB, à la suite des *Pensées*.

[16] Sénèque avait dit, *Lettre* 103 : « Quantum potes, in philosophiam secede Illa te sinu suo proteget : in hujus sacrario eris aut tutus, aut tutior. »

XIII

De même qu'en présence des viandes, des autres aliments, il nous vient aussitôt dans l'idée : Ceci est le cadavre d'un poisson ; ceci est le cadavre d'un oiseau, d'un cochon ; de même que nous pensons : Ce falerne est un peu de jus d'un peu de raisin ; cette robe de pourpre, des poils de brebis trempés dans le sang d'un coquillage ; *de coitu, esse intestini frictionem et excretionem muci cum convulsione quadam* [17] ; et ces pensées vont au fond des choses, et font aisément voir quelle est leur nature : de même, durant toute notre vie, nous devons faire ainsi. Nous devons, même quand les choses nous semblent le plus dignes de notre confiance, les mettre à nu, reconnaître leur peu de valeur, et leur enlever ce spécieux prestige qui fait leur orgueil. C'est un dangereux imposteur qu'un dehors fastueux ; et, quand tu crois le plus t'attacher à des objets dignes de tes soins, c'est alors qu'il exerce le mieux ses enchantements. Vois donc ce que Cratès a dit de Xénocrate lui-même [18].

XIV

La plupart des choses que le vulgaire admire font partie de ce qu'il y a de plus commun dans le monde. Ce sont les objets qu'une force de cohésion, une nature particulière, font subsister : les pierres, les ar-

---

[17] La langue française n'a pas de termes décents pour exprimer ces choses.

[18] Il s'agit probablement de Cratès le cynique. Mais son mot sur le fameux disciple de Platon est inconnu.

bres, le figuier, la vigne, l'olivier. Les gens un peu plus sages aiment les objets animés; par exemple, les brebis, le grand bétail. Les hommes plus distingués encore font cas, entre les êtres animés, de ceux qui ont une âme raisonnable, non pas toutefois une âme éclairée par la raison universelle, mais par celle qui fait l'habileté dans les arts, dans quelque industrie. Ils n'ont souvent que ce but unique, posséder un grand nombre d'esclaves. Mais celui qui honore cette âme raisonnable, cette raison universelle [19], cette loi suprême des êtres, ne fait aucun cas du reste : avant toutes choses, il conserve dans son âme la pensée, le désir constant de se conformer à la raison, au bien de la société ; il aide son semblable à atteindre le même but [20].

XV

Des êtres se hâtent d'exister [21], d'autres êtres se hâtent de n'exister plus ; même de tout ce qui se produit quelque chose déjà s'est éteint. Ces écoulements, ces altérations, renouvellent continuellement le monde [22], comme le cours non interrompu du temps renouvelle éternellement la durée infinie des siècles. Entraîné par ce fleuve [23], y a-t-il quelqu'un qui puisse estimer aucune de ces choses si passagères, sur laquelle il ne saurait faire aucun fonde-

---

[19] Voyez *passim*, et notamment liv. IV, § 40.
[20] Voyez le développement, liv. II, § 1.
[21] Voyez liv. V, § 23.
[22] Ceci rappelle les beaux vers d'Ovide : *Ipsa quoque assiduo*, etc
[23] Voyez *passim*, et notamment liv. II, § 17.

ment ? C'est comme si l'on se prenait d amour pour un de ces moineaux qui passent en volant : l'oiseau, dans un instant, aurait disparu à nos yeux [24]. La vie de chaque homme n'est pas autre chose que l'exhalation du sang [25], la respiration de l'air [26]. Aspirer l'air une fois et puis après le rendre (et c'est ce que nous faisons à chaque instant [27]), voilà en quoi consistera la restitution à la source où tu l'as puisée, de cette force respiratrice tout entière que tu as reçue hier ou avant-hier à ta naissance [28].

XVI

Ce qui est digne de notre estime, ce n'est pas de transpirer, comme font les plantes ; ni de respirer, comme font les animaux domestiques et les bêtes sauvages ; ni de retenir imprimées en soi les images visibles des choses ; ni d'être le jouet de ses désirs ; ce n'est pas non plus de vivre en troupe, ni de prendre sa nourriture : la nutrition n'est pas d'un autre ordre que l'acte qui excrète le superflu de l'alimentation. Que devons-nous donc estimer ? les applaudissements ? Non ; ni par conséquent les acclamations, car les louanges de la multitude ne sont qu'un vain bruit de langues [29]. Laisse là cette méprisable

---

[24] Sénèque, *Lettre* 101 : « Avium modo transvolant, citiusque « quam venerant abeunt. »

[25] Voyez le développement, liv. V, § 33

[26] Voyez *passim*, et notamment livre II, § 2.

[27] Le poëte Épicharme comparait les hommes à des outres gonflées de vent.

[28] Sénèque développe cette pensée dans la *Lettre* 54.

[29] Voyez *passim*, et notamment liv. IV, § 3.

LIVRE VI.

gloire. Que reste-t-il qui soit digne d'estime ? c'est, à mon avis, de savoir régler ses mouvements et son repos suivant les lois de notre organisation propre [30]; c'est d'atteindre le même but que l'étude et les arts. Tout art a soin d'accommoder chaque chose à l'œuvre pour laquelle chaque chose est faite. Tel est le but du vigneron dans la culture de la vigne, de celui qui dompte les chevaux ou qui dresse les chiens. L'éducation, l'instruction des enfants, ont un but aussi qu'elles veulent atteindre. Oui, c'est là ce qui est digne d'estime. Arrive seulement à cette perfection, et tu deviendras indifférent à tout autre objet. Ne cesseras-tu point de donner ton estime à tant d'autres choses ? Tu ne seras donc jamais libre, ni te suffisant à toi-même, ni exempt de passions ! car il est impossible que tu n'aies pas de l'envie, de la jalousie, des soupçons, contre ceux qui peuvent te ravir ce que tu possèdes ; que tu ne tendes pas des embûches à ceux qui possèdent ce qui est l'objet de toute ton estime. En un mot, c'est vivre nécessairement dans le trouble, que de sentir le besoin d'aucune de ces choses. Ajoute à cela les reproches qu'on adressera sans cesse aux dieux [31]. Mais, si tu respectes, si tu honores uniquement ton âme [32], tu te rendras satisfait de toi-même, agréable dans le commerce de la vie ; tu seras d'accord avec les dieux; tu les loueras, veux-je dire, de tout ce qu'ils t'envoient, de tout ce qu'ils ont décrété [33].

[30] Voyez le développement, liv. V, § 16.
[31] Épictète, dans le *Manuel*, insiste beaucoup sur ce point.
[32] Voyez *passim*, et notamment liv. II, § 6.
[33] Voyez liv. III, § 4, et liv. V, § 8.

XVII

En haut, en bas, circulairement : c'est ainsi que les éléments se meuvent. La vertu, elle, ne suit dans son mouvement aucune de ces allures : c'est quelque chose de plus divin. Sa route est difficile à comprendre ; mais enfin elle s'avance, et elle arrive au but.

XVIII

Quelle conduite! on ne veut point louer les hommes de son temps, ceux qui vivent avec nous [34] ; et on fait grand cas des louanges de ceux qui naîtront plus tard, qu'on n'a jamais vus, qu'on ne verra jamais ! C'est à peu près comme si tu t'affligeais de n'avoir pas obtenu les louanges de ceux qui ont vécu jadis.

XIX

Ne t'imagine pas, parce que tu trouves qu'une chose est difficile à faire, que c'est chose impossible à l'homme [35] ; mais, si c'est chose possible à l'homme, si c'est chose qui convient à sa nature, pense que toi aussi tu peux y atteindre.

XX

On nous a égratignés, on nous a blessés d'un coup

---

[34] Voir la note CC, à la suite des *Pensées*.
[35] Sénèque, *Lettre* 98 : « Quare deficimus ? quare desperamus ? quidquid fieri potuit, potest. »

à la tête, dans les exercices de la palestre. Nous n'en faisons pas semblant, nous ne nous en offensons pas [36]. Nous ne nous défions pas de celui qui nous a blessés comme d'un traître : seulement nous nous gardons de lui, non pas à titre d'ennemi, non pas parce que nous le soupçonnons. Nous l'évitons, nous ne le haïssons pas. C'est ainsi qu'il faut faire dans toutes les autres rencontres de la vie. Ne prenons pas garde à bien des actions ; figurons-nous que nous sommes dans la palestre [37]. Il est permis, comme je l'ai dit, d'éviter certaines gens, sans éprouver néanmoins ni soupçon ni haine.

XXI

Si quelqu'un peut me convaincre, me prouver que je pense ou que j'agis mal, c'est avec plaisir que je me corrigerai [38] ; car je cherche la vérité, qui n'a jamais nui à personne, au lieu qu'on se trouve mal de persister dans son erreur et dans son ignorance.

XXII

Pour moi, je fais ce qui est mon devoir. Les autres êtres ne sauraient m'en distraire ; car, ou ils sont inanimés, ou ils sont privés de raison, ou ils sont égarés et ne savent pas leur chemin.

---

[36] Sénèque prend pour exemple celui qui nous a marché sur le pied dans la foule.

[37] Cette comparaison de la vie avec un lieu d'exercices est plusieurs fois dans Sénèque.

[38] Voyez la règle formulée liv. VIII, § 16.

XXIII

Use avec grandeur, avec liberté, des animaux privés de raison, et en général de toute chose, de toute conjoncture, comme un être qui a la raison doit agir envers ceux qui ne l'ont pas. Avec les hommes, qui ont la raison, comporte-toi comme l'exigent les lois de la société. Mais dans toutes choses invoque le secours des dieux, et ne t'inquiète pas de savoir pendant combien de temps tu vivras ainsi: trois heures passées de la sorte suffisent.

XXIV

Alexandre de Macédoine et son muletier ont été réduits, après la mort, à la même condition: ou bien ils sont rentrés dans le même principe générateur du monde [39], ou bien ils se sont l'un comme l'autre dispersés dans les atomes.

XXV

Réfléchis à tout ce qui se passe en un seul et même instant dans chacun de nous, dans notre corps, dans notre âme: dès lors tu ne t'étonneras pas qu'un bien plus grand nombre de choses, que toutes choses, pour mieux dire, existent ensemble dans cet être unique, dans tout ce que nous appelons le monde [40].

---

[39] Sénèque, *Lettre* 71 : « Aut in meliorem vitam, aut naturæ « suæ remiscebitur, et revertetur in totum. »

[40] Épictète se complaît dans ces considérations subtiles.

XXVI

Si quelqu'un te demandait comment s'écrit le nom d'Antonin, est-ce avec de grands éclats de voix que tu en prononcerais chaque lettre? Quoi donc! si l'on te fâche contre toi, vas-tu te mettre en colère à ton tour [41]? Tout à l'heure n'aurais-tu pas énuméré tranquillement chaque lettre du nom? Eh bien donc, souviens-toi que, dans la vie aussi, tout devoir se compose de l'accomplissement d'un certain nombre de choses. Ce nombre, il te faut l'observer, sans te troubler, sans que l'indignation des autres fasse naître ton indignation. Il te faut suivre ton objet sans te détourner [42].

XXVII

Combien il est dur de ne pas permettre aux hommes de se porter aux choses qui leur paraissent convenables et utiles! et pourtant tu ne leur accordes pas de le faire, si je puis dire, quand tu t'indignes de ce qu'ils commettent des fautes. Ils s'y portent uniquement parce qu'ils y trouvent leur convenance et leur utilité. — Mais ils se trompent. — Instruis-les donc! montre-leur la route [43], mais sans t'indigner.

XXVIII

La mort est la fin du combat que se livrent nos

---

[41] Voyez *passim*, et plus haut le § 6, et plus bas le § 30 de ce livre.
[42] Autre lieu commun de la doctrine.
[43] On se rappelle que les stoïciens faisaient de l'ignorance la mère de tous les vices.

sens, des secousses que nous impriment nos désirs, des écarts de notre pensée, de la servitude que nous impose notre chair.

XXIX

Il est honteux que, dans une vie à laquelle ne succombe point ton corps, ton âme succombe la première.

XXX

Prends garde de tomber dans les mœurs des Césars ; ne te pénètre point de leurs couleurs : c'est trop la coutume. Conserve-toi simple, bon, pur, grave, ennemi du faste, ami de la justice, religieux, bienveillant, humain, ferme dans la pratique de tes devoirs. Fais tous tes efforts pour demeurer tel que la philosophie a voulu te rendre. Révère les dieux, veille à la conservation des hommes. La vie est courte ; le seul fruit de l'existence terrestre, c'est de maintenir notre âme dans une disposition sainte, de faire des actions utiles à la société. Agis toujours comme un disciple d'Antonin. Rappelle-toi sa constance dans l'accomplissement des prescriptions de la raison, l'égalité de son humeur dans toutes les conjonctures, sa piété, la sérénité de son visage, sa douceur extrême, son mépris pour la vaine gloire, son application à pénétrer le sens des choses : songe qu'il ne laissa jamais rien passer avant de l'avoir bien examiné, bien compris. Il supportait les reproches injustes, sans récriminer jamais ; il ne faisait rien avec précipitation ; il n'écoutait point les délateurs ; il examinait avec soin les mœurs et les actions ; il n'était ni médisant, ni méticuleux, ni soupçonneux, ni sophiste ; il se contentait de peu : rien de modeste comme son habitation, son lit, ses vêtements, sa nourriture, le service de sa maison. Il aimait le travail ; sa longanimité était extrême ; il mangeait sobrement, et cette sobriété le rendait capable de s'occuper jusqu'au soir de la même affaire, sans avoir besoin de sortir pour ses nécessités, sinon à l'heure accoutumée. Rappelle-toi combien son amitié était constante, égale ; avec quelle bonté il supportait une contradiction franche à ses propres sentiments ; avec quelle joie il recevait un avis meilleur que le sien ; songe enfin que sa piété n'avait rien de superstitieux. Alors ta dernière heure te trouvera comme lui avec la conscience du bien que tu auras fait [14].

XXXI

Reviens de ton ivresse, et rappelle tes esprits. Quand tu seras éveillé, quand tu t'apercevras que c'était un songe qui te troublait, considère en homme qui ne doit plus l'objet de ton trouble, comme tu l'as considéré auparavant.

XXXII

Je suis composé d'un corps et d'une âme. Tout est indifférent pour le corps, car il ne peut rien discer-

* Rapprochez ce portrait d'Antonin de celui que Marc Aurèle a déjà tracé, liv. I, § 16.

ner. Quant à ma pensée, tout lui est indifférent qui n'est pas une de ses opérations : or, ces opérations, quelles qu'elles soient, sont toutes en son pouvoir [45]. Et, parmi elles encore, les seules sur quoi elle ait à faire quelque chose, ce sont celles qui sont relatives au présent [46], car ses actions futures et passées lui sont elles-mêmes actuellement indifférentes [47].

XXXIII

Ce n'est point un travail contre nature pour la main ou pour le pied, tant que le pied ne remplit que la fonction du pied, et la main celle de la main [48]. De même donc pour l'homme, à titre d'homme, ce n'est pas un travail contre nature, tant qu'il ne fait que la fonction de l'homme. Et si ce n'est pas contre sa nature, ce n'est pas non plus un mal pour lui.

XXXIV

Quelles voluptés n'ont pas savourées des brigands, des débauchés infâmes, des parricides, des tyrans [49] !

XXXV

Ne vois-tu pas que, si les artisans s'accommodent jusqu'à un certain point au jugement des inhabiles,

---

[45] Voyez le développement, liv. XI, § 1.
[46] Voyez *passim*, et notamment liv. VII, § 8.
[47] Sénèque développe cette idée dans la *Lettre* 117.
[48] Sénèque, *Lettre* 121. « Nemo ægre molitur artus suos ; nemo « in usu sui hæsit : ad hoc edita protinus faciunt »
[49] Marc Aurèle tire ailleurs la conclusion.

ils n'en restent pas moins attachés à la règle de leur
métier, et ne s'en laissent jamais divertir? N'est-il
pas honteux que l'architecte, que le médecin, aient
plus de respect pour la règle de leur art que l'homme
n'en a pour sa propre règle, laquelle lui est commune avec les dieux?

XXXVI

L'Asie, l'Europe, sont des coins du monde ; toute
la mer n'est qu'une goutte de l'univers ; le mont Athos
n'est qu'une motte de terre ; le temps présent n'est
qu'un point dans la durée : toutes choses sont petites, changeantes, périssables. Tout vient de l'univers ; tout est parti de ce commun principe qui gouverne les êtres, ou en est la conséquence nécessaire.
Même la gueule du lion, les poisons mortels, tout ce
qui peut nuire, comme les épines, la boue, sont des
accompagnements [50] de ces choses si nobles et si
belles. Ne va donc pas t'imaginer qu'il y ait là rien
d'étranger à l'être que tu révères. Réfléchis à la
source véritable de toutes choses.

XXXVII

Celui qui voit le présent a tout vu, et les choses
qui ont été de toute éternité, et celles qui seront jusqu'à l'infini [51] ; car tout est toujours de même nature, de même forme.

---

[50] On se rappelle les exemples cités, liv. III, § 2.
[51] Voyez *passim*, et notamment livre II, § 14.

XXXVIII

Réfléchis souvent à l'enchaînement de toutes choses dans le monde, et à leur rapport réciproque. Elles sont, pourrait-on dire, entrelacées les unes avec les autres, et, partant, ont les unes pour les autres une mutuelle amitié ; car l'une est la conséquence de l'autre, et cela en vertu de la connexion qui l'entraîne et de l'unité de la matière [52].

XXXIX

Accommode toi aux événements que le sort te destine [53] ; et les hommes avec lesquels ton partage est de vivre, aime-les, et d'un amour véritable.

XL

Un instrument, un outil, un vase quelconque, est bien quand il fait ce pour quoi il a été fabriqué [54], encore que celui qui l'a fabriqué ne soit plus là. Quant aux êtres que la nature porte dans son sein, la force qui les a organisés existe, persiste encore en eux. C'est pourquoi tu dois avoir pour elle un respect, s'il est possible, plus profond ; tu dois penser que tout

---

[52] Les stoïciens admettaient l'unité et l'infinité du monde. Il n'y avait point de vide ; tout se tenait et s'enchaînait, le ciel agissait sur la terre, et la terre réagissait sur le ciel, par l'effet de l'esprit commun qui les animait tous deux, et qui constituait l'unité véritable du monde, son plan régulier, son éternelle harmonie

[53] Voyez passim, et notamment liv. III, § 16.

[54] Sénèque prend pour exemple un vaisseau, Lettre 70.

ira à souhait pour toi si tu vis, si tu agis conformément à sa volonté. C'est là aussi le moyen de satisfaire les vœux de l'univers.

XLI

Si tu mets au rang des biens ou des maux ce qui ne dépend pas de ta volonté, il est impossible, au cas qu'un tel mal t'arrive, ou qu'un tel bien t'échappe, que tu ne te plaignes pas des dieux [55], et que tu ne haïsses pas les hommes, causes réelles ou soupçonnés causes de ta déconvenue ou du mal qui t'a frappé. Et nous commettons mille injustices, parce que ces objets ne nous sont pas indifférents. Au contraire, si nous considérons comme des biens ou des maux uniquement les choses qui dépendent de nous, il ne reste plus aucun motif d'accuser Dieu ou de déclarer la guerre à l'homme.

XLII

Nous concourons tous à l'accomplissement d'une seule et même œuvre. Les uns savent et comprennent ce qu'ils font, les autres l'ignorent. Ainsi ceux qui dorment, dit Héraclite, je crois, sont des ouvriers, et qui concourent à l'accomplissement des affaires du monde [56]. L'un contribue d'une façon, l'autre d'une autre, et singulièrement celui-là même qui en mur-

---

[55] Voyez plus haut, le § 16 de ce livre.
[56] Héraclite disait pourtant, au rapport de Plutarque, que les gens éveillés vivent tous dans un même et unique monde, tandis que chacun de ceux qui dorment vit dans une sorte de monde à lui.

mure, qui lutte avec effort contre le courant pour l'arrêter s'il était possible ; car le monde avait besoin d'un tel homme [57]. Examine donc avec quels ouvriers tu veux te ranger. Car celui qui gouverne l'univers se servira toujours de toi comme il est bon : il te mettra toujours dans le nombre de ses coopérateurs, des êtres qui aident à son œuvre. Pour toi, prends bien garde de ne pas tenir parmi eux le même rang que, dans la comédie, le vers plat et ridicule dont Chrysippe a parlé [58].

XLIII

Le soleil a-t-il le désir de faire les fonctions de la pluie, Esculape celles de la terre ? et les astres, malgré leur diversité, ne coopèrent-ils pas tous à l'accomplissement du même but ?

XLIV

Si les dieux ont délibéré sur moi et sur ce qui doit m'arriver, ils l'ont fait avec sagesse [59]. Un dieu sans sagesse n'est pas chose facile même à imaginer.

---

[57] Chrysippe regardait le vice comme un effet de la constitution même des choses, et comme un effet non-seulement nécessaire, mais utile, le mal étant, suivant lui, la condition de l'existence même du bien.

[58] Plutarque, dans sa *Défense contre les stoïciens*, cite textuellement le passage de Chrysippe : « Comme les comédies ont quelquefois des vers ridicules et des plaisanteries qui ne valent rien en elles-mêmes, et qui néanmoins ajoutent au charme de la poésie, ainsi le vice est certainement condamnable en lui même, mais n'est pas inutile par rapport au reste des choses. »

[59] Voyez *passim*. Cette idée revient sans cesse dans Épictète.

Mais quel motif pourrait les avoir poussés à me faire du mal? Que leur en reviendrait-il, ou à cette communauté qui est l'objet de tous leurs soins? S'ils n'ont pas délibéré en particulier sur moi, ils ont du moins décrété le plan général de l'univers. Ce qui m'arrive est une conséquence nécessaire de ce plan : je dois donc m'y résigner, le recevoir avec amour [60]. Que s'ils n'ont délibéré sur rien (et il serait impie de le croire, sinon nous ne ferions ni sacrifices, ni prières, ni serments, ni rien de ce que nous faisons : toutes choses dont la pratique suppose des dieux toujours présents, vivant avec nous); si donc, dis-je, les dieux n'ont décidé rien de ce qui me concerne, il m'est permis du moins de délibérer sur moi. Ma délibération a pour but ce qui est utile ; l'utile, pour chacun, c'est ce qui convient à son organisation, à sa nature [61]; ma nature est celle d'un être doué de raison et né pour la société. J'ai une cité, une patrie : comme Antonin, c'est Rome ; comme homme, le monde [62]. Il n'y a donc d'autres biens pour moi que ce qui est utile aux cités dont je suis.

XLV

Tout ce qui arrive à chacun est utile à l'univers : cela doit suffire. Cependant, si l'on y prend garde,

---

[60] Même observation.
[61] Voyez passim, et plus haut les §§ 16 et 40 de ce livre.
[62] Sénèque remarque que quelques-uns vivent à la fois pour les deux cités, quelques uns pour l'une seulement, quelques-uns seulement pour l'autre. Marc-Aurèle n'opte point. Philosophe et homme d'État, il sent sa double condition, son double devoir

on verra aussi que toujours ce qui est utile à un homme l'est à d'autres hommes. Prenez ici le mot utile dans le sens vulgaire, ce qui n'est ni un bien ni un mal.

XLVI

Tu t'ennuies du spectacle, à l'amphithéâtre ou dans les autres lieux de ce genre, parce que toujours la même chose à voir, toujours l'uniforme répétition des mêmes objets, nous dégoûtent de leur apparition : ce supplice est celui de toute notre vie. Du haut en bas toutes choses sont toujours les mêmes, viennent des mêmes principes [63]. Jusques à quand donc ?

XLVII

Considère sans cesse combien d'hommes sont morts, de toutes conditions, de toutes nations. Descends jusqu'au temps de Philistion [64], de Phœbus, d'Origanion [65]. Passe maintenant à d'autres classes d'hommes. C'est donc là qu'il faut nous rendre tous, là où sont tant d'orateurs éloquents, tant de vénérables philosophes, Héraclite, Pythagore, Socrate; tant de héros des vieux âges, tant de généraux, tant de rois venus après eux ; ajoute encore Eudoxe [66],

---

[63] Voyez passim, et notamment liv. II, § 14.

[64] Il y a eu un poëte comique de ce nom, contemporain de Socrate; et un Philistion de Locres, médecin, passe pour l'auteur des livres sur la Diete, qui font partie de la collection hippocratique.

[65] Phœbus et Origanion sont inconnus.

[66] Le célèbre mathématicien disciple de Platon.

Hipparque [67], Archimède, tant d'autres natures pénétrantes, magnanimes, laborieuses, fécondes en ruses, pleines d'arrogance; enfin ceux qui se sont moqués de la vie humaine, si fragile et de si courte durée, tels que Ménippe [68] et ses pareils. Songe que tous ces gens-là sont morts depuis longtemps. Quel malheur y a-t-il là pour eux ? quel malheur surtout pour ceux dont les noms ne sont pas même connus ? Il n'est qu'une chose qui soit digne d'occuper toutes nos pensées : c'est de cultiver la vérité et la justice, et de passer notre vie sans colère au milieu des hommes menteurs et injustes.

XLVIII

Quand tu voudras te donner du plaisir, rappelle à ton esprit les qualités de ceux qui vivent avec toi, l'activité de celui-ci, la modestie de celui-là, la libéralité de cet autre, et ainsi du reste; car il n'y a rien qui fasse plaisir comme l'image des vertus qui éclatent dans les mœurs de ceux qui vivent avec nous, et qui sautent en foule à nos yeux. Aie donc toujours leurs vertus présentes.

XLIX

Te chagrines-tu de peser tant de livres, et non pas trois cents ? Fais de même s'il s'agit de vivre tant

---

[67] Mathématicien contemporain de Ptolémée Philadelphe.
[68] L'inventeur de la satire philosophique, le prototype de Lucien. Ses satires étaient mêlées de prose et de vers. Il n'en reste rien qu'un souvenir.

d'années et non davantage. Car, comme tu es content de la quantité de matière qui t'a été assignée, tu dois l'être aussi du temps qui t'est fixé.

L

Essayons de les persuader. Cependant fais, même malgré eux, ce qu'exigent la justice et la raison. Si quelqu'un emploie la violence pour t'arrêter, tourne ton âme à la résignation et au calme ; sers-toi de l'obstacle pour exercer une autre vertu [69]. Souviens-toi que ton désir était sous condition [70], et que tu ne voulais pas une chose impossible. Que voulais-tu donc ? t'efforcer d'accomplir telle action ? tu l'as fait. Tenons pour accompli ce qu'on s'est porté à accomplir.

LI

L'homme ambitieux fait consister son bien dans l'action d'un autre ; le voluptueux, dans ses propres sensations ; l'homme sensé, dans les actions qui lui sont propres.

LII

Il m'est permis de ne porter aucun jugement sur cette chose, et de n'en pas troubler mon âme. Les choses, en effet, ne sont pas de telle nature qu'elles forcent nos jugements [71].

---

[69] Voyez passim, et notamment liv. IV, § 1.
[70] Voyez liv. V, § 20, et ailleurs
[71] Voyez passim, et notamment liv. V, § 2.

LIII

Accoutume-toi à prêter sans distraction l'oreille aux paroles des autres, et entre, autant qu'il se peut, dans la pensée de celui qui parle.

LIV

Ce qui n'est pas utile a l'essaim n'est pas non plus utile à l'abeille.

LV

Si les matelots injuriaient le pilote, et les malades leur médecin, serait-ce à autre intention que de leur faire chercher un moyen de sauver, celui-ci ses passagers, celui-là ses malades ?

LVI

Combien sont déjà partis, qui étaient entrés avec moi dans le monde !

LVII

Le miel paraît amer aux gens qui ont la jaunisse; ceux qui ont été mordus d'un chien enragé craignent l'eau; les petits enfants trouvent que leur bille est une belle chose : pourquoi donc me fâcher ? Crois-tu qu'une opinion fausse ait moins de puissance [72] que n'en a la bile sur celui qui a la jaunisse, et le venin sur celui qu'a mordu le chien enragé ?

---

[72] Voyez *passim*, et plus haut le § 27 de ce livre.

LVIII

Personne ne t'empêchera de vivre selon la loi de ta nature : il ne t'arrivera rien contre la loi de la nature universelle [73].

LIX

A quelles gens on veut plaire [74] ! et pour quoi gagner [75], et par quelles actions [76] ! Bientôt le temps engloutira toutes ces choses ; et combien déjà il en a englouties !

---

[73] Voyez liv. II, § 9, et ailleurs.
[74] On se rappelle l'énergique tableau, liv. V, § 10.
[75] Voyez liv. X, § 19.
[76] Épictète développe ce thème dans le troisième livre des *Dissertations*.

LIVRE VII

I

Qu'est-ce que la méchanceté [1]? c'est une chose que tu as vue souvent. A tout ce qui t'arrive, souviens-toi aussitôt que c'est chose que tu as vue plus d'une fois. Partout, en haut, en bas, ce sont les mêmes choses : les mêmes choses remplissent les histoires des vieux temps, celles des époques intermédiaires, celles des temps modernes, et, aujourd'hui, nos villes et nos maisons. Rien de nouveau. Tout est accoutumé, et tout ne dure qu'un instant.

II

Comment détruire en soi ses pensées, à moins d'éteindre les perceptions des sens qui leur correspondent? Or, il est en ton pouvoir de ne pas les ra-

[1] Voir la note DD, à la suite des *Pensées.*

nime1 sans cesse [2]. Oui, je suis le maître de concevoir sur tel objet ce qui est raisonnable [3]. Si je le puis, pourquoi me troubler ? Ce qui est en dehors de mon esprit n'est rien absolument pour mon esprit Pense ainsi, et te voilà debout [4]. Il t'est permis de revivre. Tu n'as, pour cela, qu'à contempler de nouveau les choses, comme tu les as vues déjà ; car c'est là proprement revivre.

III

Le vain appareil de la magnificence, les spectacles de la scène, les troupeaux de petit et de grand bétail, les combats de gladiateurs, tout cela est comme un os jeté en pâture aux chiens, un morceau de pain qu'on laisse tomber dans un vivier ; ce sont des fatigues de fourmis traînant leur fardeau [5], une déroute de souris effrayées, des marionnettes mises en mouvement par un fil. Assistes y donc avec un sentiment de bonté, sans orgueil insolent : réfléchis que la valeur de chaque homme est en raison de celle des objets qu'il affectionne [6].

---

[2] La négation n'est pas dans le texte ; mais le sens naturel paraît l'exiger. Je l'ai admise avec la traduction de Schultz. Cependant, à la rigueur, le texte peut s'expliquer ; car, si on a le pouvoir de ramener les perceptions sensibles, on a nécessairement celui de ne pas les ranimer.

[3] Voyez plus haut, liv. V, § 31, et liv VI, § 52

[4] Comparez Sénèque, Lettre 71

[5] Sénèque dit, en parlant de certains empressés, *de Tranq*, 12 : « Inconsultus illis vanusque cursus est ; qualis formicis per « arbusta repentibus, quæ in summum cacumen, deinde in imum, « inanes aguntur. »

[6] Voyez liv. V, § 16.

IV

Dans le discours, il faut faire attention aux paroles ; dans les actions, à ce que l'on fait : il faut voir ici dès l'abord à quel but l'action se rapporte [7] ; là, on doit examiner quel est le sens des expressions.

V

Mon intelligence suffit-elle, oui ou non, à cet objet ? Si elle suffit, je m'en sers pour l'accomplissement de la chose, comme d'un instrument qui m'a été donné par la nature universelle. Dans le cas contraire, ou bien j'abandonne l'œuvre à celui qui peut mieux que moi l'accomplir, à moins que ce ne soit mon devoir de la faire [8], ou bien je travaille suivant mes forces, en m'adjoignant un aide qui puisse, sous ma direction, faire ce qui est présentement opportun et utile à la société. Car ce que je fais par moi-même, ou avec le secours d'un autre, doit tendre à un but unique, l'utilité et la convenance de la société [9].

VI

Combien d'hommes autrefois célèbres, qui déjà sont tombés dans l'oubli ! Combien aussi depuis longtemps sont morts, qui les avaient célébrés [10] !

---

[7] Voyez liv II, § 16, et liv. X, § 37.
[8] Schultz traduit : *Si modo id me deceat*, comme s'il n'y avait pas de négation. C'est, au fond, le même sens. La correction est donc inutile.
[9] Voyez *passim*. Cette idée revient sans cesse chez les stoïciens.
[10] Autre lieu commun de la doctrine.

VII

Ne rougis point du secours d'autrui [11]. Le dessein que tu te proposes, c'est d'accomplir ton devoir, comme un soldat quand il faut monter sur la brèche. Que ferais-tu si tu ne pouvais, étant blessé à la jambe, monter seul sur le rempart, et si tu le pouvais aidé par un autre ?

VIII

Ne te trouble point de l'avenir [12]. Tu l'aborderas, s'il le faut, armé de la même raison dont tu te sers avec les choses présentes [13].

IX

Toutes choses sont liées entre elles [14], et d'un nœud sacré ; et il n'y a presque rien qui n'ait ses relations. Tous les êtres sont coordonnés ensemble [15], tous concourent à l'harmonie du même monde ; il n'y a qu'un seul monde, qui comprend tout [16], un seul Dieu qui est dans tout, une seule matière, une seule loi [17], une raison commune à tous les êtres doués

---

[11] Cicéron avait dit, dans les *Devoirs*, qu'il n'y a pas d'existence ni de condition qui puisse se passer d'aides.
[12] Comparez Sénèque, *Lettres* 13 et 74
[13] Marc-Aurèle exprime la même pensée avec une image frappante, liv. XII, § 9
[14] Voyez *passim*, et notamment liv. VI, § 38.
[15] Voyez liv. IV, § 15, et liv. V, § 8
[16] Voyez liv. IV, § 40
[17] Voyez liv. II, § 16.

d'intelligence [18], enfin une vérité unique [19], n'y ayant qu'un seul état de perfection pour des êtres de même espèce, et qui participent à la même raison.

X

Tout ce qui est matériel disparaît bien vite dans la matière universelle [20]; tout ce qui agit comme cause est repris bientôt par la raison qui anime l'univers [21]; la mémoire de toute chose est bientôt ensevelie dans l'éternité.

XI

Pour l'être doué de raison la même action est à la fois et conforme à la nature et conforme à la raison [22].

II

Il faut être droit ou redressé [23].

XIII

Le même rapport d'union qu'ont entre eux les membres du corps, les êtres raisonnables, bien que séparés les uns des autres, l'ont aussi entre eux,

---

[18] Voyez liv. IV, § 4.
[19] Ceci est longuement développé, liv. IX, § 1.
[20] Voyez liv. II, § 12.
[21] Voyez *passim*, et notamment liv. IV, § 14.
[22] Sénèque, *de Vit. beat.*, 8 : « Natura duce utendum est. « Hanc ratio observat, hanc consulit Idem est ergo beate vivere « et secundum naturam. »
[23] Voyez liv. IV, § 12.

parce qu'ils sont faits pour coopérer ensemble à une même œuvre [24]. Et cette pensée touchera ton âme bien plus vivement encore, si tu te dis souvent à toi-même : Je suis un membre du corps que composent les êtres raisonnables [25]. Si tu dis seulement que tu en es une partie[26], tu n'aimes pas encore les hommes de tout ton cœur; tu n'as pas encore, à leur faire du bien, ce plaisir que donne l'action pure et simple; tu ne le fais encore que par bienséance, et non comme si tu faisais ton bien propre.

XIV

Arrive du dehors ce qui voudra à ce qui est sujet en moi aux accidents de ce genre ; que ce qui souffre se plaigne s'il lui plaît [27] : pour moi, je ne regarde pas comme un mal ce qui est arrivé ; je ne suis pas blessé encore. Il dépend de moi de ne pas prendre cela pour un mal.

XV

Quoi qu'on fasse ou qu'on dise, il faut que je sois homme de bien [28] ; comme l'or, l'émeraude, pourraient toujours dire : Quoi qu'on dise ou qu'on fasse, il faut bien que je sois émeraude, et que je garde ma couleur.

[24] Sénèque, *de Ira*, II, 31, développe vivement la comparaison : « Quid, si nocere velint manus pedibus ? manibus oculi ? etc. »
[25] Voyez *passim*, et Sénèque, *lettre* 95.
[26] Voir la note EE, à la suite des *Pensées*.
[27] Voyez plus bas le § 16, et liv. VIII, § 28.
[28] Voyez *passim*, et notamment liv. IV, § 18.

XVI

Ce qui commande en nous ne se trouble jamais lui-même, je veux dire ne se jette point lui-même dans la crainte ou la douleur [29]. Si quelqu'un peut l'effrayer, l'affliger, qu'il le fasse : l'intelligence ne se laissera point entraîner par l'opinion à ces mouvements désordonnés. C'est au corps à prendre soin que rien ne le blesse [30], s'il est possible, et, quand il souffre, à se plaindre : pour l'âme, qui s'effraye, qui s'afflige, qui juge souverainement de ces passions, il ne faut pas qu'elle soit blessée ; ne l'entraîne jamais à porter un pareil jugement. Ce qui commande en nous n'a besoin, pour ce qui le concerne, de rien d'étranger [31], à moins qu'il ne se rende indigent lui-même. Par conséquent, rien ne le trouble, rien ne peut l'embarrasser [32], à moins que lui-même il ne se trouble et ne s'embarrasse.

XVII

La félicité, c'est un bon génie, c'est le bien [33]. Que

---

[29] Voyez *passim*, et plus haut le § 14, et plus bas le § 68 de ce livre.

[30] Voyez plus bas, § 33, et liv. VIII, § 28.

[31] Voyez le développement, liv XI, § 1.

[32] Voyez liv V, § 20.

[33] Comme il y a, dans le texte, ἢ ἀγαθόν, et non pas ἢ τὸ ἀγαθόν, peut être Marc-Aurèle avait-il écrit ἡγεμονικὸν ἀγαθόν, son synonyme habituel de δαίμων ἀγαθός. Cependant il s'est permis plus d'une fois des ellipses moins excusables que celle d'un simple article. Le sens est parfaitement clair, et le même au fond dans les deux hypothèses.

fais-tu donc ici, imagination [34]? Va-t'en, par les dieux ! comme tu es venue ; je n'ai pas besoin de toi. Tu es venue suivant ta vieille coutume : je ne me fâche point contre toi ; seulement, va-t-en !

XVIII

On craint le changement? mais, sans le changement, que peut-il se faire dans le monde [35]? Qu'y a-t-il de plus agréable, de plus familier à la nature de l'univers [36]? Toi-même peux-tu prendre un bain, à moins que le bois ne change? peux-tu te nourrir, s'il n'y a pas de changement dans les mets? Peut-il jamais se faire quelque chose d'utile, sans un changement? Ne vois-tu donc pas qu'il en est de même du changement qui se fait en toi, et qu'il est nécessaire aussi à la nature de l'univers ?

XIX

Tous les corps passent, entraînés par la matière de l'univers comme par un torrent [37]; ils sont de même nature que l'univers; ils coopèrent les uns avec les autres [38], comme nos parties le font entre elles [39]. Combien déjà de Chrysippes, combien de Socrates,

---

[34] Je prends le mot *imagination* suivant l'étymologie. Je ne pourrais pas me servir ici des circonlocutions dont j'ai usé ailleurs pour faire sentir la valeur véritable du grec φαντασία.
[35] Voyez *passim*, et notamment liv IV, § 46
[36] Voyez liv. IV, § 36, et liv IX, § 32.
[37] Voyez liv. IV, § 43, et liv. V, § 23.
[38] Voyez liv. VI, § 42.
[39] Voyez plus haut, § 13 de ce livre

combien d'Épictètes [40] le temps a engloutis! Songe qu'il en est de même de tout homme, de toute chose quelconque.

XX

Une seule chose me tient dans l'inquiétude : c'est la crainte de faire ce que l'organisation de l'homme ne veut pas, ou d'autre façon qu'elle ne veut, ou ce qu'elle ne veut pas aujourd'hui.

XXI

Le temps n'est pas loin où tu auras tout oublié : il n'est pas loin non plus, où tu seras oublié de tous.

XXII

C'est le propre d'un homme d'aimer ceux même qui nous offensent [41]. On en arrive là lorsqu'on réfléchit que les hommes sont nos proches [42]; que c'est par ignorance, malgré eux, qu'ils pèchent [43], et que bientôt nous mourrons les uns et les autres [44]; avant toute chose, qu'on ne nous a point fait de mal [45] : en effet, ton âme n'a pas été rendue pire qu'elle n'était auparavant

---

[40] Ainsi Épictète était mort, quand Marc-Aurèle écrivait ces lignes. Mais ce devait être depuis peu. Aulu-Gelle, contemporain de Marc Aurèle, dit que la mémoire d'Épictète est toute récente.
[41] Voyez les règles de conduite résumées liv. XI, § 18.
[42] Voyez le développement, liv II, § 1.
[43] Voyez *passim*, et notamment liv. II, § 1.
[44] Voyez liv IV, § 6, et plus bas le § 58 de ce livre.
[45] Voyez liv. II, § 1, et liv. IX, § 38.

XXIII

La nature de l'univers se sert de l'universelle matière comme d'une cire : tantôt elle en forme un cheval ; puis, le cheval dissous, elle se sert de sa matière pour produire un arbre, puis un homme, puis pour produire autre chose ; et chacun de ces êtres subsiste peu de temps. Mais il n'y a pas plus de malheur pour un coffre à ce qu'on le démonte, qu'il n'y en a à ce qu'on en assemble les parties [46].

XXIV

Un visage irrité est entièrement contre nature, puisque souvent le visage y perd sa beauté, et que cette beauté finit même ainsi par s'éteindre, sans que rien puisse jamais la ranimer. Efforce-toi de comprendre par là que la colère est contre la raison. Car, si par elle on en vient à perdre même la conscience de ses fautes, quelle raison aura-t-on de vivre encore ?

XXV

Tout ce que tu vois, bientôt la nature qui gouverne toutes choses le changera, et de sa matière fera d'autres êtres [47], puis d'autres de la matière de ceux-ci, afin que le monde soit toujours nouveau [48].

---

[46] Voyez *passim*, et plus bas les §§ 25 et 50 de ce livre.
[47] Voir la note FF, à la suite des *Pensées*.
[48] Voyez *passim*. C'est un lieu commun de la doctrine.

XXVI

S'il arrive à quelqu'un de pécher envers toi, réfléchis aussitôt à l'opinion qu'il a dû se faire du bien ou du mal [49] pour manquer ainsi. A cette pensée, tu auras pitié de lui ; tu ne sentiras plus ni étonnement ni colère. Ou, en effet, tu as la même opinion que lui sur ce qui est bien et sur ce qui est mal, ou tu as une autre opinion, mais analogue à la sienne. Tu dois donc pardonner [50]. Mais, si tu ne partages pas son opinion sur les biens et les maux, il te sera plus facile encore de te montrer indulgent pour un homme qui a mauvaise vue [51].

XXVII

Ne pense pas aux choses qui te manquent comme si tu allais bientôt les posséder. Dans ce que tu possèdes choisis ce qu'il y a de meilleur, et souviens-toi, en songeant à ces objets, des efforts que tu ferais pour les acquérir s'ils te manquaient. Mais prends garde aussi de t'habituer, en les fêtant de la sorte, à y attacher un prix si grand, qu'il y eût du trouble en toi, si tu ne les possédais plus [52].

XXVIII

Renferme-toi en toi-même [53]. La nature de l'âme

---

[49] Voyez le *Manuel* d'Épictète, *passim*.
[50] Voyez les règles morales, liv. XI, § 18.
[51] Voyez liv. II, § 1.
[51] Horace a plusieurs fois exprimé cette pensée.
[53] Voyez *passim*, et notamment liv. VIII, § 41.

raisonnable, c'est de se suffire à elle-même, quand elle pratique la justice [54], car alors elle jouit d'une pleine sérénité.

XXIX

Efface les impressions de tes sens [55]. Arrête les mouvements désordonnés de tes passions [56]. Renferme le temps présent dans ses bornes [57]. Connais ce qui t'arrive, à toi ou à un autre. Distingue deux parts dans le sujet, la forme et la matière [58]. Pense à ta dernière heure [59]. Laisse la faute à qui a fait la faute [60].

XXX

Il faut prêter toute notre attention à ce qu'on nous dit; il faut, par la pensée, pénétrer au fond des événements et de leurs causes.

XXXI

Embellis-toi de simplicité, de pudeur, d'indifférence pour les choses qui tiennent le milieu entre la vertu et le vice. Chéris le genre humain. Obéis à Dieu [61] : Dieu, dit le poëte, fait tout par des lois [62].

---

[54] Sénèque développe ceci, Lettres 74 et 76
[55] Voyez passim, et plus haut les §§ 2 et 17 de ce livre.
[56] Voyez liv. II, § 2.
[57] Voyez liv. VI, § 2, et liv. VIII, § 31.
[58] Voyez liv IV, § 21
[59] Voyez liv III, § 12.
[60] Voyez liv IX, §§ 20 et 38
[61] C'est un lieu commun chez les poëtes, même dès le temps d'Homère. Homère a dit : κατ' ἴχνια βαῖνε θεοῖο
[62] Πάντα νομιστὶ est la fin d'un vers hexamètre ; mais on ignore d'où vient la citation

D'ailleurs, ou il y a des dieux, ou seulement des atomes élémentaires [63]. En tout cas, il suffit de se rappeler que toutes choses sont réglées par des lois. C'est là, certes, bien peu de chose à faire.

XXXII

Sur la mort. Que ce soit une dispersion, ou une résolution en atomes, ou l'anéantissement, c'est ou une extinction ou un déplacement [64].

XXXIII

Sur la douleur. Quand elle est insupportable, elle nous fait périr; quand elle dure, c'est qu'elle est supportable. Lorsque l'âme se renferme en elle-même, elle conserve sa sérénité, et ce qui commande en nous n'éprouve aucun dommage. C'est aux membres affectés par la douleur d'y chercher remède s'ils peuvent.

XXXIV

Sur la gloire. Vois les âmes de ces hommes, ce qu'elles sont, ce qu'elles évitent, ce qu'elles poursuivent ; et, de même que les monceaux de sable disparaissent successivement sous l'accumulation d'autres monceaux, songe que, dans la vie aussi, ce qui survient efface bientôt ce qui a précédé.

---

[63] Le texte est corrompu à cet endroit. Je suis la correction de Schultz, et je traduis comme s'il y avait ἔτι ἢ δαίμονες ἢ στοιχεῖα. On a déjà vu ce dilemme dans Marc Aurèle.

[64] Sénèque revient souvent sur cette alternative. C'est là en effet l'incertitude du stoïcisme, comme de tout ce qui n'est ni le matérialisme déclaré ni le spiritualisme véritable.

XXXV

De Platon [65] : « Celui qui a l'âme noble et élevée,
« qui embrasse par la pensée le temps tout entier
« et tout ce qui existe dans le monde, crois-tu qu'un
« tel homme fasse de la vie humaine une bien
« grande estime? — Cela ne saurait être, dit-il. —
« Et par conséquent la mort ne lui paraîtra pas un
« grand mal. — Non, sans nul doute. »

XXXVI

D'Antisthène : « C'est chose royale, quand on fait
« le bien, d'entendre dire du mal de soi [66]. »

XXXVII

C'est une honte que notre visage soit obéissant,
qu'il se conforme, qu'il se compose au gré de la
pensée, et que notre âme ne puisse pas se conformer et se composer à son gré.

XXXVIII

« Il ne faut pas que nous nous irritions contre les choses :
« Peu leur importe notre colère [67]. »

---

[65] Extrait du livre VI de la *République*, p. 486.

[66] Épictète donne ce mot comme une réponse d'Antisthène à Cyrus. C'est probablement un extrait des discours ou dialogues qu'Antisthène avait intitulés *Cyrus*, et dont il est question dans Diogène de Laërte et Athénée. Plutarque attribue le mot à Alexandre, qui le répétait sans doute d'après Antisthène.

[67] Citation du *Bellérophon* d'Euripide, tragédie perdue.

XXXIX

« Donne la joie aux dieux immortels et à nous [68]. »

XL

« Moissonnons la vie comme des épis féconds !
« Celui-ci est mûr, celui-là ne l'est pas [69]. »

XLI

« Si les dieux me négligent, moi et mes deux enfants,
« Il y a à cela même une raison [70]. »

XLII

« J'ai avec moi la raison et la justice [71]. »

XLIII

Ne te lamente point avec les autres [72]; point d'agitation violente non plus.

XLIV

De Platon [73] : « Voici ce que je serais en droit de
« répondre à cet homme : Tu te trompes, mon ami,
« si tu penses qu'un homme de quelque valeur

---

[68] C'est un vers hexamètre, mais on ignore à quel poète Marc-Aurèle l'a emprunté.
[69] Citation de l'*Hypsipyle* d'Euripide, tragédie perdue.
[70] Citation d'un poëte tragique inconnu.
[71] Citation des *Acharniens* d'Aristophane.
[72] Voyez les *Dissertations* d'Épictète, III, 24.
[73] Les §§ 44 et 45 sont extraits de l'*Apologie*, p. 28, le § 46 appartient au *Gorgias*, p. 512.

« doive faire la moindre attention au danger que
« court sa vie, à la mort même, et non envisager
« uniquement, dans ses actions, si ce qu'il fait est
« juste ou injuste, s'il fait l'œuvre d'un homme de
« bien ou d'un méchant. »

XLV

« Oui, Athéniens, il est vrai de le dire : le poste
« qu'on a choisi, dans l'idée qu'on y serait mieux
« qu'ailleurs, ou celui que nous a fixé notre géné-
« ral, on doit y rester, ce me semble, malgré le
« danger, sans crainte ni de la mort, ni de rien au
« monde que de se montrer lâche. »

XLVI

« Mais, mon cher, prends garde que la vertu et le
« bien ne soient tout autre chose que la conserva-
« tion de nous-mêmes et des autres. Car un homme
« vraiment homme devrait, à ce compte, chercher
« à prolonger indéfiniment sa vie, s'attacher de
« toutes ses forces à l'existence, tandis qu'il faut,
« là-dessus, s'en remettre à Dieu, et croire ce que
« disent les femmes, que personne ne saurait éviter
« sa destinée. Une seule pensée doit nous occuper,
« c'est de tâcher d'employer à la vertu le temps que
« nous aurons à vivre. »

XLVII

Il faut contempler le cours des astres, comme si
nous étions emportés dans leurs révolutions. Il faut

sans cesse penser aux changements des éléments les uns dans les autres. Ces sortes de considérations purifient les souillures de la vie terrestre [74].

XLVIII

Voici une belle pensée de Platon [75] : « Quand on
« discourt sur l'homme, il faut envisager les choses
« de la terre comme d'un lieu élevé : troupeaux,
« armées, labourage, noces, réconciliations, nais-
« sances, morts, tumulte des tribunaux, contrées
« désertes, nations barbares de toute sorte, fêtes,
« lamentations, foires, toute cette confusion de
« mille choses, toute cette harmonie formée de
« contraires. »

XLIX

Repasse en esprit ce qui fut jadis, et tous ces changements des empires : tu peux dès lors voir d'avance l'avenir [76]. Tout sera toujours ce qu'il est : il est impossible que les choses sortent des règles qu'elles suivent aujourd'hui. C'est donc chose indifférente d'avoir eu pendant quarante années le spectacle de la vie humaine, ou pendant dix mille ans. Que verrais-tu davantage ?

---

[74] Sénèque revient souvent sur ce point. Voyez notamment *Lettres* 65, 79, 95, 117.
[75] Ce passage n'existe pas dans ce qui reste des œuvres de Platon.
[76] Voyez *passim*, et plus haut le § 1 de ce livre.

L

Ce qui vient de la terre

« Retourne à la lettre ; les choses auxquelles l'air
« Avait donné la naissance, le ciel
« Les fera rentrer dans son sein [77]. »

Ou bien encore c'est là une dissolution d'atomes adhérents les uns aux autres, et cette dispersion n'affecte que des éléments insensibles.

LI

Et ailleurs :

« C'est à l'aide de mots, de breuvages, d'enchantements magiques,
« Qu'on prétend détourner sa destinée, éviter la mort.
. . . .
« Mais c'est Dieu qui fait souffler le vent ; il faut
« Céder, vivre dans les peines et les larmes [78]. »

LII

D'autres l'emportent sur toi à la lutte ; mais personne n'aime plus ses semblables, personne n'a plus de modestie, personne n'a en face des événements de la vie plus de calme, ni pour les fautes du prochain plus d'indulgence.

LIII

Dès qu'on peut accomplir une œuvre conforme à

---

[77] Citation du *Chrysippe* d'Euripide, tragédie perdue.
[78] Citation des *Suppliantes* d'Euripide.

la raison qui est commune aux dieux et aux hommes [79], on n'a rien à redouter ; car, dès que tu peux atteindre un résultat utile par une action bien conduite et dirigée d'après les lois de ton organisation, il n'y a pas même lieu à soupçonner pour toi aucun dommage [80].

LIV

En tout lieu, en tout temps [81], il dépend de toi et de te résigner pieusement à ta fortune présente [82], et de traiter selon la justice les hommes qui vivent avec toi, et de soumettre à l'examen l'idée qui vient de s'offrir à toi, afin de ne pas te laisser envahir par une opinion dont tu ne te saurais rendre compte.

LV

Ne t'occupe pas à considérer les pensées des autres, mais regarde, droit devant toi, le but où te guide la nature : celle de l'univers par les événements qui t'arrivent, la tienne par les actions que tu dois faire. Ce que chaque être doit faire, c'est ce qui est la conséquence de sa condition [83]. Tous les autres êtres ont été organisés en vue des êtres raisonnables, comme dans tout ordre de choses l'inférieur est fait pour le supérieur ; mais les êtres rai-

---

[79] Voyez liv. III, § 4, et liv. V, §§ 3 et 14.
[80] Voyez liv. XI, § 1.
[81] Ceci rappelle ce vers de la *Médée* de Sénèque :
    Nusquam potest non esse virtuti locus.
[82] Voyez *passim*, et notamment liv. VI, § 2.
[83] Voyez liv. V, § 16, et liv. XII, § 12.

sonnables existent les uns pour les autres. Le premier attribut de la condition humaine, c'est donc la sociabilité. Puis, il faut que l'homme résiste aux passions corporelles ; car le propre du mouvement qui part de la raison et de l'intelligence, c'est de se fixer des bornes à lui-même, et de ne se laisser jamais vaincre ni par la sensation ni par la concupiscence, deux principes purement animaux. L'intelligence revendique la domination, elle ne souffre point leur empire [84] ; et ce n'est pas sans raison, puisque sa nature consiste précisément à se servir de tout ce qui est corporel [85]. Enfin la condition d'un être raisonnable, c'est de se garantir de toute témérité dans les jugements [86] et de toute erreur. Une âme qui s'attache à ces vérités peut marcher droit [87] ; elle a ce que comporte sa nature.

LVI

Il faut vivre, en te conformant à ta nature, ce qui te reste encore de vie, comme si déjà tu étais mort, comme si ta vie ne devait pas dépasser cet instant [88].

LVII

Aime uniquement ce qui t'arrive, le sort que t'a

---

[84] « Animi imperio, » avait dit Salluste, « corporis servitio magis « utimur »

[85] Voyez liv. V, § 21, et liv. X, § 38.

[86] Voyez liv. III, § 9

[87] Voyez liv. X, §§ 11 et 12.

[88] Sénèque, dans la *Lettre* 12, commente éloquemment cette pensée.

fait la destinée [89]. Qu'y a-t-il en effet de plus convenable?

LVIII

A chaque événement de la vie ayons devant les yeux ceux qui ont éprouvé les mêmes accidents, qui s'en sont chagrinés, qui en ont été surpris, qui s'en sont plaints. Où sont-ils maintenant? ils ne sont plus. Pourquoi veux-tu faire comme eux? Pourquoi ne pas laisser ces agitations, étrangères à notre nature, à ceux qui les excitent, qui en sont affectés? Pourquoi ne pas mettre tous tes soins à en faire ton profit? L'utilité peut en être grande; ce sera matière à t'exercer [90]. N'aie jamais qu'une seule pensée, qu'une seule volonté : c'est de mettre la vertu dans toutes tes actions. Souviens-toi de ces deux vérités : que les événements sont indifférents, et que tes actions t'importent [91].

LIX

Regarde au dedans de toi [92]; c'est au dedans de toi qu'est la source du bien, une source intarissable pourvu que tu fouilles toujours

LX

Il faut que le corps lui-même ait un maintien as-

---

[89] Voyez *passim*, et notamment liv. III, § 4.
[90] Voyez *passim*, et notamment le § 68 de ce livre
[91] Le texte est altéré dans cette phrase; mais le mot ἀμροτέρων, et ce qui précède, et la fin, tout indique le sens de ce qui manque, et quelle est la première vérité.
[92] Voir la note GG, à la suite des *Pensées*.

suré, et que rien n'y soit déréglé, ni dans le mouvement, ni dans la pose [93]. Car, de même que la pensée se manifeste sur le visage, et s'applique à lui donner un aspect modeste et décent [94], de même faut-il en exiger autant de tout le corps. Mais, ici comme là, l'observation de la règle doit être sans affectation.

LXI

L'art de vivre ressemble plus à celui des lutteurs qu'à l'art de la danse [95], puisqu'il faut se tenir préparé et armé contre les coups subits et imprévus [96].

LXII

Examine sans cesse ce que sont ceux que tu veux voir t'appuyer de leurs témoignages, et quelles sont leurs pensées. Alors, en effet, tu n'accuseras pas ceux qui font mal en dépit d'eux-mêmes [97], et tu n'auras pas besoin de leur témoignage, si tu considères la source de leurs opinions et de leurs desseins.

LXIII

« C'est toujours malgré elle, dit le philosophe,

---

[93] On se rappelle ces vers de Plaute, dans le *Pœnulus*:
Liberos homines per urbem modico magis par est gradu
Ire. servile esse duco festinatim currere.

[94] Voyez liv XI, § 15.

[95] Voyez liv. XII, § 9.

[96] Sénèque, dans tous ses ouvrages, revient sans cesse sur ce principe.

[97] Voyez *passim*, et notamment liv. VIII, § 14.

qu'une âme est privée de la vérité [98]. » Par conséquent, c'est malgré elle qu'elle est privée de la justice, de la tempérance, de la bienveillance, des autres vertus [99]. Tu dois continuellement te souvenir de ce principe ; car cette pensée te rendra plus doux envers tous les hommes.

LXIV

A toute douleur que tu éprouves, fais réflexion qu'il n'y a rien là de honteux [100], ni qui rende pire l'esprit qui commande en toi, n'y ayant rien là qui le corrompe ni en tant qu'il est doué de raison [101], ni en tant qu'il est fait pour vivre dans la société. Du reste, appelle à ton secours, dans la plupart de tes douleurs, ce principe d'Épicure, qu'il n'y a ni douleur insupportable ni douleur éternelle, pourvu que tu te souviennes que tout a ses bornes, et que l'opinion n'ajoute pas à la réalité [102]. Rappelle-toi encore ceci, qu'il est bien des choses de même nature que la douleur, qui te fâchent sans que rien y paraisse : l'envie de dormir, le grand chaud, les nausées. Quand tu éprouves un de ces désagréments, ne

[98] Cette pensée se trouve en substance dans plusieurs des dialogues de Platon. Platon établit notamment, dans le *Sophiste*, que toute ignorance est involontaire, et que c'est malgré nous que nous ne possédons pas la connaissance des choses
[99] Voyez liv. XI, § 18.
[100] Voyez *passim*, et notamment liv. IV, § 8.
[101] Je lis λογικὴ, au lieu d'ὑλικὴ, qui n'a pas de sens en parlant de l'âme. Schultz traduit : *quatenus ratione praedita est*, qui est évidemment le sens vrai.
[102] Voyez liv. VIII, § 49.

manque donc pas de te dire : C'est à la douleur que je succombe [103].

LXV

Garde-toi d'avoir jamais, même pour les inhumains, les sentiments que les hommes ont pour les hommes.

LXVI

D'où savons-nous si Télaugès [104] n'était pas supérieur à Socrate par le caractère? Ce n'est pas assez de dire que la mort de Socrate a été plus glorieuse; qu'il a montré plus de finesse d'esprit dans ses disputes contre les sophistes [105]; qu'il passait plus courageusement les nuits exposé au froid; qu'ayant reçu l'ordre d'enlever l'homme de Salamine [106], il refusa généreusement d'obéir. Ce n'est pas non plus qu'il étalât son faste sur les routes, ce qui aurait attiré particulièrement les yeux, si en effet il se fût conduit ainsi. Ce qu'il faut examiner, ce sont les qualités de l'âme de Socrate, et s'il était assez fort pour trouver son bonheur dans la justice envers les hommes, dans la piété envers les dieux, sans se faire jamais le complaisant servile de l'ignorance,

[103] Voir la note III, à la suite des *Pensées*.

[104] C'était un philosophe dont Eschine le Socratique avait donné le nom à un de ses dialogues. Mais on ne savait pas si Eschine avait voulu faire l'éloge ou la satire de Télauges.

[105] Les dialogues de Platon contre les sophistes sont des comédies admirables.

[106] Voyez le récit qu'en fait Socrate dans l'*Apologie*. Cet homme se nommait Léon.

sans regarder comme choses étranges ou impossibles
à supporter les événements que lui départait l'univers, enfin sans livrer son âme aux sensations qu'une
vile chair éprouve.

LXVII

La nature ne t'a pas si intimement uni à ce mélange d'éléments, qu'il te soit interdit de te circonscrire toi-même, et de soumettre à ton pouvoir
les fonctions qui te sont propres. Il se peut très-bien
qu'on soit un homme divin et qu'on ne soit connu
de personne [107]. Souviens-toi toujours de cette vérité, et de celle-ci encore : qu'il suffit de bien peu
de choses pour faire une vie heureuse. Oui, si tu
désespères de devenir un dialecticien, un physicien [108], ne renonce pas pour cela à te montrer libre,
modeste, sociable, obéissant à Dieu,

LXVIII

Tu peux vivre exempt de toute violence, dans la
plus profonde paix du cœur, quand même tous les
hommes vociféreraient contre toi tous les outrages
imaginables; quand même les membres de cette
masse corporelle qui t'enveloppe seraient mis en
pièces par les bêtes sauvages. Car qui empêche, dans
toutes ces conjonctures, que la pensée ne se maintienne dans un plein calme [109], jugeant au vrai ce qui se

---

[107] Voir la note II, à la suite des *Pensées*.
[108] Voyez *passim*, et notamment liv. V, § 5.
[109] C'est le fond même de la doctrine.

passe autour d'elle, et se servant comme elle le doit de ce qui tombe sous ses mains? Le jugement ne peut-il pas dire à l'accident : Tu n'es au fond que ceci, bien que l'opinion te fasse paraître d'autre nature [110]? L'emploi des choses ne peut-il pas dire à ce qui survient : Je te cherchais [111]? Car le présent est toujours pour moi une matière à vertu [112], en ma qualité d'être raisonnable et sociable; en général, c'est une matière à pratiquer cet art qui est fait pour l'homme ou pour Dieu. Tout ce qui arrive me rapproche ou de Dieu ou de l'homme : ce n'est donc chose ni nouvelle ni difficile à manier, mais connue, et qui se prête à la main.

LXIX

La perfection des mœurs consiste à passer chaque jour comme si c'était le dernier [113], sans trouble, sans indolence, sans dissimulation.

LXX

Les dieux, qui sont immortels, se résignent sans colère à supporter toujours pendant des siècles innombrables un si grand nombre d'hommes, et si méchants [114]; bien mieux, ils prennent d'eux toutes sortes de soins [115]. Mais toi, toi qui vas bientôt ces-

---

[110] Sénèque développe fréquemment cette idée; ainsi, *Lettres* 94, 104, 110.
[111] Voyez la *Lettre* 64 de Sénèque
[112] Voyez notamment liv. IV, § 1.
[113] Voyez *passim*, et plus haut les §§ 29 et 56 de ce livre.
[114] Voyez liv. VIII, § 51.
[115] Voyez liv. IX, §§ 11 et 27.

ser de vivre [116], tu te fatigues, et cela quand tu es un de ces méchants [117].

LXXI

Il est ridicule que tu ne te dérobes pas à tes mauvais penchants, ce qui est pourtant possible [118], et que tu cherches à te dérober à ceux des autres, ce qui est impossible.

LXXII

Tout ce qu'une force raisonnable et sociable trouve en désaccord avec la raison, sans avantage pour la société, elle n'a pas tort de le placer au-dessous d'elle [119].

LXXIII

Quand tu as fait du bien et qu'un autre a reçu ton bienfait, pourquoi, à l'exemple des fous [120], chercher une troisième chose encore [121], vouloir que ta bienfaisance paraisse aux yeux, ou qu'on ait pour toi de la reconnaissance ?

LXXIV

Personne ne se lasse de recevoir du bien. Or, le

---

[116] Sé. que *de Ira*, III, 43 : « Magno animo brevia feramus « incommoda. »
[117] Voyez liv. XI, § 18.
[118] Voyez liv. VIII, § 55.
[119] Voyez liv. III, § 6.
[120] Ces fous sont du genre de ceux dont Juvénal a dit qu'ils ont plus soif de renommée que de vertu.
[121] Voyez le développement de cette pensée, liv. V, § 6.

bien que nous pouvons nous faire, c'est d'agir conformément à la nature. Ne te lasse donc point de te faire du bien à toi-même, en en faisant aux autres[122].

LXXV

La nature de l'univers s'est portée d'elle-même à faire le monde. Par conséquent, tout ce qui s'y passe est une suite nécessaire de son dessein; sinon, il faudrait dire qu'il n'y a aucune raison dans le gouvernement des êtres supérieurs mêmes, de ces êtres dont la production est l'objet que s'est proposé proprement la puissance qui régit le monde [123]. Garde cette pensée dans ton âme, et plus d'une fois elle ajoutera à ta tranquillité.

[122] Voyez liv. V, § 6.
[123] Sénèque, *de Benef.*, VI, 23 : « In prima illa constitutione, « quum universa disponerent, etiam nostra viderunt, rationemque « hominis habuerunt. . Etiamsi potiora illis sunt, in quæ oriuntur, nos tamen in majora ituri juvant. » Il s'agit, dans la dernière phrase, des astres, qui étaient, selon les anciens, des divinités subalternes

LIVRE VIII

—

I

Une chose qui te préserve du désir de la vaine gloire, c'est que tu ne peux plus faire que toute ta vie, du moins celle qui s'est écoulée depuis ta jeunesse, se soit passée comme il convient à un philosophe. Bien d'autres savent, et tu le sais aussi toi-même, que tu es fort loin de la philosophie. Te voilà donc tout troublé; il ne t'est plus facile de garder le nom de philosophe : ton genre de vie lui-même s'y oppose [1]. Si donc tu as compris où gît la principale affaire, cesse de t'inquiéter de la réputation que tu te feras [2] : qu'il te suffise de passer dans le bien le reste de ta vie, ce que la nature voudra bien t'accorder encore. Apprends donc ce qu'elle

---

[1] Sénèque, *Lettre* 59 : « Atqui non quum vacaveris philoso-
« phandum est : omnia alia negligenda, ut huic assideamus ;
« cui nullum tempus satis magnum est, etiamsi a pueritia usque
« ad longissimos humani ævi terminos vita protenditur. »
[2] Voyez *passim*, et notamment liv. IV, § 44.

exige de toi; ne te laisse distraire par nulle autre chose au monde. Déjà tu l'as éprouvé : après avoir erré autour de mille objets, nulle part tu n'as trouvé le bonheur, ni dans l'étude du raisonnement, ni dans la richesse, ni dans la gloire, ni dans les jouissances; nulle part enfin. Où est donc le bonheur? dans la pratique de ce qu'exige la nature de l'homme. Mais comment régler ses actions sur elle? en se faisant des principes[3] qui règlent nos désirs et nos actions. Quels principes? ceux qu'on se fait sur le bien et le mal; à savoir, qu'il n'y a rien de bon pour l'homme que ce qui le rend juste[4], tempérant, courageux, libre, et rien de mauvais que ce qui produit les effets contraires à ceux-là[5].

II

A chaque action que tu fais demande-toi à toi-même : Comment m'en trouvé-je? ne m'en repentirai-je pas[6]? quelque temps encore, et je suis mort, et tout s'est évanoui. Qu'ai-je à chercher d'avantage, si mon action présente est celle d'un être doué de raison, sociable, soumis à la même loi que Dieu[7]?

III

Qu'est-ce qu'Alexandre, César, Pompée, en com-

---

[3] Voyez les *Dissertations* d'Épictète, I, 11.
[4] Voyez liv. II, § 11.
[5] Voyez liv. II, § 1.
[6] Voyez liv. IV, § 26.
[7] Voyez liv. III, § 7.

paraison de Diogène, d'Héraclite, de Socrate[8]? Ceux-ci connaissaient les choses, et leurs causes, et leurs matières ; leurs âmes étaient toujours dans le même calme. Mais chez ceux-là, que de projets divers! combien de sortes d'esclavage[9] !

IV

Ils n'en feront pas moins ce qu'ils font, quand tu en crèverais.

V

Avant tout, pas de trouble dans toi. Tout arrive conformément à la nature de l'univers; et dans bien peu de temps tu ne seras plus, comme ne sont plus ni Adrien ni Auguste. Puis, fixe les yeux sur ton objet, considère-le, et souviens-toi qu'il faut que tu sois homme de bien; et ce qu'exige la nature de l'homme, accomplis-le avec simplicité, et ne dis que ce qui te paraît le plus juste, mais toujours avec calme, avec modestie, sans dissimulation.

VI

La tâche de la nature de l'univers, c'est de transporter ailleurs ce qui est ici, de le changer de forme, de l'enlever de là encore pour le mettre autre part. Tout est révolutions. Il n'y a donc pas à craindre

---

[8] On se rappelle les vers de Juvénal :

> Libera si dentur populo suffragia, quis tam
> Perditus, ut dubitet Senecam præferre Neroni?

[9] Voyez *passim*, et notamment liv. IX, § 10.

qu'il survienne rien de nouveau [10]. Tout nous est familier, et tout est toujours dispensé dans une égale proportion.

VII

Toute nature est contente d'elle-même quand elle fait bien ses fonctions. La nature raisonnable fait bien les siennes lorsqu'elle ne se laisse aller, dans ses pensées, ni à ce qui est faux, ni à ce qui n'est pas évident; quand elle dirige vers le bien seul de la société les mouvements de son cœur; quand elle ne recherche, quand elle n'évite que ce que nous pouvons posséder; quand elle se résigne à tout ce que lui départ la commune nature. En effet, elle en est une partie, comme la feuille est une partie de la plante; avec cette différence pourtant que la feuille est une partie d'une nature dénuée de sentiment et de raison, et que tout peut entraver, tandis que la nature de l'homme est partie d'une nature qui ne rencontre nul obstacle, d'une nature intelligente et juste puisqu'elle distribue à chaque être, suivant son rang dans le monde, avec la même équité, le temps, la matière, la forme, une force efficace, une série d'événements. Au reste, considère non pas si tu trouveras cette égalité dans les êtres comparés singulièrement chacun à chacun, mais en comparant l'ensemble d'une espèce avec l'ensemble d'une autre.

VIII

Il ne t'est plus permis de lire. Mais tu peux re-

---

[10] Voyez liv. VII, §§ 1, 58, et liv. IX, § 35.

pousser ce qui te ferait honte; mais tu peux mépriser les voluptés et les douleurs; mais tu peux te mettre au-dessus de la vaine gloire; mais tu peux ne point te fâcher contre les stupides et les ingrats: bien plus, tu peux leur faire du bien.

IX

Que jamais personne ne t'entende plus critiquer ni la vie de la cour ni celle que tu mènes.

X

Le repentir est un reproche qu'on se fait à soi-même d'avoir négligé quelque objet utile. Il faut que le vrai bien soit utile, et mérite les soins de l'homme bon et vertueux. Or, un homme bon et vertueux ne se repentirait jamais d'avoir négligé un plaisir [11]. Le plaisir n'est donc ni une chose utile ni un bien.

XI

Qu'est-ce que ceci, considéré en soi et dans sa constitution propre? Quelle est sa forme et sa matière? Quel est son principe d'action? Que fait-il dans le monde? Combien de temps subsistera-t-il?

XII

Quand c'est avec peine que tu t'arraches au sommeil [12], souviens-toi qu'il est conforme à ta constitu-

---

[11] Voyez liv. V, § 15.
[12] Voyez liv. V, § 1.

tion et à la nature humaine d'aller accomplir quelque action utile à la société, tandis que le dormir t'est commun avec les animaux privés de raison. Or, ce qui est conforme à la nature d'un être est chose qui lui est plus propre, qui est plus faite pour lui, qui lui est plus agréable même [13].

XIII

A chaque idée qui te vient frapper, ne manque jamais, si tu le peux, d'appliquer les principes qui règlent ou la nature, ou les passions, ou le raisonnement [14].

XIV

Rencontres-tu quelqu'un, aussitôt dis-toi à toi-même : Quels sont les principes de cet homme sur les vrais biens et sur les maux ? Car, s'il a de certaines opinions sur le plaisir et la douleur, et sur ce qui les cause l'un et l'autre, sur la gloire, l'ignominie, la mort, la vie, il n'y a rien d'étonnant [15] ni d'étrange pour moi à ce qu'il fasse ce qu'il fait ainsi ; et je me souviendrai qu'il y a nécessité à ce qu'il agisse ainsi [16].

XV

Souviens-toi que, de même qu'il est honteux de trouver étrange qu'un figuier porte des figues, il ne

---

[13] Voyez liv. V, § 9.
[14] Voir la note JJ, à la suite des *Pensées*.
[15] Voyez *passim*, et notamment liv. VII, § 26.
[16] Autre lieu commun de la doctrine.

l'est pas moins de s'étonner que le monde porte les
événements, qui sont ses fruits. Il serait honteux à
un médecin de trouver étrange qu'un homme ait la
fièvre, à un pilote qu'il souffle un vent contraire.

XVI

Souviens-toi que changer d'avis et te soumettre à
qui te corrige, ne te rend pas moins libre que tu
n'étais [17]. Car c'est une action produite par un effet
de ta volonté et de ton jugement ; par conséquent,
l'accomplissement de la pensée de ton âme.

XVII

Si la chose dépend de toi, pourquoi la fais-tu ? si
d'un autre, qui vas-tu accuser ? les atomes ou les
dieux ? Dans les deux cas ce serait folie [18]. N'accuse
personne. Corrige, si tu le peux, celui qui pèche ; si
tu ne le peux, redresse la chose elle-même ; si cela
même passe ton pouvoir, que gagnes-tu encore à te
plaindre ? Il ne faut jamais rien faire sans but.

XVIII

Ce qui est mort ne tombe pas hors du monde [19]. Il
y reste, mais pour y changer, pour s'y dissoudre dans

---

[17] C'était, suivant Marc-Aurèle, un principe constamment mis
en pratique par Antonin. Voyez liv. I, § 16.

[18] Voyez *passim*, et notamment liv. IV, § 3.

[19] Les Épicuriens disaient la même chose. Cela revient perpétuellement dans Lucrèce.

ses éléments propres [20], qui sont ceux du monde et les tiens. Et les éléments changent eux-mêmes, et sans murmurer.

XIX

Il n'y a rien qui n'ait été fait en vue d'autre chose; ainsi le cheval, la vigne. Pourquoi t'étonner? Le soleil lui-même te dira : J'ai été fait pour une certaine œuvre ; et comme lui les autres dieux [21]. C'est donc en vue de quelque chose que tu existes. Est-ce pour te divertir [22]? Vois s'il y a du bon sens à le prétendre.

XX

La nature a dirigé vers un but et notre fin, et notre commencement, et notre course dans cette vie, à peu près comme le joueur dirige la balle [23]. Quel bien y a-t-il pour la balle d'être poussée en haut? quel mal, de descendre, ou d'être tombée [24]? Quel bien y a-t-il pour une bulle d'eau de se soutenir, ou quel mal de crever? Il en est de même d'une lampe [25].

---

[20] Lucrèce encore :
> Huc accedit uti quæque in sua corpora rursum
> Dissolvat natura, neque ad nihilum interimat res

[21] Les astres, divinités intermédiaires entre Dieu et le monde.
[22] Voyez liv. V, § 1, et liv. IX, § 9
[23] Ceci rappelle le vers de Plaute, dans les *Captifs*.
> Enimvero di nos quasi pilas homines habent

[24] Voyez liv. IV, § 42, et liv. VII, § 23.
[25] C'est-à-dire que la lampe est indifférente à ce qu'on l'allume ou à ce qu'on l'éteigne.

XXI

Retourne le corps, et vois ce qu'il est, ce qu'il devient par la vieillesse, par la maladie, par la débauche. — La vie est courte et pour celui qui loue, et pour celui qui reçoit la louange, et pour celui qui rappelle un nom, et pour celui dont le nom est rappelé [26]. Ajoute que cela se passe dans un coin de cette plage terrestre [27], dans un coin où il n'y a pas même accord entre tous les hommes, que dis-je? entre un homme et lui-même. Ajoute enfin que la terre tout entière n'est qu'un point [28].

XXII

Fais attention à l'objet dont il s'agit, à la pensée qu'on a, à l'action qu'on fait, au sens des mots qu'on prononce [29].

C'est avec justice que tu éprouves ce tourment : car tu aimes mieux devenir homme de bien demain que de l'être aujourd'hui [30].

XXIII

Ai-je à faire quelque chose, je le fais en le rappor-

---

[26] Voyez passim, et notamment liv. IV, § 35.
[27] Voyez l. v. III, § 10, et liv. IV, § 3.
[28] Voyez liv. IV, § 3.
[29] Voyez passim, et notamment liv. III, § 12.
[30] Perse exprime énergiquement cette infirmité de la nature humaine, dans sa cinquième Satire :

    Cras hoc fiet. Idem cras fiet Quid? quasi magnum
    Nempe diem donas Sed quum lux altera venit,
    Jam cras hesternum consumpsimus ; ecce, aliud cras
    Egerit hos annos, et semper paulum erit ultra.

tant au bien des hommes. M'arrive-t-il quelque chose, je le reçois en le rapportant aux dieux [31], et à la source universelle d'où procèdent toutes choses dans leur intime connexion [32].

XXIV

Qu'est-ce à tes yeux qu'un bain ? de l'huile, de la sueur, des ordures, une eau visqueuse ; toute puanteur enfin. Voilà ce qu'est aussi chaque portion de notre vie, chaque objet qui tombe sous nos sens [33].

XXV

Vérus mort avant Lucilla [34], puis Lucilla ; Maximus [35] avant Sécunda [36], puis Sécunda ; Diotime [37] avant Épitynchanus [38], puis Épitynchanus ; Faustine avant Antonin, puis Antonin. Il en est ainsi de toute chose. Adrien mort avant Céler [39], puis Céler. Et ces hommes d'un esprit si pénétrant, et ceux qui lisaient dans l'avenir, et ceux qu'enivrait l'orgueil, où sont-ils ? Où sont ces hommes spirituels, Charax [40],

[31] Voyez liv. XII, § 36.
[32] Voyez *passim*. C'est un lieu commun de la doctrine.
[33] Même observation.
[34] Fille de Marc-Aurèle, et femme de Vérus, le collègue de Marc Aurèle à l'Empire
[35] Le stoïcien, maître de Marc-Aurèle Voyez liv. I, § 15.
[36] Sécunda est inconnue
[37] Diotime n'est pas connu davantage.
[38] Ce nom se trouve dans les inscriptions tumulaires; mais on ignore d'ailleurs qui était Épitynchanus.
[39] Caninius Céler, rhéteur fameux en son temps, qu'Adrien avait donné pour maître à Marc-Aurèle et à Vérus.
[40] Inconnu Au lieu de Charax, Gataker propose de lire Hiérax, nom d'un philosophe contemporain de Marc-Aurèle.

Démétrius le Platonicien [41], Eudémon [42], et ceux qui leur ressemblaient ? Choses bien éphémères, et qui sont mortes depuis longtemps [43] ! Quelques-uns n'ont pas même laissé un instant leurs noms [44] ; d'autres sont passés au rang des fables ; d'autres ont disparu des fables mêmes. Souviens toi donc de ceci : Ton être, ce chétif composé, doit se dissiper quelque jour [45] ; ce faible principe de vie doit s'éteindre ou passer dans un autre lieu, et se voir assigner sa place ailleurs.

XXVI

L'homme est dans la joie lorsqu'il fait ce qui est le propre de l'homme [46]. Or, le propre de l'homme, c'est d'être bienveillant envers ses semblables, de mépriser les mouvements des sens, de distinguer des autres idées les idées qui méritent notre confiance, de contempler la nature de l'univers et des choses qui se produisent suivant ses lois.

XXVII

Il y a trois rapports : l'un, avec l'être qui nous enveloppe [47] ; l'autre, avec la cause divine, d'où procède pour tous les êtres tout ce qui leur arrive ; le troisième, avec ceux qui vivent en même temps que nous.

---

[41] Probablement le fameux Démétrius de Phalère.
[42] Vitruve cite Eudémon comme un astrologue célèbre.
[43] Voyez *passim*, et notamment liv IV, § 35.
[44] Voyez liv. IV, § 33, et livre XII, § 27.
[45] Voyez liv. IV, § 21, et liv. V, § 33.
[46] Voyez liv. III, § 13.
[47] Voir la note KK, à la suite des *Pensées*.

XXVIII

Ou la douleur est un mal pour le corps : qu'il se plaigne donc ! ou elle en est un pour l'âme. Mais l'âme est libre de conserver sa sérénité et sa paix, et de ne pas admettre l'opinion que c'est un mal [48]. En effet, tout jugement, tout désir, tout appétit, toute aversion, est en dedans de nous : aucun mal ne peut monter jusque-là.

XXIX

Efface les idées qui te viennent des sens [49], en te disant sans cesse à toi-même : Il est aujourd'hui en mon pouvoir de ne laisser dans cette âme nulle perversité, nul désir, nul trouble en un mot; je puis voir ce que sont en réalité les objets, et me servir de chacun d'eux suivant son mérite [50]. Souviens-toi de ce pouvoir qui t'a été accordé par la nature.

XXX

Si tu adresses la parole au Sénat, à un homme quel qu'il soit, pas d'éclat dans la voix, pas d'affectation : que ton langage parte d'une raison saine.

XXXI

La cour d'Auguste, sa femme, sa fille, ses petits-

---

[48] Voyez *passim*, et plus bas les §§ 41 et 47 de ce livre.
[49] Voyez liv. VII, § 29.
[50] Voyez liv. III, § 11, et plus bas le § 43 de ce liv. VIII.

enfants, ses beaux-fils, sa sœur, Agrippa, ses parents, ses domestiques, ses amis, Aréus [51], Méœne, ses médecins, ses sacrificateurs ; toute sa cour, enfin, est morte. Passe ensuite non plus à la mort d'un homme seul, mais d'une race, comme celle de Pompée. Tu sais ce qu'on inscrit sur les tombeaux : LE DERNIER DE SA FAMILLE. Réfléchis en toi-même combien les ancêtres de ceux-là s'étaient donné de peine afin de laisser un successeur [52]. Ce n'est pas tout : il faut bien que quelqu'un soit le dernier; par conséquent, que l'humanité tout entière périsse.

XXXII

Il faut que tu règles ta vie action par action [53]. Si chaque action présente tout ce qu'elle doit être autant qu'il est en toi, c'est assez [54]. Or, il n'y a personne qui puisse empêcher qu'elle n'offre toute sa perfection. — Mais il y aura quelque obstacle extérieur ? — Rien ne peut t'empêcher d'être juste, tempérant, prudent. Peut-être quelque cause entravera ton action; mais, si tu supportes sans te fâcher ce contre-

---

[51] Tout ce qu'on sait d'Aréus, c'est qu'il était philosophe, et qu'il fut ami d'Auguste.

[52] Le poëte Eschyle, dans les *Choéphores*, exprime énergiquement la cause de cette légitime et indestructible ambition de l'homme. On se rappelle l'image saisissante dont il se sert aussi : « C'est ainsi que tu vivras encore malgré le trépas; car les en-« fants, monument glorieux, sauvent de l'oubli un père qui n'est « plus, pareils à ces morceaux de liége qui font surnager le filet « et l'empêchent de se perdre dans l'abîme. »

[53] Voyez *passim*, et notamment § 2 de ce livre,

[54] Voyez liv. VI, § 2, et liv. IX, § 6.

temps ⁵⁵, si tu passes avec résignation à ce qu'il t'est permis de faire, une autre action succédera aussitôt, qui conviendra avec ce bon règlement dont je parle.

XXXIII

Recevoir sans fierté, quitter sans regret ⁵⁶.

XXXIV

Si jamais tu as vu une main, un pied, une tête coupés, gisant séparés du reste du corps, c'est là l'image de ce que fait, autant qu'il est en lui, celui qui n'accepte pas les événements, qui se retranche du grand tout, ou qui fait quelque action nuisible à la société. Tu t'es jeté en dehors de cette union que comportait ta nature : ta nature t'avait fait partie; tu t'es retranché toi-même du tout. Mais ici il y a cela d'admirable, qu'il t'est permis de rentrer dans cette union ⁵⁷, ce que Dieu n'a point accordé à d'autres parties, à savoir, de revenir à leur place après avoir été séparées et retranchées. Mais considère quelle bonté il a fallu pour accorder à l'homme cette prérogative. Dieu lui a donné ou de ne jamais se laisser attacher de son tout, ou, quand il en a été arraché, de s'y rejoindre, d'y adhérer, d'y reprendre sa place.

XXXV

Chacun des êtres raisonnables est doué à peu près

---

⁵⁵ Voyez *passim*, et notamment liv. IV, § 1.
⁵⁶ Voyez le développement, liv. III, § 5.
⁵⁷ Sénèque, *Lettre* 98 : « Licet reverti in viam; licet in integrum restitui »

de toutes les facultés que possède elle-même la nature raisonnable de l'univers ; une entre'autres nous est commune avec elle. De même, en effet, que la nature plie et fait rentrer dans l'ordre déterminé par le destin, agrége enfin à son tout ce qui lui fait obstacle et lui résiste ; de même l'être raisonnable peut se faire une matière d'action de tout ce qui l'arrête, et s'en servir pour parvenir à sa fin, quelle qu'elle soit [58].

XXXVI

Ne te trouble point par l'idée de ce qu'est la vie dans son ensemble [59]. Garde-toi de te représenter tous les désagréments qui seront probablement ton partage plus tard ; mais, à chacun de tes maux présents, demande-toi à toi-même : Cela est-il vraiment insupportable, insoutenable ? Car tu rougiras alors de l'avouer. D'ailleurs, souviens-toi que ce n'est ni l'avenir ni le passé qui sont un poids pour toi, mais toujours le présent [60]. Or, le présent se réduit à peu de chose, si tu le renfermes dans ses justes limites, et que tu gourmandes ton âme de ne pouvoir supporter ce mince fardeau.

XXXVII

Panthée et Pergame sont-ils assis aujourd'hui sur le tombeau de leur maître [61] ? et Chabrias [62], et

---

[58] Voyez passim, et notamment le § 32 de ce livre.
[59] Voyez liv. VII, §§ 8 et 27, et liv. IX, § 6.
[60] Sénèque développe cette pensée, Lettres 66 et 74.
[61] Voir la note LL, à la suite des Pensées.
[62] Ce Chabrias est inconnu.

Diotime [63], sont-ils sur celui d'Adrien ? O sottise ! et quand ils y seraient assis, les morts le sentiraient-ils ? et quand ils le sentiraient, s'en réjouiraient-ils ? et quand ils s'en réjouiraient, ceux-ci seraient-ils immortels ? N'était il pas fixé par le destin qu'ils vieilliraient, et puis qu'ils mourraient ? Que feraient donc les autres, quand eux ils seraient morts ? Puanteur que tout cela, et pourriture au fond du sac.

XXXVIII

Si tu as bonne vue, vois, dit l'autre, à porter des jugements sages [64].

XXXIX

Je n'aperçois, dans la constitution de l'être raisonnable, aucune vertu qui soit opposée à la justice ; mais j'en aperçois une opposée à la volupté : c'est la tempérance [65].

XL

Si tu mets de côté l'opinion, alors que quelque chose semble te causer de la douleur, te voilà placé sur un terrain ferme [66]. — Qui, toi ? — Ta raison. — Mais je ne suis pas pure raison. — Soit. Eh bien donc, que ce ne soit pas la raison qui s'afflige elle-même. S'il y a autre chose en toi qui se trouve mal, qu'il en juge.

---

[63] Le même inconnu nommé plus haut.
[64] Voir la note MM, à la suite des Pensées
[65] Voyez passim et notamment liv. V, § 15.
[66] Voyez plus haut le § 28, et plus bas les §§ 41 et 47 de ce livre.

XLI

L'obstacle à la sensation est un mal pour la nature animale. L'obstacle qui s'oppose à la satisfaction du désir est encore un mal pour la nature animale. Il y a également un mal qui arrête le développement de l'organisation des plantes. De même aussi l'obstacle qui arrête l'intelligence est un mal pour la nature intelligente. Applique-toi à toi-même toutes ces observations. La douleur, le plaisir, te font-ils sentir leurs atteintes? que la sensation y voie [67]. Y a-t-il eu empêchement à l'accomplissement de ton désir? si tu avais conçu ton désir sans tenir compte de ce qui pouvait arriver [68], c'est là un mal qui touche en toi la partie raisonnable. Mais, si tu acceptes l'évènement comme chose ordinaire [69], tu n'as point été blessé, tu n'as point rencontré d'obstacle. Personne autre que toi n'a certainement l'habitude d'entraver les fonctions propres à ton intelligence [70]; car ni feu, ni fer, ni tyran, ni calomnie, rien, en un mot, n'y porte atteinte [71]: quand la sphère est faite, elle reste ronde et polie [72].

XLII

Il ne convient pas que je me chagrine moi-même,

---

[67] Voyez liv. V, § 25, et liv. XI, § 13.
[68] Voyez *passim*, et notamment liv. IV, § 1.
[69] C'est un des thèmes favoris de Sénèque.
[70] Voyez *passim* C'est un lieu commun de la doctrine.
[71] Même observation.
[72] Voir la note NN, à la suite des *Pensées*.

moi qui jamais n'ai volontairement chagriné personne.

XLIII

Chacun a son plaisir à soi. Moi, le mien, c'est de conserver mon esprit bien sain [73]; de le préserver de toute aversion pour l'homme ou pour ce qui arrive aux hommes ; de lui faire envisager d'un œil de bienveillance, accueillir sans murmure, tous les événements ; de lui faire user de chaque chose selon sa valeur [74].

XLIV

Allons, mets à profit le temps qui t'est donné. Ceux qui poursuivent le plus la renommée pour le temps où ils ne seront plus, ne réfléchissent pas que ceux qui viendront plus tard seront tout semblables à ces hommes d'aujourd'hui, qu'ils supportent avec tant de peine : eux aussi seront mortels. Que t'importent les retentissements de leurs voix ou l'opinion qu'ils pourront avoir de toi ?

XLV

Prends-moi, jette-moi où tu veux [75]. Là encore je posséderai mon génie secourable, c'est-à-dire que je serai content, pourvu que j'agisse conformément aux lois de ma propre nature [76]. Est-ce donc un si

---

[73] Voyez plus haut, § 26 de ce livre, et liv. X, § 35.
[74] Voyez plus haut, § 29 de ce livre, et liv III, § 11.
[75] Voyez le développement de l'idée, liv. V, § 16
[76] Sénèque, *ad Helv.*, 5 : « Duo, quæ pulcherrima sunt, quo-
« cumque nos moverimus, sequentur : natura communis, et pro-
« pria virtus. »

grand bien pour moi, que mon âme, pour si peu, éprouve un malaise ; qu'elle tombe au-dessous d'elle-même, humiliée, pleine de désirs, affaissée sur soi, consternée ? Que peux-tu trouver là qui ait tant d'attraits ?

XLVI

Rien ne peut jamais arriver à un homme, qui ne soit un événement humain [77] ; à un bœuf, qui ne soit fait pour un bœuf ; à une vigne, qui ne soit fait pour une vigne ; à une pierre, qui ne soit propre à une pierre. Si donc ce qui arrive à chacun, c'est ce qui lui est habituel et ce qui est dans sa nature [78], pourquoi te fâcher ? La commune nature n'a rien voulu te faire subir d'insupportable.

XLVII

Si quelque objet extérieur te chagrine, ce n'est pas lui, c'est le jugement que tu portes sur lui qui te trouble [79]. Il ne tient qu'à toi d'effacer ce jugement de ton âme [80]. Si c'est de ta disposition propre que tu te chagrines, qui t'empêche de rectifier ton dessein ? De même enfin, s'il te fait peine de ne pas accomplir quelque action qui te paraît conforme à la saine raison, pourquoi ne pas agir, plutôt que de te peiner ? — Mais une force supérieure y fait

---

[77] Voyez *passim*, et Sénèque, *Lettre* 71.
[78] Voyez *passim*, et Sénèque, *Lettre* 107.
[79] Voyez plus haut, § 40 de ce livre.
[80] Voyez liv. V, § 2, et plus haut le § 29 de ce livre VIII.

obstacle. — Ne te chagrine donc pas ; la cause de ton inaction n'est pas en ta puissance.— Mais je ne suis plus digne de vivre, si je n'accomplis cette action. — Sors donc de la vie [81] avec calme, comme meurt celui dont l'action a pu s'accomplir [82] ; et montre-toi indulgent pour ceux qui t'ont fait obstacle.

XLVIII

Souviens-toi que ce qui commande en toi devient inexpugnable, quand il se ramasse en lui-même [83], qu'il se contente de soi [84], ne faisant jamais que sa volonté, même quand c'est sans raison qu'il résiste. Que sera-ce donc quand il portera son jugement sur un objet après avoir pris conseil de la raison et pesé les circonstances ? C'est là ce qui fait une citadelle d'une âme libre de passions ; car l'homme n'a pas d'asile plus sûr où il puisse plus tard se défendre contre les attaques. Ne pas voir cela, c'est ignorance ; le voir, et ne pas se retirer dans cet asile, c'est se rendre infortuné.

XLIX

Ne te dis jamais rien à toi-même de plus que ce

---

[81] Voyez les *Lettres* 70 et 91 de Sénèque.

[82] Le texte vulgaire donne la disjonctive ἤ, qui ne fait pas de sens. Il faut ᾗ, comme l'a remarqué Gataker, et comme le suppose le latin de Schultz : *ut is quoque qui agit*

[83] Voyez liv. VII, § 28.

[84] Sénèque, *Lettre* 87 : « Nunquam major est animus quam ubi « aliena seposuit, et fecit sibi pacem nihil timendo, fecit sibi di- « vitias nihil concupiscendo. »

que t'apprennent les impressions de tes sens [85]. On t'annonce qu'un tel parle mal de toi. Voilà ce qu'on t'annonce ; mais non pas que tu as été blessé. Je vois que mon enfant est malade. Oui ; mais je ne vois pas qu'il y ait danger. C'est ainsi qu'il faut toujours rester sur le premier rapport des sens, et ne rien y ajouter intérieurement toi-même : alors il ne t'arrivera rien. Ou plutôt ajoutes-y quelque chose, mais en homme qui a médité sur les accidents habituels du monde [86].

L

Ce concombre est amer ? jette-le ! Il y a des ronces dans le chemin ? détourne toi ! C'est tout ce qu'il faut. Ne dis pas à ce sujet : Pourquoi ces choses-là se trouvent-elles dans le monde [87] ? Car tu serais un objet de risée pour l'homme versé dans la connaissance de la nature, comme tu en serais un pour le menuisier et le cordonnier si tu lui reprochais de laisser voir dans sa boutique les copeaux et les rognures de son travail. Et encore ces artisans ont-ils un endroit où jeter ce rebut ; au lieu que la nature de l'univers n'a rien en dehors d'elle [88]. Mais c'est là ce qu'il faut admirer dans l'art de la nature : elle qui s'est assigné à elle-même ses limites, elle transforme à son usage tout ce qui en elle semble cor-

---

[85] Sénèque, *Lettre* 78 : « Levis dolor est, si nihil illi opinio
« adjecerit »

[86] Voyez *passim*, et notamment liv. VII, § 29.

[87] Voyez liv. VI, § 36.

[88] Sénèque, *Lettre* 93 : « Omnia quæ usquam erant clusit, et
« seipsam sui finem fecit. »

rompu, vieilli, inutile, et en forme des êtres nouveaux, sans avoir besoin d'emprunter ailleurs aucune matière, ni d'avoir un lieu où rejeter ce qui se gâte. C'est assez, pour la nature, du lieu qu'elle occupe, de sa propre matière, de l'art qui est en elle.

LI

Quand tu agis, point de nonchalance. Quand tu parles à quelqu'un, point d'agitation. Ne sois pas déréglé dans tes pensées. Que ton âme ne soit ni toujours sombre ni toujours épanouie. Ne donne pas ta vie tout entière au soin des affaires. Ils tuent, ils massacrent, ils maudissent. Qu'y a-t-il là qui empêche ton âme de rester pure, sage, modérée, juste? C'est comme si un passant blasphémait contre une source d'eau limpide et douce : elle ne cesserait point pour cela de faire jaillir un breuvage salutaire [89]. Y jetât-il de la boue, du fumier, elle aurait bientôt fait de le dissiper, de le laver, jamais elle n'en serait souillée. Comment pourras-tu donc avoir en toi une source intarissable, et non un puits croupissant [90]? conquiers à chaque heure ta liberté, sois bienveillant, simple et modeste.

LII

Celui qui ne sait pas ce qu'est le monde, ne sait pas où il est. Celui qui ne sait pas pourquoi il est né, ne sait ni ce qu'il est lui-même, ni ce qu'est le

---

[89] Voyez Sénèque, de Benef, VII, 31.
[90] Voir la note OO, à la suite des Pensées.

monde. Manquer d'une de ces connaissances, c'est ne pouvoir dire même pourquoi on est né. Qu'est-ce donc à tes yeux que celui qui fuit ou poursuit les applaudissements des hommes, lesquels ne savent ni où ils sont, ni qui ils sont?

LIII

Tu veux être loué par un homme qui trois fois par heure se maudit lui-même [91] ! Tu veux plaire à un homme qui ne se plaît pas à lui-même ! Se plaît-on à soi-même quand on se repent de presque tout ce qu'on fait ?

LIV

Ne te contente pas désormais de respirer comme tant d'autres l'air qui t'environne ; mets aussi tes pensées d'accord avec l'esprit qui enveloppe toutes choses [92]. Car la force intelligente n'est pas moins répandue partout, ne pénètre pas moins dans ce qui peut l'attirer, que ne fait l'air pour tout ce qui respire [93].

LV

Pris en général, le vice ne nuit point au monde [94] ; pris chez un individu, il n'est pas un mal pour au-

---

[91] Voyez liv. III, § 4. Horace avait dit :
    Iidem eadem possunt horam durare probantes?
[92] Voyez *passim*, et notamment liv. IX, § 1.
[93] Voyez liv. IV, § 40.
[94] Voyez liv. V, § 35.

tui [95]. Il ne nuit qu'à un être doué de la faculté de s'en délivrer dès l'instant où il le voudra.

LVI

La volonté d'un autre m'est aussi indifférente que son souffle et son corps. Car, bien que la nature nous ait faits particulièrement les uns pour les autres [96], cependant l'âme de chacun de nous a son domaine propre. Autrement, le vice d'un autre serait mon propre vice [97] ; ce que Dieu n'a pas voulu [98], afin qu'il ne fût pas au pouvoir d'un autre de me rendre malheureux [99].

LVII

Le soleil semble se répandre, et en effet se répand partout; mais pourtant il ne s'épuise pas [100]. Cette effusion, c'est une extension. Ἀκτῖνες, le nom grec de ses rayons, vient du mot ἐκτείνεσθαι, s'etendre [101]. Vois ce que c'est qu'un rayon, quand la lumière du soleil pénètre à nos yeux par une ouverture étroite dans un appartement obscur. Il s'allonge en ligne droite, puis s'applique, pour ainsi dire, contre le solide quelconque qui s'oppose à son passage et forme une barrière au devant de l'air qu'il pourrait

---

[95] Voir la note PP, à la suite des *Pensées*.
[96] Voyez un peu plus bas, § 59.
[97] Voyez plus haut, § 50.
[98] Voyez liv. II, § 11.
[99] Sénèque, *Lettre* 70 : « Bono loco res humanæ sunt, quod « nemo nisi vitio suo miser est. »
[100] Voyez la *Lettre* 41 de Sénèque
[101] Voir la note QQ, à la suite des *Pensées*.

éclairer plus loin ; là, il s'arrête, sans glisser, sans tomber. C'est ainsi que ton âme doit se verser, s'épancher au dehors. Jamais d'épuisement, mais seulement une extension ; point de violence, point d'abattement, quand des obstacles l'entravent [102] ; qu'elle ne tombe pas, qu'elle s'arrête, qu'elle éclaire ce qui peut recevoir sa lumière. On se privera soi-même de cette lumière quand on négligera de s'en laisser pénétrer.

LVIII

Craindre la mort, c'est craindre ou d'être privé de tout sentiment, ou de sentir d'une autre sorte. Mais, si tu es privé de sentiment, tu ne sentiras plus aucun mal ; et si tu éprouves des sensations d'une autre sorte, tu seras un autre être, et tu ne cesseras pas de vivre.

LIX

Les hommes sont faits les uns pour les autres [103] ; corrige-les donc, ou supporte-les [104].

LX

Autre est le mouvement d'une flèche, autre le mouvement de l'esprit : l'esprit, même alors qu'il prend ses précautions, qu'il considère les objets en tous sens, n'en marche pas moins droit et à son but [105].

---

[102] Voyez la *Lettre* 92 de Sénèque
[103] Voyez plus haut, § 56, et liv. II, § 1.
[104] Voyez liv. V, § 28, et liv. VI, § 25.
[105] Voyez *passim*, et notamment liv. VII, § 55.

LXI

Pénètre dans l'âme de chacun ; mais permets aux autres de pénétrer aussi dans ton âme [106].

[106] Épictète dit qu'on doit se communiquer ses pensées l'un à l'autre, en faisant profiter autrui de ce qu'il y a de bon en nous, et en rejetant ce qui est répréhensible chez autrui. κατάμαθέ μου τὰ δόγματα, δεῖξόν μοι τα σα. Cette phrase d'Épictète est le commentaire de la pensée de Marc-Aurèle.

LIVRE IX

1

Celui qui commet l'injustice est un impie. En effet, la nature de l'univers ayant organisé les êtres raisonnables les uns pour les autres [1], afin qu'ils se prêtent, suivant le mérite de chacun, un mutuel secours, et qu'ils ne se nuisent jamais, celui qui transgresse la volonté de la nature commet évidemment une impiété envers la plus ancienne des déesses [2]. Mentir, c'est aussi commettre une impiété envers la même déesse ; car la nature de l'univers est la nature de tous les êtres : par conséquent, les êtres ont tous un lien de parenté entre eux. Ce n'est pas tout : on l'appelle encore vérité, et elle est la première cause de tout ce qui porte le caractère du vrai. Par conséquent, mentir sciemment c'est être impie, en

---

[1] Voyez liv. II, § 1, et liv. V, § 30.
[2] Voyez liv. IV, § 23.

tant qu'il est impie de tromper. Mentir involontairement, c'est l'être encore, en tant qu'on se met en désaccord avec la nature de l'univers, et en tant qu'on trouble l'ordre du monde en combattant contre la nature du monde. En effet, on combat contre elle quand on se porte, même contre son propre gré, à ce qui est contraire à la vérité; car la nature nous avait doués d'un penchant à la vérité : nous avons négligé ce penchant, et il ne nous est plus possible de distinguer le faux du vrai. C'est aussi une impiété de courir après les voluptés comme après des biens, et de fuir les souffrances comme des maux [3]; car il est inévitable qu'un homme dans ce cas n'adresse pas des reproches fréquents à la commune nature, de faire un inique partage aux méchants et aux gens de bien [4], vu que souvent les méchants vivent dans les plaisirs et possèdent ce qui peut les procurer, tandis que les gens de bien sont dans la peine et ne rencontrent que des causes de souffrance. En outre, celui qui craint les souffrances, craindra un jour quelqu'une des choses qui doivent arriver dans le monde ; et c'est là déjà une impiété. Et celui qui court après les plaisirs ne s'abstiendra pas de commettre l'injustice ; et là, l'impiété est manifeste. Or, il faut, dans les choses où la nature se montre indifférente [5] (car, si elle n'y était pas indifférente, elle n'agirait pas en des sens opposés); il faut, dis-je,

[3] Sénèque, *Lettre* 74 : « Si hanc opinionem receperis, aliquid
« bonum esse præter honestum, nulla non virtus laborabit.
« Nulla enim obtineri poterit, si quidquam extra se respexerit. »
[4] Voyez liv. VI, §§ 16 et 40.
[5] Voyez liv. II, § 11.

pour tous ces objets, que ceux qui veulent se conformer à la nature partagent son dessein et ne penchent ni d'un côté ni d'un autre. Quiconque n'accepte pas indifféremment la douleur et le plaisir, la mort et la vie, la gloire et l'ignominie, toutes choses dont la nature use indifféremment, celui-là est, sans nul doute, un impie. Je dis que la commune nature en use indifféremment; j'entends par là qu'elles arrivent sans distinction aux êtres qui naissent en vertu de la suite des choses, et dont la naissance est l'effet d'un antique dessein de la Providence [6], alors qu'au commencement elle conçut le plan de l'ordre universel, soumit à certaines lois la production des êtres, et choisit les germes de tout ce que nous voyons subsister, changer, se succéder ainsi.

II

Il serait d'un homme plus parfait de sortir du milieu des hommes, pur de tout mensonge, de toute dissimulation, de tout luxe et de tout faste. Mais à mourir plein de dégoût pour ces vices, la navigation est heureuse encore [7]. Veux-tu donc croupir dans le mal, et l'expérience ne t'a-t-elle pas persuadé encore de t'arracher à cette peste? Car la corruption de l'âme est peste, bien plus que telle intempérie, tel changement dans l'air qui nous environne. Ceci

---

[6] Voyez liv. VII, § 75.
[7] Le texte dit, *la deuxième navigation*, δεύτερος πλοῦς. C'est quand le vent n'était ni favorable ni contraire et qu'on marchait à l'aide des rames. On appelait *première navigation* celle qui se faisait vent en poupe et voiles déployées.

est une peste pour les animaux en tant qu'animaux: l'autre en est une pour les hommes en tant qu'ils sont hommes.

III

Ne méprise point la mort, mais accepte-la avec résignation, comme une des choses que veut la nature [8]. Qu'est-ce que passer de l'enfance à la jeunesse, et vieillir, et grandir, et se trouver homme fait ; pousser des dents, de la barbe, des cheveux blancs ; engendrer des enfants, en porter dans son sein, en mettre au monde ; et toutes ces autres œuvres de la nature, que comporte chacune des saisons de la vie? L'action qui nous dissoudra n'est pas d'autre sorte. Il est donc dans le caractère d'un homme sage de ne montrer pour la mort ni mépris, ni répugnance, ni dédain [9], mais de l'attendre comme une des fonctions de la nature. De même que tu attends le jour où viendra au monde l'enfant que ta femme porte dans son sein, de même dois-tu recevoir l'heure où ton âme se débarrassera de cette enveloppe [10]. Si tu veux encore un précepte, une maxime populaire, propre à toucher ton cœur, à te faire envisager la mort avec un calme profond, considère ce que sont les choses qui tombent sous nos sens, et dont tu vas être délivré, et avec quelles mœurs ton âme ne sera plus confondue. Ce n'est pas qu'il faille le moins du monde se fâcher contre les

---

[8] Voyez *passim*, et notamment liv. II, § 3.
[9] Voyez liv. III, § 7.
[10] Sénèque, dans la *Lettre* 102, développe la comparaison.

méchants: il faut prendre soin d'eux et les supporter avec douceur. Souviens-toi néanmoins que ce ne sont pas des hommes imbus des mêmes principes que toi que tu auras à quitter [11]; car c'est là la seule chose, s'il y en a une, qui pourrait nous faire revenir et nous retenir dans la vie : c'est s'il nous était accordé de vivre avec des hommes attachés aux mêmes maximes que nous. Mais tu vois aujourd'hui combien il t'est fâcheux de vivre avec des hommes dont tu partages si peu les sentiments, puisque tu dis : Viens au plus vite, ô mort ! de peur qu'à la fin je ne m'oublie moi-même.

IV

Celui qui pèche, pèche contre lui-même [12]. L'injustice commise retombe sur son auteur, puisqu'il se rend méchant lui-même [13].

V

Souvent on commet l'injustice sans rien faire ; ce n'est pas l'action seule qui est injuste [14].

VI

Qu'il te suffise d'avoir présentement une claire

---

[11] Voyez *passim*, et notamment liv. IV, § 50.
[12] Voyez liv. V, §§ 25 et 35
[13] C'est une pensée de Chrysippe, comme on le voit dans le livre de Plutarque contre les stoïciens.
[14] Ceci rappelle le vers de Sénèque, dans les *Troyennes* :
    Qui non vetat peccare, quum possit, jubet.

notion de la chose; d'accomplir présentement une action utile à la société ; d'être disposé présentement du fond du cœur à te résigner à tout ce que voudra t'envoyer la cause universelle [15].

VII

Il faut effacer les impressions de nos sens [16] ; arrêter notre emportement; éteindre notre désir; être le maître de notre âme.

VIII

Une seule et même âme a été distribuée entre les animaux sans raison [17] ; une seule et même âme intelligente a été partagée entre les animaux raisonnables; de même qu'il n'y a qu'une même terre pour toutes les choses terrestres, et que c'est la même lumière que nous voyons [18], le même air que nous respirons [19], tous tant que nous sommes d'êtres voyants et doués de vie.

IX

Tous les êtres qui ont entre eux quelque chose de commun tendent à s'unir aux êtres de leur espèce. Tout objet terrestre se porte vers la terre : tout objet

---

[15] Le texte dit seulement *la cause;* mais c'est la cause par excellence

[16] Voyez liv. VII, § 29.

[17] Voyez liv IV, §§ 1, 29 et 46.

[18] Voyez liv. XII, § 30

[19] Voyez liv VIII, § 54.

humide se réunit à ce qui est humide; l'air se joint
à l'air : pour les tenir séparés il faut quelque chose,
quelque force. Le feu monte en haut, à cause du feu
élémentaire; tout feu ici-bas est tellement disposé
à s'y joindre par l'embrasement, que même toute
matière, pour peu qu'elle soit sèche, est facile à
enflammer, parce qu'il reste, mélangée en elle, une
quantité moindre de ce qui empêche l'action du
feu. Par conséquent, tout ce qui participe de la
nature intellectuelle se porte avec la même force,
et bien mieux encore, vers ce qui est de la même espèce. Car plus un être l'emporte sur les autres, plus
il est disposé à se réunir à son semblable. Pour ne
pas aller bien loin, ne trouve-t-on pas, parmi les
êtres sans raison, des essaims d'abeilles, des troupeaux, des éducations d'enfants, et, pour ainsi dire,
des amours [20]? Car il y a là déjà des âmes. Mais le
penchant pour la société se trouve plus marqué
dans les êtres plus parfaits, moins marqué dans
les plantes, dans les pierres, dans le bois. Chez les
animaux raisonnables, il y a des gouvernements, des
amitiés, des familles, des confédérations, et, pendant
la guerre, des capitulations et des trêves. Entre les
êtres plus parfaits encore, on peut, quel que soit
leur éloignement, distinguer une sorte d'union :
vois les astres. De même l'aspiration vers l'être supérieur peut, même entre des êtres éloignés l'un de
l'autre, former un lien de mutuelle affection. Considère ce qui se passe présentement. Seuls, les
êtres intelligents ont oublié aujourd'hui cette mu-

---

[20] Voir la note RR, à la suite des *Pensées*.

tuelle affection, cette communauté ; à peine aperçoit-on un exemple de ce concours. Cependant les hommes ont beau fuir, ils sont arrêtés ; la nature est la plus forte. Tu verras ce que je te dis, si tu y prends garde. Oui, on trouverait plutôt un corps terrestre sans rapport avec aucun autre objet terrestre, qu'un homme ayant rompu tout commerce avec un autre homme.

X

Tout porte son fruit [21], et l'homme, et Dieu, et le monde ; et chaque chose le porte en sa saison propre. L'usage n'applique proprement le mot fruit qu'à la vigne et aux autres choses de ce genre ; mais n'importe. La raison a son fruit, et pour tous et pour chacun ; et de ce fruit en naissent d'autres de même nature que la raison [22].

XI

Si tu le peux, corrige-les [23] : dans le cas contraire, souviens-toi que c'est pour l'exercer envers eux que t'a été donnée la bienveillance. Les dieux eux-mêmes sont bienveillants pour ces êtres [24] ; ils les aident, tant leur bonté est grande, à acquérir santé, richesse, gloire. Il t'est permis de faire comme les dieux ; ou dis-moi qui t'en empêche.

[21] Voyez les développements dans Sénèque, Lettres 95 et 103.
[22] Voyez liv. VIII, § 19.
[23] Voyez liv XII, § 1.
[24] Voyez passim, et notamment liv. V, § 28

XII

Travaille, non comme un misérable, ni dans le but de te faire plaindre ou admirer [25]. N'aie jamais qu'un but unique, régler ton mouvement et ton repos conformément au bien de la société.

XIII

Aujourd'hui je me suis échappé de tous les embarras qui m'entouraient [26], ou plutôt j'ai jeté dehors tous ces embarras [27], car ils n'étaient point dehors, mais en moi, dans mes opinions [28].

XIV

Tous ces objets nous sont familiers par l'effet de l'usage [29]; leur durée n'est que d'un jour [30], leur matière n'est que pourriture [31] : tout est aujourd'hui comme tout était du temps de ceux que nous avons ensevelis.

XV

Les objets subsistent hors de notre enceinte [32], renfermés en eux, ne sachant rien sur eux-mêmes,

---

[25] Voyez liv. VII, § 68.
[26] Voyez, liv. I, § 7, les préceptes de Rusticus.
[27] Voyez liv. I, §§ 12 et 15, les leçons d'Alexandre et de Maximus.
[28] Voyez *passim*, et notamment liv. V, § 2.
[29] Voyez liv. VII, § 16.
[30] Voyez liv. IV, § 44.
[31] Voyez *passim*. C'est un lieu commun de la doctrine.
[32] Même observation.

et n'en disant rien. Qu'est-ce donc qui prononce sur eux ? c'est la raison, notre guide [33].

XVI

Ce n'est pas dans ce qu'il éprouve, mais dans ce qu'il fait, que consiste le bien et le mal de l'être raisonnable et né pour la société ; comme aussi la vertu et le vice, chez lui, consistent non dans la passion, mais dans l'action [34].

XVII

Il n'y a, pour la pierre lancée en haut, aucun mal à retomber, aucun bien à monter [35].

XVIII

Pénètre au fond de leurs âmes [36], et tu verras quels juges tu crains, et quels juges ils sont pour eux-mêmes [37].

XIX

Tout change [38]. Toi-même tu es soumis à une perpétuelle altération, à une sorte de corruption [39]; et, comme toi, le monde tout entier [40].

[33] Voyez liv. IV, § 3, et liv. V, § 19.
[34] Voyez liv. IV, § 39.
[35] Voyez liv. VIII, § 12.
[36] Voyez liv. VIII, § 20.
[37] Voyez liv. IV, § 38, et liv. VII, § 31.
[38] Voyez passim. C'est un lieu commun de la doctrine.
[39] Même observation.
[40] Voyez plus bas le § 21 de ce livre.

XX

Laissons la faute d'autrui là où elle est [41].

XXI

La cessation d'une action, le repos, et, pour ainsi dire, la mort d'un désir, d'une opinion, n'a rien en soi de mal [42]. Passe maintenant à l'idée des âges de la vie, l'enfance, l'adolescence, la jeunesse, la vieillesse: tout changement de l'un à l'autre est une mort. Y a-t-il rien là de terrible? Songe maintenant au temps de ta vie que tu as passé sous ton aïeul, puis sous ta mère, puis sous ton père. A toutes les autres vicissitudes, à tous les changements, à toutes les cessations d'état, demande-toi à toi-même : Y a-t-il rien là de terrible? Il en est donc encore de même pour la cessation, le repos, le changement, qui affectera ta vie tout entière [43].

XXII

Réfléchis promptement à l'âme qui est ton guide, à celle de l'univers, à celle de cet homme : à la tienne, pour rendre ton intelligence amie de la justice [44]; à celle de l'univers, afin de te souvenir de quoi tu es une partie [45]; à celle de cet homme, afin

---

[41] Voyez liv. IV, § 3.
[42] Voyez plus bas le § 38 de ce livre.
[43] Voyez liv. XII, § 23.
[44] Sénèque, *Lettre* 30 : « Si timenda mors est, semper timenda « est. Quod enim tempus morti exemptum est ? »
[45] Voyez liv. VII, § 15, et liv. VIII, § 51.

que tu saches s'il y a eu en lui ignorance ou dessein réfléchi, et qu'en même temps tu songes qu'il est ton parent [46].

XXIII

De même que tu es un complément du système social, de même chacune de tes actions sert de complément à la vie sociale. Toute action de toi qui ne se rapporte pas, soit immédiatement, soit de loin, à la fin commune [47], met le désordre dans ta vie, lui ôte son unité : c'est te rendre factieux [48], comme, chez un peuple, on l'est à rompre l'accord qui existe entre les citoyens.

XXIV

Des querelles et des jeux d'enfants, et des âmes portant des cadavres [49]! un commentaire manifeste de l'Évocation des morts [50] !

XXV

Regarde la qualité du principe formel, et considère-le, abstraction faite du principe matériel [51] ; détermine ensuite le plus long temps pendant lequel l'objet marqué de cette qualité particulière est destiné à durer.

---

[46] Voyez *passim*. C'est un lieu commun de la doctrine.
[47] Même observation.
[48] De même encore.
[49] Voyez liv. II, § 16, et liv. IV, § 29.
[50] Voyez liv IV, § 35. Le mot Νεκυία indique qu'il s'agit du XIe chant d l'*Odyssée*.
[51] Voyez *passim*. Cette métaphysique faisait le fond du stoïcisme.

XXVI

Tu as éprouvé mille peines pour ne pas t'être contenté de faire faire à ton âme ce qu'exige sa constitution [52]. Mais c'en est assez !

XXVII

Si les autres te critiquent, ou te haissent, ou poussent contre toi quelques clameurs, entre dans leur âme, pénètre jusqu'au fond, et vois ce qu'ils sont. Tu verras que tu n'as pas à te tourmenter pour leur faire prendre de toi je ne sais quelle opinion [53]. Pourtant il faut leur vouloir du bien [54] : la nature vous a faits amis [55]. Les dieux eux-mêmes viennent par tous les moyens à leur secours [56], par les songes, les oracles [57], et pour leur faire avoir précisément les biens qui sont l'objet de leurs soins.

XXVIII

Les mouvements du monde en haut, en bas, sont des cercles toujours les mêmes, recommençant de siècle en siècle [58]. D'ailleurs, ou la pensée de l'univers s'occupe de chaque être en particulier [59], au-

---

[52] Voyez liv IV, § 21, et ailleurs
[53] Voyez les développements de Sénèque, *Lettres* 20 et 27.
[54] Voyez liv. III § 4, et liv. VIII, § 53.
[55] Voyez liv VI, § 47, et liv. VII, § 22.
[56] Voyez liv. XI, § 9.
[57] Voyez plus haut le § 11 de ce livre.
[58] Voyez *passim* Cette idée revient sans cesse chez les stoïciens.
[59] Même observation ; voyez notamment liv. II, § 11.

quel cas tu n'as qu'à recevoir l'effet de son impulsion; ou elle a une fois imprimé le mouvement, et tout le reste arrive par une conséquence de ce mouvement, ce qui met dans les choses une sorte d'unité [60]; ou il n'y a que des atomes, des corps indivisibles. En un mot, si Dieu existe, tout est bien [61]; si tout va au hasard, toi, du moins, n'agis point au hasard [62]. Bientôt la terre nous couvrira tous [63], puis elle-même elle changera ; et les objets de cette transformation changeront eux-mêmes à l'infini [64]; et ces autres objets à l'infini encore. Car, si l'on réfléchit à ces flots de changements, de vicissitudes, et à leur rapidité, on méprisera tout ce qui est mortel.

XXIX

La cause universelle est un torrent, et qui entraîne toutes choses [65]. Qu'ils ont peu de valeur eux-mêmes, ces chétifs politiques qui prétendent régler les affaires sur les maximes de la philosophie! Ce sont de vrais enfants. Homme, que veux-tu? fais ce que réclame présentement la nature [66]. Entreprends, si tu peux, la chose, et n'examine pas si quelqu'un doit le savoir [67]. N'espère pas qu'il y ait jamais une

---

[60] Voyez liv. VI, § 36, et liv VII, § 75.
[61] Voir la note SS, à la suite des *Pensées*.
[62] Voyez liv. II, § 11.
[63] Voyez liv. VI, § 44.
[64] Voyez liv. VI, § 59.
[65] Horace avait dit :
    ... Perpetuus nulli datur usus, et hæres
    Hæredem alterius, velut unda supervenit undam.
[66] Voyez *passim*, et notamment liv. II, § 17.
[67] Voyez liv. VI, § 2.

république de Platon. Qu'il te suffise d'améliorer
quelque peu les choses, et ne regarde pas ce résultat
comme un succès sans importance [68]. Qui pourrait
en effet changer les desseins des hommes? Et, sans
ce changement dans leurs pensées, qu'aurais-tu autre chose que des esclaves gémissants sous le joug,
des gens qui n'auraient qu'une persuasion hypocrite?
Va donc, et parle-moi encore d'Alexandre, de Philippe, de Démétrius de Phalère. Peu m'importe s'ils
ont connu ou non ce que réclamait la commune nature, et s'ils se sont mis eux-mêmes sous la discipline. S'ils n'ont joué qu'un rôle d'acteurs tragiques,
personne ne m'a condamné à les imiter [69]. L'œuvre
de la philosophie est chose simple et modeste; ne
m'entraîne donc point dans une gravité affectée.

XXX

Contemple d'un lieu élevé ces troupeaux innombrables, ces mille cérémonies religieuses, toutes ces
navigations pendant la tempête ou le calme, cette
diversité d'êtres qui naissent, qui vivent ensemble,
qui s'en vont [70]. Réfléchis à ceux qui ont vécu jadis
sous d'autres maîtres, à ceux qui vivront après toi, à
ceux qui vivent aujourd'hui chez les nations barbares. Combien qui ne connaissent pas même ton
nom [71]! combien qui bientôt l'oublieront [72]! com-

---

[68] Sénèque, Lettre 113 : « Nihil ad rem pertinet, quam multi
« æquitatem tuam noverint. »
[69] Voyez liv. V, § 9
[70] Voyez liv. VI, § 36, et liv. VII, § 58.
[71] Voyez liv. VII, § 58.
[72] Voyez liv. IV, § 3, et liv. VIII, § 21.

bien enfin, qui peut-être aujourd'hui te donnent des louanges, et qui te blâmeront dans quelques instants[73]! Oui, la renommée ne mérite nullement nos soins, ni la gloire, ni aucune chose au monde.

XXXI

Tranquillité d'âme dans les choses qui proviennent de la cause extérieure[74]; justice dans les actions dont tu es toi-même la cause : je veux dire que tout désir, toute action ne doit avoir d'autre but que le bien de la société[75]; car c'est là ce qui est conforme à ta nature.

XXXII

Tu peux te débarrasser de bien des choses qui te jettent dans le trouble, et qui n'ont d'autre réalité que l'opinion que tu t'en formes[76]. Tu te trouveras amplement au large, si tu embrasses d'un seul regard l'univers tout entier[77]; si tu te fais l'idée de la durée éternelle; du changement rapide que subit chaque être dans ses parties; du peu de temps qui sépare la naissance des êtres de leur dissolution; du temps immense qui a précédé leur naissance[78], et du temps infini qui suivra leur dissolution.

[73] Voyez liv. III, § 10, et liv IV, § 19.
[74] Voyez liv IV, § 3
[75] Voyez passim, et notamment liv VII, § 51.
[76] Même observation
[77] Voyez liv VIII, §§ 40 et 47.
[78] Voyez Sénèque, Lettre 71.

XXXIII

Tout ce que tu vois s'altérera bientôt [79]; et ceux qui voient cette altération seront bientôt détruits à leur tour. Celui qui meurt arrivé aux dernières limites de la vie ne sera pas plus avancé que celui qu'enlève une mort prématurée [80].

XXXIV

Voilà donc les pensées qui les guident ! voilà l'objet de leurs souhaits ! voilà pourquoi ils nous aiment, ils nous honorent ! Habitue-toi à considérer leurs âmes dépouillées de tout vêtement [81]. Ils s'imaginent nuire par leur blâme, servir par leurs louanges : quelle vanité !

XXXV

La perte de la vie n'est rien qu'un échange [82]. C'est là ce qu'aime la nature de l'univers, qui fait tout avec tant de sagesse [83]; qui, depuis l'éternité, suit le même plan, et qui produira à l'infini des êtres de même sorte qu'aujourd'hui. Que dis-tu donc? Tu dis que tout a été, que tout sera toujours mal ; que parmi tant de dieux on n'a pu jamais trouver une puis-

---

[79] Voyez liv IV, §§ 3 et 50.
[80] Voyez Sénèque, Lettre 71.
[81] Voyez Sénèque, Lettres 49 et 99.
[82] Voyez passim, et notamment liv. II, § 12.
[83] Sénèque, Lettre 71 : « Quidquid est, non erit; nec peribit, « nec dissolvetur. Nobis solvi, perire est. Proxima enim intue- « mur : ad ulteriora non perspicit mens hebes. »

...sance qui corrigeât ce désordre, et que le monde a été condamné à subir des malheurs sans fin.

XXXVI

La matière de chaque objet n'est que pourriture [84] : de l'eau, de la poussière, des os, de la puanteur [85]. Les marbres sont des calus de la terre; l'or, l'argent, un sédiment [86]; nos vêtements, du poil de bêtes [87]; la pourpre, du sang : il en est de même de toutes choses. Même le souffle qui fait notre vie n'est pas d'autre nature, et passe d'un être dans un autre [88].

XXXVII

Assez de vie misérable, de lamentations, de grimaces ridicules! Qu'est-ce qui te trouble? qu'y a-t-il de nouveau dans les choses [89]? pourquoi te mets-tu hors de toi-même? La forme! considère sa nature. La matière! considère sa nature. En dehors de la forme et de la matière, il n'y a rien. Tâche donc enfin de montrer aux dieux un cœur plus simple, plus vertueux. C'est la même chose de contempler ce qui se passe, pendant cent années ou pendant trois ans [90].

---

[84] Voyez l. v. III, § 4.
[85] Voyez plus haut le § 14 de ce livre.
[86] Voyez liv. VIII, § 37.
[87] Voyez Sénèque, *Lettres* 90 et 92.
[88] Voyez liv. VI, § 15. Ce passage se fait, suivant les stoïciens, comme tous les autres changements, par les transformations que subissent les éléments dont le souffle lui-même est composé.
[89] Voyez *passim*, et notamment liv. IV, § 46.
[90] Voyez liv. VII, § 1.

XXXVIII

S'il a péché, c'est en lui qu'est le mal [91]; mais peut-être n'a-t-il pas péché.

XXXIX

Ou tout provient d'une seule source intelligente [92] et affecte toutes choses comme un seul corps [93], et il ne faut pas que la partie se plaigne de ce qui arrive au tout; ou bien il n'y a que des atomes, qu'un mélange, une dissipation fortuite des choses. Pourquoi donc te troubler? Dis à ton âme [94] : Tu es morte; tu n'es que corruption, dissimulation; tu n'as qu'un orgueil féroce; tu ne songes, comme les brutes, qu'à satisfaire tes appétits et ta faim.

XL

Ou les dieux ne peuvent rien, ou ils peuvent quelque chose. S'ils ne peuvent rien, pourquoi les pries-tu? S'ils peuvent quelque chose, pourquoi ne les pries-tu pas de te délivrer de cette crainte, de ce désir, de cette douleur que tu sens en toi à propos de certains objets, plutôt que de demander qu'ils t'accordent ceci, qu'ils éloignent cela? Car enfin, si les dieux peuvent venir au secours des hommes, ils peuvent bien les aider en cela. Mais peut-être tu diras :

---

[91] Voyez *passim*, et notamment liv. VI, § 23.
[92] Voyez liv. IV, §§ 4 et 20.
[93] Voyez liv. VI, § 36.
[94] Voyez liv. IV, § 10, et liv. V, § 8.

Les dieux ont mis cela en mon pouvoir[95]. Eh bien donc, ne vaut-il pas mieux user avec une entière liberté de ce qui est en ta puissance[96], que de te troubler comme un esclave, comme un être vil, pour des choses qui ne dépendent pas de toi? Mais qui t'a dit que les dieux ne nous portent pas secours même pour les choses qui dépendent de nous[97]? Mets-toi donc à les prier de cette manière, et tu verras. Celui-là fait cette prière : Oh ! que j'obtienne les faveurs de cette femme ! Toi, prie au contraire : Oh ! que je ne désire jamais d'obtenir les faveurs de cette femme ! Un autre dit : Puissé-je me défaire de cela ! Toi, demande le moyen de n'avoir pas besoin de t'en défaire. Un autre : Puissé je ne pas perdre mon enfant ! Toi, demande de ne pas craindre de le perdre. Tourne en un mot de ce côté toutes tes prières ; et vois ensuite ce qui arrivera[98].

XLI

Épicure dit : «Quand j'étais malade, je ne m'entre-
« tenais avec personne des souffrances de mon corps.
« Jamais, dit-il, je n'en parlais à ceux qui venaient
« me visiter. Toujours je discutais sur mon sujet ha-
« bituel, la nature des choses. Je cherchais à voir
« comment la pensée, bien qu'en communication
« avec ces sortes de mouvements qui affectent le
« corps, peut être exempte de trouble, en se main-

---

[95] Voir la note TT, à la suite des *Pensées*.
[96] Voyez liv II, § 11.
[97] Voyez Épictète, *Dissert*, II, 16
[98] Voyez Épictète, *Dissert.*, I, 9.

« tenant dans la jouissance du bien qui lui est propre.
« Je ne donnais pas, dit-il encore, une occasion aux
« m decins de s'enorgueillir par l'idée de l'impor-
« tance de leurs secours. Ma vie, même alors, était
« heureuse et tranquille. » Imite donc Épicure : dans
la maladie si tu es malade, dans tous les accidents de
la vie ; car il ne faut jamais défaillir à la philosophie,
quelques circonstances qui adviennent, ni partager
les sottises des ignorants et de ceux qui ne connaissent pas la nature des choses (précepte commun à
toutes les sectes des philosophes) ; il faut uniquement
s'occuper de la tâche présente [99], et du bon usage
de l'instrument avec lequel on l'accomplit.

XLII

Dès que quelqu'un t'a offensé par son impudence,
demande-toi aussitôt à toi-même : Peut-il n'y avoir
pas des impudents dans le monde ? Cela ne saurait
être [100]. Ne demande donc pas l'impossible ; car cet
homme est un de ces impudents qui doivent nécessairement exister dans le monde. Fais encore la
même réflexion à propos du fourbe, du traître, de
tout autre vicieux. En te rappelant qu'il est impossible que l'espèce de ces gens n'existe pas, tu deviendras plus bienveillant pour chacun d'eux en particulier. Une chose bien utile encore, c'est de songer à
l'instant même à la vertu que la nature a donnée à
l'homme contre ce péché [101]; car elle a donné, comme

---

[99] Voyez Epictète, *Dissert.*, II, 18.
[100] Voyez *passim*, et notamment liv. XI, § 1
[101] Voyez liv. VI, § 41, et liv. VIII, § 15.

antidote contre l'ingratitude, la douceur, et telle autre vertu contre tel autre vice. Après tout, il est en ton pouvoir de redresser par tes leçons celui qui a quitté la bonne voie [102] ; car toute faute est une déviation du but qu'on se propose, une aberration véritable. Quel tort t'a donc été causé? Tu ne saurais trouver qu'aucun de ceux contre lesquels tu t'irrites ait rien fait qui dût rendre ton âme pire qu'elle n'était : or, c'est là que réside pour toi le vrai mal et ce qui peut te nuire. Qu'y a-t-il de mauvais ou d'étrange qu'un ignorant fasse ce qui est œuvre d'ignorant [103]? Vois si tu ne devrais pas plutôt t'accuser toi-même de ne pas t'être attendu aux fautes qu'il devait commettre [104]. La raison devait te faire présumer que vraisemblablement il ferait la faute : c'est pour l'avoir oublié que tu t'étonnes qu'il l'ait commise. Surtout quand tu adresses tes reproches à un traître, à un ingrat, reviens sur toi-même : évidemment c'est ta faute d'avoir compté que cet homme, avec un tel caractère, garderait sa parole, ou d'avoir eu, en rendant un service, autre chose que le service en vue, et de n'avoir point goûté, à faire l'action même, tout le fruit qui devait t'en revenir [105]. Que demandes-tu da-

---

[102] Voyez Epictète, *Manuel*, § 9.
[103] Ceci rappelle le mot de Térence :

Mirum vero, impudenter mulier si facit meretrix

[104] Sénèque, *de Ira*, II, 31. « Turpissimam aiebat Fabius Imperatori excusationem esse : Non putavi. Ego turpissimam homini puto. Omnia puta, expecta. Etiam in bonis moribus aliquid existit asperius. Semper futurum aliquid quod te offendat, existima. »

[105] Voyez liv. VII, § 13

vantage en faisant du bien aux hommes? Ne te suffit-il pas d'avoir fait quelque chose de conforme à ta nature; et veux-tu en être récompensé? C'est comme si l'œil demandait un salaire parce qu'il voit, ou les pieds parce qu'ils marchent. Car, de même que ces parties du corps ont été faites dans un certain but, et qu'en faisant la fonction qu'exige leur structure elles font ce qui leur est propre, de même l'homme, né pour faire le bien, ne fait, quand il rend un service, quand il vient au secours des autres dans des choses qui en elles-mêmes ne sont rien, que ce que comporte son organisation; et il a atteint son objet.

LIVRE X

—

I

O mon âme ! seras-tu, quelque jour enfin, bonne, simple, toujours la même, et toute nue, plus visible à l'œil que le corps qui t'enveloppe ? Goûteras-tu enfin le bonheur d'aimer, de chérir les hommes ? Seras-tu un jour enfin assez riche de toi-même pour n'avoir aucun besoin, aucun regret [1] ; ne désirant ni objet de plaisir, ayant vie ou non, ni temps pour prolonger tes jouissances ; ni d'être en un autre lieu, dans quelque autre contrée, de respirer un air plus pur, d'avoir affaire avec des hommes plus sociables ? Si tu te contentes de ta condition présente [2], tu feras ton plaisir de tout ce qui est présentement [3], et tu te persuaderas à toi-même que tout ce qui t'arrive est bien pour toi [4] ; que tout vient

[1] Voyez passim, et surtout liv. XI, § 1.
[2] Voyez passim, et notamment liv. IX, § 6.
[3] Voyez liv. III, § 1, et liv. IV, § 23.
[4] Voyez liv. IV, § 39.

des dieux [5], et qu'il ne peut y avoir que du bien dans tous leurs décrets, dans tout ce qu'ils feront pour la conservation de cet être parfait, bon, juste, beau, qui produit, embrasse, contient toutes choses [6], où tout se dissout pour produire d'autres êtres semblables aux premiers [7]. Seras-tu enfin en état quelque jour de vivre avec les dieux et les hommes dans une telle communion, que jamais tu ne te plaignes d'eux [8] et que jamais ils ne te condamnent?

II

Observe ce que demande la nature, en tant qu'il ne s'agit que de vivre ; puis, fais ce qu'il faut, n'y manque pas, pourvu que ta nature animale n'en soit point altérée. Ensuite observe ce que demande la nature animale, et obéis à ses ordres, pourvu qu'il n'en arrive aucune altération à ta nature d'animal raisonnable. Et ce qui convient à l'être raisonnable, c'est aussi ce qui convient à la société. Suis ces règles, et ne t'inquiète plus de rien [9].

[5] Voyez liv. III, § 11.
[6] Voyez liv. XII, § 30.
[7] Voyez *passim*, et notamment liv. VII, § 23.
[8] Voyez Epictète, *Dissert*, II, 19.
[9] Xylander traduit, *nihil agit supervacuum*. Mais les mots μηδὲν περιεργάζου indiquent le commandement et le conseil, et non point une promesse ou une conséquence. Quant au sens général de tout ce paragraphe, il faut se reporter à la distinction des âmes végétative, sensible et raisonnable, comme les stoïciens nommaient ce que nous appelons la vie, la sensibilité et la raison.

III

Tout ce qui t'arrive, ou tu peux le supporter, ou cela t'est impossible. Si la nature t'a donné une force suffisante, ne te fâche point ; use de ta force pour supporter ce qui t'arrive. Et si tu n'as pas la force nécessaire, ne te fâche point non plus : en te détruisant, l'accident périra lui-même [10]. Souviens-toi, du reste, que ta nature est de supporter tout ce que peut rendre supportable et soutenable pour toi la considération de ton intérêt et de ton devoir [11].

IV

Si l'on se trompe, corrige avec bonté, et montre quelle est l'erreur. Si tu ne le peux, accuse-toi toi-même, ou plutôt ne t'accuse pas [12].

V

Tout ce qui peut t'arriver t'était destiné de toute éternité [13] ; et l'enchaînement des causes avait de tout temps déterminé et ton existence et ce qui vient de t'arriver [14].

VI

S'il n'y a que des atomes, ou s'il y a une nature,

---

[10] Voyez passim, et notamment liv. VIII, § 46.
[11] Voyez Sénèque, Lettre 78.
[12] Épictète, dans les Dissertations, revient souvent sur ce point.
[13] Voyez passim, et notamment liv. IV, § 26.
[14] Voyez liv. III, § 11, et liv. IV, § 26.

il faut poser d'abord que je suis une partie du tout que gouverne la nature [15], ensuite qu'il y a un rapport de parenté des parties qui sont de mon espèce avec moi. Si je me rappelle ces vérités, je ne recevrai jamais avec chagrin, en tant que partie, rien de ce que me distribue le tout ; car une chose ne peut pas être nuisible à la partie quand elle est utile au tout [16]. Il n'y a rien dans l'univers qui ne serve à l'univers : c'est là ce qui est commun à toutes les natures ; et ce qui distingue celle de l'univers, c'est de ne pouvoir être forcée par aucune cause extérieure à engendrer ce qui serait mauvais pour elle [17]. Ainsi donc, en me rappelant que je suis une partie d'un tel tout, je recevrai avec résignation tout ce qui m'arrivera ; et, en tant que j'ai un rapport de parenté avec les parties de même espèce que moi, je ne ferai rien qui ne serve au bien de la société [18] : mieux encore, je rapporterai tout à ces êtres de même espèce que moi ; je dirigerai toute mon activité vers le bien général, et la détournerai de tout ce qui y est contraire. Si j'agis de la sorte, ma vie coulera nécessairement heureuse, comme tu peux concevoir que coulerait celle d'un citoyen qui marquerait chaque pas de son existence par des actions utiles à ses concitoyens, et qui accepterait avec joie ce que lui départirait l'Etat [19].

[15] Voyez liv. II, § 3.
[16] Voyez la note UU, à la suite des *Pensées*.
[17] Voyez liv. V, § 35, et liv. VIII, § 56.
[18] Voyez liv. II, § 2, et liv. IX, § 22.
[19] Voyez *passim*, et notamment liv. II, § 16.

VII

Toutes les parties de l'univers qui sont comprises dans le monde visible subiront inévitablement la corruption, se transformeront en d'autres êtres [20], pour me servir d'une expression significative. Si c'est là pour elles un mal, et un mal qui soit une nécessité de leur nature, l'univers est mal gouverné, puisque ses parties sont faites pour s'altérer et doivent, d'après leur constitution, se corrompre en mille manières. Est-ce que la nature elle-même a voulu tout exprès faire du mal à ses parties [21], les rendre sujettes au mal et nécessairement exposées à y tomber; ou bien cela se passe-t-il sans qu'elle s'en aperçoive? Des deux façons, même invraisemblance. Si quelqu'un, laissant de côté l'idée de nature, donnait pour explication que les choses sont ainsi faites, il serait ridicule à lui, même ainsi, de dire que les parties de l'univers sont destinées à changer, et en même temps de s'étonner, de se fâcher du changement, comme d'un accident contre nature [22]; surtout quand la dissolution de chaque être n'est que son retour aux principes dont il était composé [23]. En effet, ou bien il n'y a là qu'une dispersion d'atomes [24], ou c'est la conversion en terre de ce que le

---

[20] Ἀλλοιοῦσθαι, terme emprunté au système d'Empédocle, que Marc-Aurèle paraît avoir étudié avec prédilection.

[21] Voyez *passim*, et notamment liv. VIII, § 15.

[22] Sénèque dit, *Lettre* 101 : « Quid est stultius, quam mirari id ullo die factum, quod omni potest fieri. »

[23] Voyez liv. IV, § 5.

[24] Voyez liv. VII, §§ 32 et 49.

corps a de solide, de ce qu'il a de volatil en
air, les deux principes rentrant dans le sein de la
puissance universelle [25], soit que l'univers doive être
consumé après une période déterminée [26], soit qu'il
se renouvelle par de perpétuelles vicissitudes. Et ne
t'imagine pas que ce soit le solide, le volatil, qui
y étaient à l'instant de la naissance : tout ceci n'y
est entré que d'hier ou d'avant-hier, par les aliments et la respiration. Ce qui change, c'est ce qu'il
a reçu en lui, et non ce que la mère a mis au
monde [27]. Suppose même que tu n'es si fort engagé
dans la vie de tes organes que par le fait de ce que
t'a transmis ta mère : il n'y aurait encore là, je crois,
nul obstacle à ce que je viens de dire [28].

VIII

Quand tu te seras fait donner les titres de bon, de
modeste, d'ami de la vérité, de prudent, de résigné, de magnanime, prends bien garde de ne pas
mériter les titres contraires ; et, si tu perds ces
noms-là, reviens-y au plus vite. Souviens-toi que le
mot prudent signifie que tu dois examiner attentivement et sans distraction chaque objet ; que celui
de résigné t'oblige à accepter sans murmure tout ce
que la commune nature te donne en partage ; que
celui de magnanime suppose une grandeur, une élé-
vation d'âme supérieure aux impressions douces ou

[25] Voyez liv. IV, §§ 14 et 21.
[26] Voyez liv. III, § 3, et liv. V, §§ 13 et 32.
[27] Voyez liv. IX, § 20.
[28] Voir la note VV, à la suite des *Pensées*.

tudes de la chair, à la vaine gloire, à la mort, à tous les autres accidents. Si tu conserves ces titres, mais sans te mettre en peine que d'autres te les donnent [29], tu deviendras tout autre, tu entreras dans une vie nouvelle. Car, de rester ce que tu as été jusqu'à ce jour, et de mener encore cette vie pleine d'agitation et de souillures, c'est n'avoir plus aucun sentiment, c'est être esclave de la vie, c'est ressembler à ces bestiaires à demi dévorés, qui, tout couverts de blessures et de sang, demandent avec prières qu'on les conserve pour le lendemain, où ils seront pourtant, à la même place, livrés aux mêmes ongles et aux mêmes dents. Établis-toi donc dans la possession de ce petit nombre de titres ; et, si tu peux t'y maintenir, restes-y, comme si tu avais été transporté dans une sorte d'îles des bienheureux [30]. Si tu t'aperçois que la possession t'échappe, que tu n'es plus le maître, va-t'en courageusement dans quelque coin où tu redeviendras le maître ; ou bien sors pour jamais du monde [31], non pas dans un accès de colère, mais simplement, en homme libre, modeste, qui aura du moins fait une chose en sa vie, d'être

[29] Horace, *Épîtres*, I, 16 :
 Vir bonus ac prudens dici delector ego ac tu,
 Qui dedit hoc hodie, cras, si volet, auferet, ut, si
 Detulerit fasces indigno, detrahit idem.
 Pone, meum est, injuit ; pono, tristisque recedo.
Sénèque, *Lettre* 59 : «Optimos nos esse, sapientissimos, affir-
« mantibus assentimur, quum sciamus illos sæpe mentiri ; adeo-
« que indulgemus nobis, ut laudari velimus in id cui contraria
« maxime facimus »

[30] Les îles où, suivant la mythologie, vivaient après la mort les hommes qui avaient pratiqué la vertu en ce monde.

[31] Voir la note XX, à la suite des *Pensées*.

parti dans ces sentiments. Un secours puissant pour te faire souvenir de ces titres, c'est de te souvenir qu'il y a des dieux, et qu'ils ne se soucient pas simplement d'être flattés [32] par des animaux raisonnables, mais de voir tous les êtres raisonnables se rendre semblables à eux ; que c'est le figuier qui fait ce que doit faire le figuier, le chien ce qui est du chien, l'abeille ce qui est de l'abeille, et l'homme ce qui est de l'homme [33].

IX

Un mime, la guerre, l'effroi, l'engourdissement, l'esclavage, contribueront chaque jour à effacer de ton esprit ces maximes saintes. Combien d'idées ne te formes-tu pas et ne laisses-tu pas échapper, parce que tu n'étudies point la nature [34] ! Il faut voir et agir en toute chose de telle façon qu'on accomplisse ce que réclame la nécessité présente, et qu'on exerce néanmoins la faculté spéculative; il faut que la connaissance de chaque chose aide à nous maintenir dans un état de satisfaction intérieure, mais non cachée. Quand goûteras-tu le plaisir de la simplicité, de la gravité ? Quand connaîtras-tu ce que chaque chose est dans son essence, et quel lieu elle occupe dans le monde, et combien de temps elle doit subsister, et de quels éléments elle est compo-

---

[32] Voir la note YY, à la suite des *Pensées*.
[33] Voyez *passim*. Epictète, dans les *Dissertations*, exprime aussi la même idée à plusieurs reprises.
[34] Voir la note ZZ, à la suite des *Pensées*.

sée, et de qui elle doit être la possession, enfin qui peut la donner ou l'enlever ?

X

Une araignée est fière quand elle a pris une mouche ; tel homme s'enorgueillit d'avoir pris un levraut ; tel autre, des sardines au filet ; tel autre, des sangliers ; tel autre, des ours ; tel autre, des Sarmates [35]. Ceux-ci ne sont-ils pas aussi des brigands, si l'on examine bien les principes qui les guident ?

XI

Rends-toi maître de ton attention, afin de bien connaître comment toutes choses se transforment les unes dans les autres ; applique-toi sans cesse à cet examen ; exerces-y sans cesse ton esprit. Rien n'est plus capable de grandir notre âme et de la détacher du corps. Celui qui pense qu'il faudra dans quelques instants laisser tous ces biens en sortant de la vie, se livre tout entier à la justice dans toutes les actions qu'il fait, et, dans les autres accidents, à la nature de l'univers. Ce que l'on dira, ce que l'on pensera, ce que l'on fera contre lui, il ne s'en met pas même en peine, satisfait de ces deux choses : de faire avec justice ce qu'il fait présentement [36], et d'aimer ce qui lui est présentement distribué [37]. Il est libre de toute autre affaire, de tout autre soin ; il

---

[35] Voir la note Aa, à la suite des *Pensées*.
[36] Voyez liv. VII, § 54, et liv. IX, § 6.
[37] Voyez *passim*, et notamment liv. III, § 16.

ne demande rien que de marcher dans le droit chemin [38] selon la loi, et de suivre Dieu, qui tient toujours le droit chemin [39].

XII

Qu'est-il besoin de te livrer aux conjectures, quand tu peux voir ce qu'il te faut faire? Si tu le vois, marches-y paisiblement, sans te laisser détourner. Si tu ne le vois pas, arrête-toi, prends conseil des gens les plus sages. S'il se présente quelque autre difficulté à ce sujet, réfléchis aux circonstances présentes, et attache-toi à ce qui te paraît juste [40]. C'est là ce qu'il y a de mieux à faire; car c'est là qu'il serait le plus honteux d'échouer. Celui qui en toutes choses obéit à la raison, est tout prêt pour le repos comme pour les affaires, enjoué et pourtant grave [41].

XIII

Demande-toi à toi-même, dès l'instant où tu sors du sommeil, s'il est pour toi de quelque importance qu'un autre fasse des actions justes et honnêtes : tu verras que cela t'importe peu [42]. As-tu oublié que

---

[38] Voyez liv. VII, § 59.
[39] C'est une expression de Platon, au quatrième livre des *Lois*.
[40] Epictète a développé ce principe, *Dissert.*, I, 2, et en a montré, dans la conduite d'Helvidius Priscus, une application sublime.
[41] Sénèque, *Lettre* 23 : « Res severa est verum gaudium. Ceteræ hilaritates non implent pectus, sed frontem remittunt, leves sunt : nisi tu illum judicas gaudere, qui ridet. »
[42] On a déjà vu que Marc-Aurèle, comme les autres stoïciens, plaçait au rang des choses moyennes, ou indifférentes pour nous, les pensées qui occupent les âmes des autres hommes

ceux qui montrent tant d'arrogance dans les louanges et les critiques qu'ils font des autres, se conduisent de telle manière au lit, de telle manière à table ? As-tu oublié quelle est leur façon d'agir, ce qu'ils évitent et ce qu'ils ambitionnent, ce qu'ils ravissent secrètement ou avec violence ? Ce ne sont pas leurs mains ni leurs pieds, c'est la partie la plus précieuse d'eux-mêmes qui est coupable ; c'est celle d'où naissent, quand on le veut [43], la foi, la pudeur, la vérité, la loi, le bon génie.

XIV

L'homme qui connaît ses devoirs, et qui a de la modestie, dit à la nature [44], d'où viennent et où rentrent toutes choses : Donne-moi ce que tu veux ; reprends-moi ce que tu veux ! Et il parle ainsi, non point par fierté, mais par un sentiment de résignation et d'amour pour la nature.

XV

Ce qui te reste à vivre est peu de chose. Vis comme si tu étais sur une montagne [45] ; car peu m'importe qu'on soit ici ou là, puisque partout dans le monde on est comme dans une cité [46]. Que les hommes voient, qu'ils contemplent en toi un homme

---

[43] Sénèque, *Lettre* 31 : « Pars magna bonitatis est, velle fieri « bonum » *Lettre* 80 : « Quid tibi opus est, ut sis bonus ? velle »

[44] Le mot *nature*, dans ce passage comme dans tant d'autres, est mis pour le mot *Dieu*. Le cri de Marc Aurèle est presque celui de Job : « Dominus dedit, Dominus abstulit. »

[45] Voyez liv. VIII, § 45

[46] Voyez liv. II, § 16, et liv. IV, § 31.

véritable, vivant conformément à la nature. S'ils ne peuvent supporter cet homme, qu'ils le tuent : cela vaudrait mieux encore que de vivre ainsi.

XVI

Il ne s'agit nullement désormais de discuter sur ce que doit être l'homme de bien, mais d'être homme de bien [47].

XVII

Représente-toi sans cesse l'éternité de la durée et l'infinité de la matière. Chaque objet pris en particulier n'est, par rapport à la matière, qu'un grain de mil, et, pour la durée, qu'un tour de vrille.

XVIII

Quand tu arrêtes ta pensée sur chacun des objets qui se présentent, imagine-le se dissolvant déjà, soumis déjà au changement, à la pourriture, à la dispersion; songe que chaque chose n'est née que pour mourir [48].

XIX

Que sont les hommes qui ne font que manger, dormir, s'accoupler, aller à la selle, faire les autres

---

[47] Sénèque dit souvent ce qu'exprime ici Marc-Aurèle avec tant d'énergie. Le poëte Pacuvius avait dit :

O h homines ignava opera, philosopha sententia.

[48] Voyez *passim* Sénèque, *Lettre* 99 : « Cui nasci contigit, restat « mori. »

fonctions animales? Ensuite, que sont ces gens qui s'enflent d'orgueil, qui s'emportent, qui traitent du haut en bas les autres? A qui ne faisaient-ils pas la cour naguère, et pour quoi obtenir? Dans peu ils seront tous réduits au même état.

XX

Ce que la nature de l'univers apporte à chaque homme lui est utile, et lui est utile alors qu'elle l'apporte [49].

XXI

La terre aime la pluie; l'air divin aime aussi la pluie [50]. Le monde aime à faire ce qui doit arriver. Je dis donc au monde : J'aime ce que tu aimes [51]. Mais ne dit-on pas aussi, dans le langage commun : Cela aime à se faire [52]?

XXII

Ou tu vis ici, et dès longtemps tu y es accoutumé; ou tu sors de chez toi, et tu l'as voulu; ou tu meurs, et tu as fait ta tâche. Hors de là il n'y a rien. Aie donc bon courage!

---

[49] Voyez *passim*, et notamment liv. II, § 3.

[50] Les poëtes antiques sont pleins d'admirables tableaux des effets de cet amour. Qui ne connaît surtout ces vers de Virgile : *Vere tument terræ*, etc.

[51] Sénèque, *Lettre* 96 : « Non pareo Deo, sed assentior. Ex « animo illum, non quia necesse est, sequor. »

[52] Le verbe φιλεῖν sert fréquemment pour indiquer la coutume, l'habitude, le caractère de ce qui est ou se passe de telle ou telle manière.

XXIII

Aie toujours devant les yeux cette vérité, que ce coin de terre et la campagne c'est la même chose; que partout tout se ressemble, au sommet d'une montagne, sur le rivage de la mer, dans quelque endroit que ce soit [53]. Oui, tu reconnaîtras la vérité de ce que dit Platon : « Entouré des murs d'une « ville, on peut être dans la montagne, et traire des « brebis [54]. »

XXIV

Quelle est la partie qui doit commander en moi? qu'en fais-je présentement? à quoi présentement me sert-elle? est-elle privée d'intelligence? s'est-elle détachée, arrachée de la société des hommes? est-elle si fort adhérente, si fort confondue avec cette misérable chair, qu'elle en subisse tous les mouvements [55]?

XXV

Celui qui s'enfuit de chez son maître est un déserteur. La loi est notre maître [56] : la transgresser,

---

[53] Épictète, *Dissert.*, III, 22 : « Où que je m'en aille, là il y a un soleil, il y a une lune, des astres, des songes pour le sommeil, des oiseaux, et la compagnie des dieux. »

[54] Cette citation est tirée du dialogue intitulé *Théétète*.

[55] Platon dit, dans le *Phédon*, que chaque volupté comme chaque douleur tient en main un clou dont elle rive l'âme au corps, et que l'âme se matérialise alors et fait consister toute la vérité dans les idées perçues par les sens.

[56] La loi universelle qui gouverne la cité du monde. Voyez *passim*.

c'est être déserteur [57]. De même pour celui qui s'afflige, qui se met en colère, qui se livre à la crainte ; car ce qui cause son trouble [58], c'est chose déjà faite, ou qui se fera en vertu de l'ordre établi par l'être qui gouverne toutes choses, lequel est la loi et distribue à chacun son lot. Craindre, s'affliger, se fâcher, c'est donc être déserteur.

XXVI

On s'en va quand on a versé dans la matrice le germe d'un embryon ; mais une autre cause reprend l'œuvre et achève le corps de l'enfant : commencement bien vil, admirable fin ! L'enfant ensuite a fait passer par son gosier des aliments ; une autre cause s'en empare, et voilà naître la sensation, le désir, en un mot la vie, la force, et le reste ; tant de facultés, et de si belles ! Contemplons ces mystères, malgré le voile qui les dérobe à nos regards, et reconnaissons-y la main d'une puissance cachée, comme celle qui attire en bas les corps pesants, en haut les corps légers. Ce n'est point des yeux que nous avons à nous servir ; mais nous n'en verrons pas avec moins de clarté [59].

XXVII

Considère sans cesse que tout s'est passé jadis comme tu vois que tout aujourd'hui se passe, et que

---

[57] Voyez, dans le *Criton*, l'éloquent commentaire de cette pensée.
[58] Le texte est altéré à cet endroit, et j'ai traduit d'après le sens général du paragraphe, plutôt que d'après les mots mêmes.
[59] Voyez liv. III, § 15, et liv. XI, § 12.

tout se passera toujours ainsi ⁶⁰. Place devant tes yeux toutes ces comédies, ces scènes du même genre ⁶¹ que tu as connues par ta propre expérience, ou par l'histoire ancienne : ainsi la cour d'Adrien, la cour d'Antonin, la cour de Philippe, celle d'Alexandrie, celle de Crésus. C'était toujours la même chose, seulement c'étaient d'autres acteurs.

XXVIII

Figure-toi qu'un homme qui s'afflige ou se fâche de quoi que ce soit est semblable à un porc qui, pendant qu'on l'immole en sacrifice, regimbe et grogne. Il en est de même de celui qui, seul étendu dans son lit, déplore en secret le destin qui nous enchaîne. Songe qu'il n'a été donné qu'à l'animal raisonnable d'obéir librement à ce qui arrive. Ne faire simplement qu'obéir est une nécessité que tous subissent ⁶².

XXIX

A chacune de tes actions fais un examen, et demande-toi à toi-même si la mort est une chose terrible parce qu'elle te privera de tel objet ⁶³.

---

⁶⁰ Voyez *passim*, et notamment liv. VII, § 1.
⁶¹ Cicéron dit à Brutus *Lettre* 9 : « Tibi nunc populo at « scenæ (ut dicitur) serviendum. »
⁶² Ceci rappelle le vers fameux cité par Sénèque :
   Ducunt volentem fata, nolentem trahunt.
⁶³ Voyez liv. XII, § 31.

XXX

Dès que tu t'offenses de la faute de quelqu'un, reviens aussitôt sur toi, et réfléchis aux fautes semblables que tu commets [64] : ainsi, quand tu regardes comme un bien l'argent, le plaisir, la vaine gloire et les choses de ce genre. En t'appliquant à cette idée, tu auras bientôt oublié ta colère. Tu concevras qu'il subit une violence [65] : que pourrait-il faire? Ou, si tu le peux, délivre-le de la puissance qui agit sur lui.

XXXI

Quand tu vois Satyron, imagine-toi que c'est quelque socratique, Eutychès ou Hymen [66]; quand tu vois Euphrate [67], songe à Eutychion [68], à Silvanus [69]; quand c'est Alciphron [70], à Tropéophore [71]; quand tu vois Xénophon, représente-toi Criton [72] ou Sévérus [73]. Si tu jettes les yeux sur toi, songe à quelqu'un des Césars. Chaque chose a son analogue.

[64] Voyez liv. VII, § 26, et liv. XI, § 18.
[65] Voyez liv. VII, §§ 2 et 63.
[66] Satyron, Eutychès et Hymen sont inconnus.
[67] Philosophe né en Égypte, mentionné avec honneur par Épictète et par d'autres contemporains.
[68] Inconnu, à moins qu'il ne faille l'identifier avec le grammairien Lutychius Proculus, que Capitolin met au nombre des maîtres de Marc-Aurèle.
[69] Peut-être le philosophe Σιλβανός, dont Suidas dit quelques mots, homme de mœurs simples jusqu'à la rusticité.
[70] Le philosophe Alciphron, né à Magnésie.
[71] Ce personnage est inconnu.
[72] Il s'agit des deux célèbres amis de Socrate
[73] Il a été question de Sévérus, liv. I, § 14

Puis, fais cette réflexion : Où sont ces gens là? nulle part; ou en tel lieu qu'il te plaira [74]. De la sorte, tu ne verras jamais dans les choses humaines que fumée et que néant [75], surtout si tu te souviens que ce qui a une fois changé de forme ne la reprendra jamais dans l'infini de la durée. Et toi, jusqu'à quand dois-tu vivre? Pourquoi ne te suffit-il pas de traverser ce court espace comme il convient de le faire? Quelle est la matière, le sujet de tes aversions? Car tout cela, qu'est-ce autre chose que des occasions d'exercer la raison, si l'on connaît bien, et comme le doit celui qui a étudié la nature, tout ce qu'il y a dans la vie? Demeure donc ferme, jusqu'à ce que tu te sois rendu ces vérités familières [76], comme un bon estomac se rend propres tous les aliments; comme un grand feu tourne en flamme et en lumière tout ce qu'on y jette [77].

XXXII

Il ne faut pas que personne puisse dire avec vérité que tu n'es ni de mœurs simples, ni homme de bien. Fais mentir quiconque aura de toi pareille opinion. Tout cela dépend de toi ; car qui pourrait t'empêcher d'être homme de bien et simple de mœurs [78]? Seulement, prends une bonne résolution

---

[74] Voyez liv VII, § 55
[75] Voyez liv. II, § 17, et liv. XII, §§ 27 et 33
[76] Sénèque, *de Ira*, II, 13 : « Nihil est tam difficile et tam arduum, quod non humana mens vincat, et in familiaritatem perducat. »
[77] Voyez liv. IV, § 1.
[78] Voyez *passim*, et notamment liv. III, § 12.

de cesser de vivre, si tu n'avais plus ces vertus [79] ; car la raison, dans ce cas, ne te commande plus de vivre.

XXXIII

Qu'est-ce qu'il est possible de faire ou de dire de mieux en cette occasion [80] ? Quoi que ce soit, il ne tient qu'à toi de le faire ou de le dire. N'allègue pas qu'il y a des obstacles. Tu ne cesseras de gémir [81] que le jour où tu te seras mis en état de faire, avec autant d'empressement que les voluptueux en mettent à leurs plaisirs, ce que réclame, dans chaque occasion qui s'offre, la constitution même de l'homme. Car il doit y avoir une jouissance à pouvoir faire ce qui est conforme à notre nature [82]. Or, c'est en toute situation chose en ton pouvoir [83]. Il n'est pas donné au cylindre de se mettre en mouvement sans certaines conditions [84], pas plus qu'à l'eau, au feu, aux autres êtres qui sont régis par la nature ou par une âme dénuée de raison [85] : il y a bien des choses qui les entravent, qui leur font obstacle. Quant à l'âme et à la raison, elles peuvent s'avancer, en suivant leur nature, leur volonté, à

---

[79] Marc Aurèle veut dire seulement que la mort est préférable à la dégradation morale.

[80] Voyez *passim*, et notamment liv. XII, § 1.

[81] Marc Aurèle parle ailleurs de l'esclavage de ceux qui gémissent, δουλεία στενόντων.

[82] Voyez *passim* et notamment liv. VI, § 16.

[83] Sénèque; *Lettre* 28 : « Quid tam turbidum fieri potest quam forum? Ibi quoque licet quiete vivere, si necesse sit. »

[84] Voyez liv. VIII, §§ 57 et 60.

[85] Voyez liv. VI, § 14, et plus haut le § 2 de ce liv. X.

LIVRE X.   273

travers tous les obstacles. Cette facilité avec laquelle
la raison passe à travers toutes choses, c'est la
même, mets-toi-le bien devant les yeux, que celle
qu'a le feu à monter, la pierre à descendre, le cylindre à rouler sur un plan oblique. N'en demande
pas davantage. Les autres obstacles n'en sont que
pour le corps, pour ce cadavre [86]. Si l'opinion ne
vient pas nous tromper, si la raison conserve son
empire, nous n'en sommes pas blessés; ils ne nous
font aucun mal [87] : autrement, l'être qu'ils affecteraient serait aussitôt dégradé. Dans toutes les œuvres de l'art, il n'y a pas d'accident qui ne rende
pire qu'il n'était l'objet qui en a été atteint : ici, au
contraire, l'homme, si j'ose le dire, devient meilleur, plus digne de louanges, quand il fait un bon
usage des difficultés qu'il rencontre [88]. Souviens-toi, en un mot, qu'il n'y a jamais de mal pour un
citoyen véritable, là où la cité ne souffre point [89],
comme il n'y a jamais de mal pour la cité, là où la
loi n'est point violée. Or, dans tout ce qu'on appelle
infortune, il n'y a rien qui viole la loi. Ce qui ne
viole point la loi ne nuit donc ni à la cité ni au
citoyen.

XXXIV

A l'homme d'esprit qui s'est pénétré des vrais

---

[86] Voyez liv. IV, § 45.
[87] Voyez *passim*, et notamment liv. IX § 41.
[88] Ceci rappelle les beaux vers d'Horace :

    Duris ut ilex tunsa bipennibus,
    Per damna, per cædes, ab ipso
    Ducit opes animumque ferro.

[89] Voyez liv. V, § 22, et plus haut le § 6 de ce liv. X.

principes un mot très-court suffit, même trivial, pour lui faire bannir la tristesse et la crainte. Celui-ci, par exemple :

> Le vent disperse les feuilles sur la terre...
> Ainsi la race des mortels [90]..

Oui, tes enfants ne sont que des feuilles légères ; feuilles aussi, ceux qui jettent de grands cris à notre louange pour faire croire à leur parole, ou, au contraire, qui nous maudissent, qui nous blâment en leur particulier, qui nous chargent de leurs railleries ; feuilles enfin, ceux qui après notre mort se souviendront de nous. La saison du printemps les voit naître, et puis un coup de vent les a abattues. A leur place, la forêt en produit d'autres. La durée de toutes choses est également courte ; mais toi, tu crains, tu désires tout, comme si tout devait être éternel [91]. Bientôt toi aussi tu fermeras les yeux ; bientôt quelque autre pleurera celui qui t'aura mené au tombeau.

XXXV

Le propre d'un œil sain, c'est de regarder tout ce qui est visible, et de ne pas dire : Je veux voir du vert. Car c'est là le langage d'un œil malade. De même une ouïe saine, un bon odorat, doivent être

---

[90] Ce sont deux portions de vers, empruntées à un passage fameux de l'*Iliade*, chant VI, vers 147 et suivants

[91] Sénèque, *Lettre* 120 : « At nos, corpus tam putre sortiti, nihilominus æterna proponimus et, quantum potest ætas humana protendi, tantum spe occupamus, nulla contenti pecunia, nulla potentia. Nihil satis est morituris, imo morientibus »

prêts à recevoir tous les sons et toutes les odeurs. De même il faut qu'un estomac bien portant soit pour tous les aliments ce qu'est une meule de moulin, faite pour broyer les grains de toute sorte. C'est donc le devoir d'une saine raison d'être préparée à tout ce qui peut arriver. Celle qui dit : Que mes enfants vivent! ou : Que mes actions soient toujours louées par tout le monde! celle-là est un œil qui cherche le vert, des dents qui veulent du tendre.

XXXVI

Il n'est personne d'assez fortuné pour n'avoir pas, quand il meurt, quelqu'un auprès de lui qui se réjouisse du mal qui lui arrive. C'était un homme vertueux et sage, soit ; n'y aura-t-il pas à sa dernière heure quelqu'un qui se dira en lui même : Enfin nous allons respirer, délivrés de ce pédant [92] ; sans doute il ne faisait de mal à aucun de nous, mais je me suis aperçu qu'en secret il nous condamnait. — Voilà pour l'homme de bien. Quant à nous [93], combien de causes pour lesquelles plus d'un désire être délivré de nous! C'est là la pensée qui doit te faire quitter plus volontiers la vie. Oui, songe en toi-même : Je sors d'une vie où ceux qui

---

[92] Le peuple romain, suivant Vopiscus, appelait Aurélien *le pédagogue du sénat*. Peut-être Marc-Aurèle avait-il encouru personnellement quelque reproche de ce genre.

[93] *Quant à nous*, c'est-à-dire, nous si pleins d'imperfections et si éloignés de la parfaite vertu. On peut encore entendre : Quant à nous, qui commandons aux autres, qui le ne sommes naturellement un objet d'envie et trop souvent de haine.

la partageaient avec moi, et pour qui j'avais tant travaillé, tant fait de vœux, pris tant de soucis, sont ceux-là mêmes qui désirent que je m'en aille, qui espèrent qu'il leur en adviendra quelque soulagement. Qu'y a-t-il donc qui puisse nous engager à rester ici plus longtemps? Cependant ne te sépare pas d'eux moins bien disposé pour cela; continue à leur montrer, comme toujours, amitié, bienveillance, indulgence. N'aie pas l'air non plus de céder à la contrainte [94]. Il faut que ta séparation d'avec eux se fasse avec autant d'aisance que, chez ceux qui savent bien mourir, l'âme se dégage du corps. Car enfin, c'est la nature qui a formé le lien et qui l'a rompu. Elle vient de le rompre? eh bien, prenons congé, comme quand on quitte des amis, mais sans déchirement de cœur, sans avoir besoin qu'on t'entraîne. C'est là aussi une des choses conformes à la nature.

XXXVII

Prends l'habitude, à chaque action d'autrui, de te faire autant que possible cette question : Quel est le but que cet homme se propose [95]? Mais commence d'abord par toi: examine-toi avant tout toi-même [96].

XXXVIII

Souviens-toi que ce qui te remue comme les fi-

---

[94] Sénèque avait dit de même, *Lettre* 30 : « Non avulsum vitæ »
[95] Voyez liv. II, § 16, et liv. XI, § 21.
[96] C'est le précepte que Socrate avait si bien su mettre en pratique.

celles font une marionnette, c'est ce qui est caché
en toi : oui, c'est là le principe de nos desseins,
c'est là la vie, c'est là, s'il faut le dire, l'homme
même ⁹⁷. Ne mêle jamais à cette pensée l'idée du
vase qui te renferme ⁹⁸, et de ces organes qui ont été
faits pour toi ; car ils sont comme une doloire, avec
cette seule différence qu'ils sont nés en même
temps que toi ⁹⁹. Ces parties de ton être n'auraient
pas plus d'utilité, sans la cause qui les meut et qui
les modère, que n'en aurait, dans le même cas, la
navette pour la tisseuse, le roseau pour l'écrivain, le
fouet pour le cocher.

⁹⁷ Voyez liv. XII, §§ 30 et 33.
⁹⁸ C'est le corps, que Marc-Aurèle désigne ainsi, comme dans plus d'un autre passage.
⁹⁹ Marc Aurèle veut dire que notre corps, nos organes, ne sont que des instruments, et qui ne diffèrent de ceux dont nous nous servons pour nos divers travaux, qu'en ce qu'ils sont nés avec nous et tiennent par une attache naturelle à la cause qui les met en mouvement.

LIVRE XI

—

Voici les propriétés de l'âme raisonnable. Elle se voit elle-même ; elle se façonne, elle se fait comme elle veut être [1]; elle recueille elle-même les fruits qu'elle porte [2], tandis que les fruits des plantes, les productions des animaux, sont recueillis par d'autres ; enfin, à quelque moment que sa vie se termine, elle atteint le but où elle tendait. Il n'en est pas ici comme de la danse, de la représentation d'une comédie et des autres exercices de ce genre, où l'action, par le moindre retranchement, devient défectueuse [3]. A quelque âge, en quelque lieu que la vie cesse, l'âme a rempli l'objet qu'elle se propose [4]; il n'y manque plus rien ; elle peut dire : J'ai

---

[1] Voyez *passim*, et notamment liv. X, § 13.
[2] C'est pour lui-même, disait Epictète, que l'être vivant fait tout ce qu'il fait.
[3] Voyez *passim*, et notamment liv. XII, § 36.
[4] Sénèque, *Lettre* 61 : « Id ago, ut instar totius vitæ sit dies. »

ce qui m'appartient [5]. De plus, elle embrasse dans ses spéculations le monde tout entier et le vide qui environne le monde [6] ; elle examine la figure du monde ; elle s'étend jusque dans l'infini de la durée [7] ; elle comprend, elle conçoit la régénération de toutes choses au bout de périodes déterminées [8]; elle observe que ceux qui viendront après nous ne verront rien de nouveau [9] ; que nos devanciers n'ont rien vu de plus que nous, mais que l'homme de quelque sens, après une vie de quarante ans, a vu, en quelque façon, tout ce qui a été et tout ce qui doit être [10], puisque ce sont toujours des êtres de la même espèce. Le propre d'une âme raisonnable, c'est encore l'amour du prochain, la vérité, la modestie, un extrême respect d'elle-même [11] comme aussi de la loi. C'est ainsi que la droite raison ne diffère en rien de la règle de justice.

---

[5] Voyez *passim*, et notamment liv. X, § 1.
[6] Cette pensée appartient à Platon et à Cicéron ; mais Marc-Aurèle semble s'être souvenu surtout des termes dont se sert Sénèque, *Lettre* 102 : « Magna et generosa res est humanus animus; in immensum se extendit; nec ullos sibi poni nisi communes cum Deo terminos patitur. »
[7] La trace de Sénèque n'est pas moins évidente ici. *Lettre* 102 encore : « Arctam sibi ætatem dari non sinit. Omnes, inquit, anni mei sunt. Nullum seculum magnis ingeniis clausum est ; nullum non cogitationi proprium tempus. »
[8] Voyez liv. V, §§ 13 et 32, et liv. X, § 7.
[9] Voyez liv. VI, § 37, et liv. VII, § 1.
[10] Voyez *passim*, et notamment liv. II, § 14.
[11] Avant les stoïciens, Euripide avait dit, dans *Alceste* :

Ψυχὴ γὰρ ἔστ᾽ οὐδὲν τιμιώτερον.

II

Tu mépriseras les délices du chant, de la danse, du pancrace, si tu divises ces accents si harmonieux en chacun des sons qui les composent, et si, à chacun d'eux, tu te fais cette question à toi-même : Est-ce donc là ce qui me ravit ? car il faudra bien que tu en conviennes. De même pour la danse : divise-la en chaque mouvement, en chaque attitude. De même enfin pour le pancrace. En un mot, souviens-toi partout, excepté pour la vertu ou ce qui vient de la vertu, de réduire l'objet à ses parties [12] ; et, par cette division, arrive à le mépriser. Applique la même règle à toute la vie.

III

Quelle âme que celle qui est prête dès l'instant où il faut sortir du corps [13], soit pour s'éteindre [14] ou se dissiper, soit pour subsister encore ! Je dis prête par l'effet de son propre jugement, non par opiniâtreté pure, comme les chrétiens [15], mais après mûre déli-

---

[12] C'est le raisonnement que faisait Socrate au sujet de la multitude, pour réconforter Alcibiade, qui se sentait tout interdit devant l'assemblée du peuple. Mais il n'est pas très concluant ici. Une mélodie est encore autre chose, outre les notes de musique ; et Marc Aurèle fait précisément abstraction de ce par quoi les notes de musique acquièrent le pouvoir d'agir si énergiquement sur notre âme.

[13] Voyez *passim*, et notamment liv. II, § 11.

[14] Voyez liv. VII, § 33

[15] Pline le Jeune, dans sa fameuse lettre à Trajan, ne trouve pas de meilleure raison que Marc-Aurèle pour expliquer l'empressement des chrétiens à courir au-devant des châtiments et de la mort.

bération, avec gravité [16], de manière à pouvoir faire passer ces sentiments dans l'âme d'un autre, et sans faste tragique.

IV

J'ai fait quelque chose d'utile à la société ? j'ai donc fait ce qui m'est utile [17]. Aie toujours cette vérité présente à ton esprit ; ne cesse jamais de la mettre en pratique.

V

Quel est ton métier ? d'être homme de bien [18]. Et par quel autre moyen le devient-on, si ce n'est par les principes qui concernent et la nature de l'univers et la condition particulière de l'homme ?

VI

La tragédie a été d'abord instituée pour nous avertir des accidents de la vie, que tel est l'ordre de la nature des choses, et que ce qui nous amuse sur la scène ne doit pas faire notre tourment sur une scène plus grande. Vous voyez en effet qu'il est impossible que les choses ne se passent pas ainsi, et que cette loi

---

[16] Sénèque, Lettre 77, faisant parler un vrai stoïcien : « Non « est res magna vivere. Omnes servi vivunt, omnia animalia « Magna est res honeste mori, prudenter, fortiter. »

[17] Sénèque, Lettre 48 : « Non potest beate degere qui se tantum « intuetur, qui omnia ad utilitates suas convertit. Alteri vivas opor-« tet, si vis tibi vivere. »

[18] Sénèque, Lettre 9 : « Ars est, bonum fieri. Ad hoc, sed non « cum hoc nascimur. »

assujettit ceux-là mêmes qui crient : O Cithéron [19] !

Quelquefois il y a d'utiles maximes chez les poëtes dramatiques. J'en choisis quelques-unes :

> Si les dieux me négligent, moi et mes deux enfants,
> Il y a à cela même une raison [20] ;

et encore :

> Il ne faut pas que nous nous irritions contre les choses [21] ;

et :

> Moissonnons la vie comme des épis féconds [22] ;

et les autres passages de ce genre.

Après la tragédie on inventa la comédie ancienne [23], qui, usant d'une franchise magistrale, n'était pas inutile, par la licence même de son langage, à détourner les hommes du faste et de l'insolence : c'est dans ce but que Diogène lui emprunta souvent quelques traits.

Considère ensuite la comédie moyenne [24], et le dessein qui a produit la nouvelle [25], laquelle peu à peu se transforma en une imitation ingénieuse ; car il y a, on le sait, bien de bonnes choses chez ces poëtes. Considère aussi quel est vraiment le but que se proposent cette poésie, ces fictions dramatiques.

---

[19] Voir la note B*b*, à la suite des *Pensées*
[20] Voyez liv. VII, § 41.
[21] Voyez liv. VII, § 38.
[22] Voyez liv. VII, § 40.
[23] Voir la note C, à la suite des *Pensées*.
[24] Voir la note D *l*, à la suite des *Pensées*.
[25] Voir la note L*e*, à la suite des *Pensées*.

VII

Ah! que tu vois bien qu'il n'y a pas d'autre genre de vie plus propre à l'étude de la sagesse que celui que tu mets présentement en pratique !

VIII

Une branche détachée du rameau auquel elle tenait est nécessairement détachée de l'arbre tout entier : ainsi l'homme séparé d'un homme est retranché du corps de la société. C'est un étranger qui coupe la branche ; mais c'est l'homme lui-même qui se sépare de son prochain [26], par la haine, par l'aversion, ignorant qu'il vient en même temps de se retrancher de la cité tout entière. Cependant Jupiter, le dieu qui a réuni les hommes en société, nous accorde un privilége : il nous est permis de nous rejoindre à ceux qui sont nos proches, et de redevenir une partie nécessaire à l'intégrité de l'ensemble [27] ; mais pourtant, si la séparation est trop fréquente, l'union nouvelle, la réconciliation est difficile. Oui, il y a toujours une différence entre la branche qui de tout temps a végété, respiré sans cesse avec l'arbre, et celle qui, après le retranchement, y a été de nouveau entée : les jardiniers ont beau dire. Il faut être branches du même arbre, tout en ayant chacun sa pensée.

[26] Voyez liv. IV, § 29, et liv. VIII, § 34.
[27] Voyez liv. IX, § 23.

IX

Ceux qui te font obstacle quand tu suis le chemin de la droite raison, ne peuvent pas te détourner d'une bonne action: ne laisse donc pas d'avoir pour eux de la bienveillance. Reste ferme également dans ces deux principes: l'un, de persévérer dans tes jugements et tes actions [28], l'autre, de te montrer doux envers ceux qui s'efforcent de te faire obstacle ou de te causer quelque chagrin [29], car il y a autant de faiblesse à s'irriter contre eux qu'à abandonner notre manière d'agir et à succomber sous le coup qu'ils nous portent [30]. Dans les deux cas, c'est déserter son poste [31], soit qu'on se laisse troubler par la crainte, soit qu'on se prenne d'aversion pour celui que la nature a fait notre parent et notre ami.

X

La nature n'est jamais inférieure à l'art, car les arts imitent la nature. Par conséquent, la nature la plus parfaite de toutes, et qui embrasse en elle toutes les autres, ne le cède point en industrie aux arts. Or, tous les arts font ce qui est moins bien en vue de ce qui est plus parfait [32]: la commune nature en use donc ainsi. C'est là ce qui produit la justice; et la justice est la source des autres vertus, car nous ne

---

[28] Voyez liv. V, § 18, et liv. VI, § 10
[29] Voyez liv. IX, §§ 11 et 12.
[30] Voyez liv. XI, § 18.
[31] Voyez liv. X, § 25.
[32] Voyez liv. V, § 16, et liv. VII, § 55.

saurions observer la justice si nous nous prenions de passion pour les choses indifférentes, ou si nous nous laissions aller à l'erreur, aux préjugés, à l'inconstance [33].

XI

Ce ne sont pas les objets qui viennent à toi, quand tu es troublé par le désir ou la crainte [34]. C'est toi en quelque sorte qui t'avances vers eux Mets donc en paix ton esprit à leur sujet, et les objets resteront en repos eux-mêmes, et l'on ne te verra plus ni les désirer ni les craindre.

XII

La sphère de l'âme [35] a les mêmes dimensions en tout sens, quand elle ne s'étend vers rien d'extérieur, qu'elle ne se replie point en elle, qu'elle ne se dissipe ni ne s'affaisse point : elle resplendit alors d'une lumière qui lui fait voir la véritable nature de toutes choses et d'elle-même [36].

XIII

Quelqu'un me méprise ? c'est son affaire [37]. Moi, je prendrai garde de ne rien faire ou dire qui soit digne de mépris [38]. Quelqu'un me hait ? c'est son

---

[33] Voyez *passim*, et notamment liv III, § 9.
[34] Voyez liv IV, §§ 3 et 39, et liv. IX, § 15.
[35] Voyez liv. VIII, § 48, et liv. XII, § 3.
[36] Voyez liv. III, § 14, et liv. X, § 26.
[37] Voyez liv V, § 25, et liv. IX, § 27.
[38] Voyez liv. X, § 32.

affaire encore [39]. Moi, je suis doux et bienveillant pour tout le monde ; tout prêt à montrer à chacun qu'il se trompe, non en le mortifiant [40], non en affectant de faire un effort, mais franchement et avec bonté, comme en usait le grand Phocion, si toutefois chez lui ce n'était pas une feinte [41] ; car il faut que cette conduite parte du cœur, et que les dieux voient en nous un homme résigné et qui ne se plaint pas. En effet, quel mal y a-t-il pour toi de faire présentement toi-même ce qui est propre à ta nature, et de recevoir présentement ce qui est conforme à la nature de l'univers [42] ? n'as-tu pas été mis à ton poste d'homme pour aider, par tous les moyens, au salut de la communauté ?

XIV

Des hommes qui se méprisent les uns les autres se font des compliments réciproques; et des hommes qui cherchent réciproquement à se supplanter se font des soumissions les uns aux autres [43].

XV

Il y a de la corruption et de l'hypocrisie dans ce discours : J'ai résolu d'en agir franchement avec vous. Que fais-tu, ô homme ? ce préambule est inutile ; la chose se fera bien voir à l'instant. Ton front

---

[39] Épictète développe cette pensée, *Dissert.*, III, 10 et 8.
[40] Voyez plus bas, § 18 de ce livre.
[41] Voir la note If, à la suite des *Pensées.*
[42] Voyez liv. IV, § 23.
[43] Voyez liv. IV, § 32, et liv. V, § 5.

doit porter écrites, dès le premier instant, ces paroles : Voilà ce que j'ai résolu. On doit les lire dans les yeux à l'instant, comme celui qui est aimé découvre dans un regard toutes les pensées de sa maîtresse. L'homme franc et vertueux doit être, en un mot, comme un homme qui a mauvaise odeur. A peine assis à ses côtés, qu'on le veuille ou non, on s'en aperçoit. L'affectation de la franchise est un poignard caché. Rien n'est plus honteux qu'une amitié de loup [44]. C'est là ce qu'il faut surtout éviter. L'homme vertueux, le simple, le bienveillant, portent leurs intentions dans leurs yeux ; et on les y voit oujours.

XVI

L'âme possède en elle le pouvoir de mener une vie heureuse, pourvu qu'elle regarde avec indifférence ce qui est réellement indifférent. Elle y parviendra si elle considère chaque objet et séparément et par rapport au grand tout [45]; si elle se souvient qu'il n'y a là rien qui soit capable de nous forcer à prendre de soi telle ou telle opinion [46]; que les objets ne s'approchent point de nous, qu'ils restent dans leur repos, et que c'est nous qui formons nous-mêmes nos jugements sur eux, et qui les gravons en nous-mêmes, avec une pleine liberté, ou de ne les y point graver, ou, s'ils s'y sont glissés à notre insu, de les effacer aussitôt [47]. Au reste, nous n'aurons pas longtemps à

---

[44] Voir la note Gg, à la suite des *Pensées*.
[45] Voyez liv III, § 11, et plus haut le § 2 de ce liv. XI.
[46] Voyez liv. IX, § 15, et plus haut le § 11 de ce liv. **XI.**
[47] Voyez liv. VIII, § 47.

prendre cette précaution, puisque dans peu nous serons au terme de notre vie [18]. D'ailleurs, qu'y a-t-il là de si difficile ? Si les choses conviennent à ta nature, jouis-en gaiement, et fais-en ton bonheur [19] ; si elles sont contraires à ta nature, cherche ce qui est conforme à ta nature, et marche à ce but, n'eût-il même rien de glorieux [50]. Il est bien permis à chacun de chercher le bien qui lui est propre [51].

XVII

Songe à l'origine de chaque objet [52], à la substance qui le constitue, aux changements qu'il doit subir [53], au résultat de ces changements : toutes choses où il n'y aura pour lui aucun mal [54].

XVIII

Premièrement. — Quels sont les rapports qui me lient avec eux [55], et que nous sommes nés les uns pour les autres [56] ; que, sous un autre point de vue, je suis né pour être à leur tête, comme le bélier conduit son troupeau et le taureau le sien. Remonte plus haut encore, et dis-toi : Si ce ne sont pas les atomes,

---

[18] Voyez liv. X, §§ 11 et 15.
[49] Voyez liv. VIII, § 26, et liv X, § 33.
[50] Voyez liv. V, § 3, et liv. VI, § 2.
[51] Voyez liv. VI, § 27.
[52] Voyez *passim*, et notamment liv. III, § 11.
[53] Voyez liv. VIII, § 21.
[54] Voyez liv IV, § 12, et liv. VII, § 23.
[55] Voyez liv. VIII, § 27. et liv. IX, § 22.
[56] Voyez liv. II, § 1, et liv. VIII, §§ 56 et 59

il y a une nature qui gouverne l'univers [57] ; et, s'il en est ainsi, les êtres inférieurs existent en vue des supérieurs, et ceux-ci en vue les uns des autres [58].

DIXIÈMEMENT. — Quelle est leur conduite à table, au lit, ailleurs ; surtout à quelles nécessités leurs opinions les asservissent ; et, dans cette bassesse, combien de faste [59] !

TROISIÈMEMENT. — S'ils s'y conduisent comme ils le doivent, il ne faut point s'en affliger. S'ils font le mal, évidemment c'est malgré eux et par ignorance [60] ; car c'est malgré elle qu'une âme se prive soit de la vérité [61], soit de la vertu, laquelle traite chacun selon son mérite. C'est pour cela qu'ils souffrent impatiemment qu'on les appelle injustes, ingrats, avares, en un mot, gens malfaisants pour leur prochain.

QUATRIÈMEMENT. — Que tu pèches toi-même bien souvent, et que tu ressembles aux autres [62]; que, si tu t'abstiens de certaines fautes, tu n'en as pas moins le penchant qui les fait commettre, bien que la lâcheté, la vanité, ou tout autre vice de ce genre, t'en fasse t'abstenir.

---

[57] Voyez liv. IX, § 39, et liv. X, § 6.
[58] Voyez liv. V, § 30, et plus haut le § 10 de ce liv. XI.
[59] Voyez *passim*, et notamment liv. VIII, § 14.
[60] Marc-Aurèle répète ceci à satiété. C'est le dogme stoïcien dans lequel il semble avoir eu la foi la plus inébranlable
[61] Cette expression est de Platon. Marc-Aurèle a cité textuellement le philosophe, liv. VII, § 63.
[62] Voyez liv. VII, § 26, et liv. X, § 30.

CINQUIÈMEMENT. — Que tu ne sais pas même de façon bien certaine s'ils font mal ; car souvent on agit en vertu d'un intérêt caché [63], et toujours il y a mille circonstances dont il faut s'informer, pour prononcer avec connaissance de cause sur les actions d'autrui.

SIXIÈMEMENT. — Te souvenir, quand tu sens quelque colère ou quelque indignation, que la vie humaine n'est qu'un instant imperceptible, et que bientôt nous serons tous au tombeau [64].

SEPTIÈMEMENT. — Que ce ne sont pas leurs actions qui causent notre tourment [65], car elles ne subsistent que dans l'esprit qui les a produites, mais que ce sont nos opinions. Efface donc l'opinion. Cesse de juger de leur action comme si c'était un mal pour toi ; et voilà ta colère passée. Comment donc effacer ? En réfléchissant qu'il n'y a rien là de honteux [66] ; car, s'il y avait autre chose que le vice qui fût honteux, tu commettrais nécessairement bien des crimes : tu serais un brigand ; que dis-je ? pis encore.

HUITIÈMEMENT. — Que la colère et le chagrin que nous font éprouver leurs actions, sont plus pénibles pour nous que ces actions mêmes qui nous fâchent et nous chagrinent.

---

[63] Voyez liv. IV, §§ 19 et 49.
[64] Voyez liv. V, § 24.
[65] Voyez *passim*, et notamment liv. VII, § 16.
[66] Voyez liv. II, § 1.

NEUVIÈMEMENT. — Que la bienveillance est invincible, pourvu qu'elle soit sincère, sans dissimulation et sans fard [67]. Car, que pourrait te faire le plus méchant des hommes, si tu persévérais à le traiter avec douceur [68]? si, dans l'occasion, tu l'exhortais paisiblement, et si tu lui donnais sans colère, alors qu'il s'efforce de te faire du mal, des leçons comme celle-ci : « Non, mon enfant ! nous sommes nés pour autre « chose [69]. Ce n'est pas moi qui éprouverai le mal, « c'est toi qui t'en fais à toi même [70], mon enfant ! » Montre-lui adroitement [71], par une considération générale, que telle est la règle ; que ni les abeilles n'agissent comme lui, ni aucun des animaux qui vivent naturellement en troupes. N'y mets ni moquerie ni insulte [72], mais l'air d'une affection véritable, d'un cœur que n'aigrit point la colère : non comme un pédant, non pour te faire admirer de ceux qui sont là ; mais n'aie en vue que lui seul, y eût il même là d'autres témoins.

Souviens-toi de ces neuf points, comme si c'étaient

---

[67] Sénèque, *de Benef.*, VII, 13 : « Vincit malos pertinax boni-
« tas. » Le même, *de Ira*, II, 34 : « Irascitur aliquis? tu contra be-
« neficiis provoca. Cadit statim simultas ab altera parte deserta. »

[68] Voyez liv V, § 28 et liv. IX, § 11.

[69] Cette autre chose dont parle Marc-Aurèle, c'est l'aide mutuelle que les hommes se doivent entre eux, ce concours dans une œuvre commune que lui même, liv. II, § 1, comparait à l'harmonie des mouvements de tout ce qui est en double dans notre corps, les mains, les pieds, etc

[70] Voyez *passim*, et notamment liv. X, § 33

[71] Sénèque, *de Clem.*, I, 17 : « Nullum animal est morosius,
« nullum majori arte tractandum, quam homo »

[72] Sénèque dans le même chapitre : « Agat princeps curam,
« non tantum salutis, sed et honestæ cicatricis. »

autant d'inspirations des Muses; et commence enfin, pendant que tu vis, à être un homme [73]. Mais il faut éviter de les flatter autant que de leur montrer de la colère [74] : d'un côté comme de l'autre, c'est manquer à la société et s'exposer à faire le mal. Dans les accès de colère, aie sous la main cette vérité, qu'il n'est point digne d'un homme de s'emporter; que la douceur et la bonté, en même temps qu'elles sont plus conformes à sa nature, ont aussi quelque chose de plus mâle; que c'est là qu'on montre véritablement de la force et du nerf, et non point dans l'indignation et le ressentiment; car, plus cette conduite se rapproche de l'insensibilité, plus elle ressemble à la force. De même que la tristesse, la colère aussi dénote faiblesse. Dans les deux cas, c'est être blessé et s'être rendu à l'ennemi.

Reçois encore, si tu veux, une dixième maxime : ce sera le présent du dieu qui conduit les Muses [75]. Prétendre que les méchants ne fassent pas le mal, c'est pure démence, car c'est désirer l'impossible [76]. Mais leur permettre de mal agir envers les autres, et prétendre qu'ils ne te fassent point de mal à toi, c'est iniquité et tyrannie [77].

---

[73] Sénèque, *de Ira*, III, 43 : « Humanitatem colamus, dum « inter homines sumus. »

[74] Marc-Aurèle avait dit, liv. IV, § 31, qu'il ne faut être ni le tyran des hommes ni leur esclave.

[75] Les Grecs surnommaient Apollon du titre de *Musagète*, c'est-à-dire, conducteur des Muses.

[76] Voyez liv. V, § 17.

[77] Voyez liv. VI, § 27.

XIX

Il y a quatre erreurs de l'esprit sur lesquelles il faut particulièrement exercer une perpétuelle vigilance, et qu'il faut effacer aussitôt que tu les as surprises [78], en t'adressant à chaque fois ce discours : Cette opinion n'est point nécessaire; celle-ci brise les liens de la société; cette autre te va faire parler contre ta pensée : or, il n'y a rien de plus absurde que de parler contre sa pensée. Le quatrième reproche que tu dois te faire, c'est que, telle pensée vient de l'assujettissement de la partie la plus divine de toi-même, et de ton esclavage sous la partie la moins noble, le corps, et sous ses grossières voluptés [79].

XX

Ton souffle et tout ce qu'il y a d'igné dans la composition de ton corps, malgré le mouvement d'ascension qui leur est naturel, obéissent néanmoins à la disposition du tout, et restent engagés dans la masse. Tout ce qu'il y a en toi de terrestre et d'humide, bien que ces parties se portent en bas, se tient en haut et occupe dans ton corps une place qui ne lui est pas naturelle. Ainsi donc les éléments eux-mêmes obéissent à la loi générale, et persistent à la place que la force leur a fixée, jusqu'à ce que cette force leur ait donné le signal de la dissolution. N'est-ce

---

[78] Voyez, plus haut, le § 16 de ce livre.
[79] Voyez liv. VII, § 55.

donc pas chose honteuse que la partie intelligente de ton être soit la seule désobéissante et qui ne se résigne pas à son poste [80]? Pourtant on ne lui impose rien violemment : on ne lui commande que ce qui convient à sa nature. Et néanmoins elle s'impatiente, elle se révolte ; car tout ce qui l'entraîne à l'injustice, à l'intempérance, à la colère, à la douleur, à la crainte, n'est pas autre chose qu'une rébellion contre la nature. Pour une âme, se fâcher de quelqu'un des accidents de la vie, c'est déserter son poste [81]. L'âme n'est pas moins faite pour la piété et le respect des dieux que pour la justice. Car ces deux vertus sont au nombre de celles qui contribuent au salut de la société [82]: elles ont même précédé la pratique de la justice.

XXI

Celui dont la vie n'a pas un but unique, toujours le même, celui-là ne peut pas être pendant toute sa vie toujours égal, toujours le même [83]. Ce que je dis là ne suffit point, si tu n'ajoutes aussi quel doit être ce but. Car, de même que tous les hommes n'ont pas la même opinion sur ces choses quelconques que la plupart appellent des biens, mais seulement sur de certains biens, je veux dire sur ceux de la société ; de même nous devons nous proposer pour but l'utilité

---

[80] Voyez liv. IX, § 9

[81] Voyez liv. X, § 25, et plus haut le § 9 de ce liv. XI

[82] Le texte dit εὐνομουησία. Voyez, à propos d'un autre passage, liv. I, § 16, l'explication d'un mot analogue, νουνουστοσσία.

[83] Sénèque, Lettre 20 : « Vitium est hæc vitæ diversitas, et « signum vacillanti animis ac nondum habentis tenorem suum. »

de la société et celle de l'État [84]. En effet, celui qui dirige tous ses efforts vers ce but, fera toujours des actions uniformes, et, sous ce point de vue, sera toujours égal, toujours le même [85].

XXII

Rappelle-toi le rat des champs et le rat de ville, la frayeur du premier et ses agitations [86].

XXIII

Socrate appelait les maximes du vulgaire des Lamies, des épouvantails de petits enfants [87].

XXIV

Les Lacédémoniens, dans leurs spectacles, plaçaient à l'ombre les siéges des étrangers ; pour eux, ils s'asseyaient où ils trouvaient.

XXV

Perdiccas reprochant à Socrate de ne pas venir dîner chez lui : « C'est, dit celui-ci, pour ne pas périr d'une mort désespérée. » Il voulait dire, pour ne pas recevoir du bien que je ne pourrais rendre [88].

[84] Voyez liv. V, §§ 8 et 16, et liv. IX, § 23.
[85] Voyez liv. I, §§ 8 et 16, et liv. XI, § 27.
[86] Cette allusion à un apologue si connu n'a pas besoin de commentaire.
[87] Voir la note II*h*, à la suite des *Pensées*.
[88] Sénèque, qui cite le même trait, sauf la pittoresque expression de Socrate, nomme Archelaüs et non point Perdiccas

XXVI

Il y avait, dans les lois d'Éphèse [89], un commandement de se rappeler sans cesse au souvenir quelqu'un des anciens qui s'étaient appliqués à la vertu.

XXVII

Les pythagoriciens nous engagent à porter le matin les yeux au ciel [90], afin de nous rappeler à la pensée ces êtres qui accomplissent leur ouvrage toujours d'après les mêmes lois, toujours de la même manière ; leur ordonnance, leur pureté, leur simplicité nue, car un astre n'a point de voile [91].

XXVIII

Tu sais comment se comporta Socrate lorsque, Xanthippe étant sortie et ayant emporté son manteau, il se revêtit d'une peau de bête, et ce qu'il dit à ses amis qui rougissaient, et qui allaient se retirer en le voyant affublé de la sorte [92]

XXIX

Tu ne pourrais donner des leçons d'écriture et de

---

[89] Voir la note 11, à la suite des *Pensées*

[90] Voyez, liv. VII, § 47, un précepte analogue, mais que Marc-Aurèle proclame en son propre nom, et sans indiquer à quelle école il l'emprunte

[91] Sénèque, *Lettre* 31, dit à peu près la même chose de Dieu : « Deus nihil habet; nudus est. »

[92] Il n'y a aucun renseignement dans les auteurs sur ce trait de la patience conjugale de Socrate, et l'on ignore le mot auquel Marc-Aurèle fait allusion.

lecture, si auparavant tu n'avais appris. De même à plus forte raison pour l'art de vivre ⁹³.

XXX

Tu n'es qu'un esclave, tu n'as pas la parole ⁹⁴.

XXXI

Je ris dans mon cœur ⁹⁵.

XXXII

Ils adresseront à la vertu des reproches en termes amers ⁹⁶.

XXXIII

Chercher des figues en hiver, c'est folie ; et tel est celui qui désire des enfants quand il ne lui est plus donné d'en avoir ⁹⁷.

XXXIV

Épictète disait qu'il fallait, en embrassant son fils, se dire à soi-même : Tu mourras peut-être demain ⁹⁸.

---

⁹³ Les dialogues de Platon, et surtout le *premier Alcibiade*, sont pleins de raisonnements de ce genre.

⁹⁴ C'est un vers iambique dont on ne connaît pas l'auteur.

⁹⁵ C'est la fin d'un vers de l'*Odyssée*, IX, 413, et évidemment un renvoi à ce passage où Ulysse conte quelle fut sa joie en songeant au succès de la ruse qu'il mit en œuvre pour cacher son nom au Cyclope.

⁹⁶ J'ignore quel est l'auteur de ce vers hexamètre.

⁹⁷ Voyez Épictète, *Dissert.*, III, 24.

⁹⁸ Voyez Épictète. *ubi supra.*

— Mais c'est un mot de mauvais augure. — Mais rien n'est de mauvais augure, dit-il, qui exprime quelque œuvre de la nature ; sinon, parler moisson serait de mauvais augure.

XXXV

Du raisin vert, du raisin mûr, du raisin sec, tout cela n'est que changement, non pas au non être, mais à ce qui présentement n'est pas [99].

XXXVI

Il n'y a point de brigands qui nous ravissent notre libre volonté. C'est un mot d'Épictète [100].

XXXVII

Il disait encore qu'il faut faire une règle à son assentiment, et avoir soin, en matière de désirs, d'y mettre les conditions ; de les conformer au bien public ; de les mesurer sur la valeur des choses ; qu'il faut dompter toute concupiscence, et éviter de se servir de ce qui ne dépend pas de nous [101].

XXXVIII

Il s'agit, disait-il encore, non de décider sur un

---

[99] Voyez liv. IV, § 4, et liv. V, § 13.
[100] Voyez Épictète, *ubi supra*, et I, 18.
[101] Voyez Épictète, *Manuel*, § 7, et *Dissert.*, III, 8 ; et Marc-Aurèle lui même, liv. VIII, §§ 7 et 49.

point sans importance, mais de savoir si nous avons ou non perdu notre raison [102].

XXXIX

Socrate disait : Que voulez-vous? voulez-vous avoir des âmes raisonnables, ou des âmes privées de raison ? — Des âmes raisonnables. — Quelle espèce d'âmes raisonnables ? de saines ou de perverties ? — De saines. — Que ne les cherchez-vous donc ? — Parce que nous les avons. — Pourquoi donc alors ces combats et ces discussions entre vous [103] ?

---

[102] Voyez Epictète, *Dissert.*, I, 22 et 28. Cette façon d'envisager les actions humaines correspond directement au principe qui fait dériver la vertu de la science :

> Quem mala stultitia, et quemcumque inscitia veri
> Cœcum agit, insanum hunc Chrysippi Porticus et grex
> Autumat.   Hor.

[103] On ignore complètement à quel ouvrage socratique Marc-Aurèle avait emprunté cette piquante argumentation ; mais il n'y a rien là d'étonnant, si l'on songe au peu qui nous reste des innombrables écrits des philosophes Certainement Socrate n'est pas tout entier dans Platon et dans Xénophon ; et il y avait sans doute, dans sa doctrine, bien des choses dont nous n'aurons jamais qu'une connaissance vague et hypothétique, ou même absolument erronée.

LIVRE XII

—

I

Tu peux, dès maintenant, posséder tous ces biens que tu cherches à atteindre par la voie détournée [1]; sinon, tu t'en veux à toi-même. Tu n'as qu'à laisser là tout le passé, à remettre l'avenir aux soins de la Providence [2], et à diriger le présent tout seul vers la sainteté et la justice [3] : vers la sainteté, afin que tu aimes ce qui te vient de la destinée [4], car la nature a fait ton sort pour toi et toi pour ton sort ; vers la justice, afin que tu dises la vérité librement et sans détour, et que tu fasses ce que commande la loi, ce que mérite chaque être. Ne te laisse empêcher ni par la malice

---

[1] Horace avait dit, inspiré par les idées stoïciennes :

> Strenua nos exercet inertia, navibus atque
> Qua trigis petimus bene vivere. Quod petis, hic est,
> Est Ulubris, animus si te non deficit æquus.

[2] Voyez *passim*. C'est le mot de l'Évangile : « Ne vous tourmentez pas pour le lendemain. »

[3] Voyez *passim*.

[4] Voyez liv. III, § 15, et liv. X, §§ 11 et 20.

des autres, ni par leur opinion, ni par leurs cris, ni par les sensations de cette chair qui t'enveloppe [5] : c'est à ce qui souffle d'y voir [6]. A quelque instant que tu doives arriver au bout de ta course, si tu dédaignes tout le reste pour t'occuper uniquement de la partie principale de ton âme et de ce qu'il y a de divin en toi [7] ; si ce que tu crains, ce n'est pas de cesser de vivre, mais de ne jamais commencer à vivre conformément à ta nature : alors tu seras un homme digne du monde qui t'a donné l'être [8] ; tu cesseras d'être un étranger dans ta patrie [9], et de t'étonner, comme de choses inopinées, de ce qui arrive chaque jour ; enfin tu ne dépendras plus de ceci et de cela.

II

Dieu voit les âmes dépouillées de ces vases matériels, de ces écorces, de ces ordures qui les couvrent ; car son intelligence ne touche qu'à ce qu'il y a là d'émané, de dérivé d'elle-même. Si tu t'accoutumes à faire de même, tu te débarasseras d'une foule de soucis [10]. En effet, celui qui ne voit pas la masse de chair dont il est environné ne perdra pas son temps à contempler un habit, une maison, la gloire même, toute cette sorte d'entour et d'appareil théâtral [11].

---

[5] Voyez *passim*, et notamment liv. X, § 26.
[6] Voir la note J), à la suite des *Pensées*.
[7] Voyez liv. V, § 21, et plus bas les §§ 18 et 26 de ce liv. XII.
[8] Voyez liv. IV, § 23.
[9] Voyez liv. IV, § 29, et liv. VIII, § 15.
[10] Voyez *passim*, et notamment liv. IX, § 31.
[11] Sénèque se sert plusieurs fois du mot *scena* pour exprimer la même idée.

III

Il y a trois choses qui te constituent : un corps, un souffle, une intelligence [12]. De ces choses, deux ne sont à toi que pour en prendre soin ; la troisième seule est proprement tienne [13]. Si tu éloignes de toi-même, c'est-à-dire de ta pensée, tout ce que font ou disent les autres, tout ce que toi-même tu as fait ou dit, toutes les idées de l'avenir qui te troublent ; tout ce qui vient du corps qui t'environne ou du souffle né avec lui [14], et non de ton libre arbitre, tout ce que fait rouler autour de toi le tourbillon extérieur ; en sorte que ta force intelligente s'arrache à la fatalité et vive chez elle-même [15], pure, libre, pratiquant la justice, résignée à ce qui arrive, et ne disant que la vérité ; si, dis-je, tu sépares de ton esprit les impressions qui lui sont communes avec le corps, l'idée du passé comme celle de l'avenir [16] ; si tu te rends toi-même semblable à ce qu'est, chez Empédocle,

> Le globe d'une parfaite rondeur, content de rester joyeusement en lui même [17];

[12] Voyez liv. II, § 2, et liv. III, § 16.
[13] Voyez liv. VIII, § 56, et liv. X, § 38.
[14] Voyez *passim*, et notamment liv. II, § 2.
[15] Ceci n'est nullement un encouragement à l'égoïsme. L'homme, suivant les stoïciens, ne pouvait vivre chez lui et pour lui qu'en vivant pour les autres Sénèque, *Lettre* 48 : « Necesse est enim « ut vivat et alteri, qui vult sibi. »
[16] Sénèque, *Lettre* 78 : « Circumcidenda ergo duo sunt, et « futuri timor et veteris incommodi memoria. Hoc ad me non jam « pertinet, illud, nondum. »
[17] Marc-Aurèle a déjà fait allusion deux fois au vers qu'il cite ici textuellement. Ce vers a été altéré par les copistes ; mais, si la

si tu t'appliques à vivre uniquement ce que tu vis [18], c'est-à-dire le présent : alors tu seras en état de passer ce qui te reste d'existence jusqu'à la mort, exempt de trouble, noblement, et dans une parfaite union avec ton génie.

IV

J'ai souvent admiré comment il se fait que l'homme, s'aimant lui-même par-dessus toutes choses, fasse cependant moins de cas de sa propre opinion sur ce qu'il vaut, que de celle d'autrui. Si l'on recevait d'un dieu ou d'un maître sage l'ordre de ne rien penser, de ne rien méditer, qu'à l'instant même de la conception on n'en rendît compte en public, on ne supporterait pas un jour entier cette contrainte. Il est donc vrai que nous redoutons plus l'opinion d'autrui sur nous que la nôtre [19].

V

Comment se fait-il que les dieux, qui ont ordonné si bien toutes choses, et avec tant d'amour pour les hommes, aient négligé un seul point, à savoir, que des hommes d'une vertu éprouvée, qui ont eu pen-

---

quantité poétique est défectueuse, le sens est resté clair. J'ai expliqué dans la note NN, à la suite des *Pensées*, ce qu'Empédocle entendait par le σφαῖρος.

[18] Sénèque, *Lettre* 101 : « Si vita nostra non prominebit, si in « se colligetur »

[19] Les pythagoriciens mettaient en première ligne le respect de soi-même : πάντων δὲ μάλιστ' αἰσχύνεο σαυτόν, disent les *Vers dorés*. Mais ce sont les stoïciens qui ont tiré la conséquence de ce principe, et fait un devoir du mépris de l'opinion.

dant leur vie une sorte de commerce avec la divinité, qui se sont fait aimer d'elle par leurs actions pieuses et leurs sacrifices, ne revivent pas après la mort, mais soient éteints pour jamais? Puisque la chose est ainsi, sache bien que, si elle avait dû être autrement, ils n'y eussent pas manqué; car, si cela eût été juste, cela était possible, et, si cela eût été conforme à la nature, la nature l'eût comporté. Par conséquent, de ce qu'il n'en est pas ainsi, confirme toi, par cette considération même, qu'il ne fallait pas qu'il en fût ainsi [20]. Tu vois bien toi-même que, faire une telle recherche, c'est disputer avec Dieu sur son droit. Or, nous ne disputerions pas ainsi contre les dieux, s'ils n'étaient pas souverainement bons et souverainement justes. S'ils le sont, ils n'ont rien laissé passer dans l'ordonnance du monde, qui soit contraire à la justice et à la raison.

VI

Accoutume-toi même aux choses que tu désespères d'accomplir; car la main gauche elle-même, faible d'ordinaire, faute d'habitude, tient cependant le frein avec plus de fermeté que la droite : c'est qu'elle y est accoutumée [21].

VII

Dans quel état de corps et d'âme il faut être saisi

---

[20] Voyez, liv. VII, § 41, ou, liv. XI, § 6, le passage tiré d'un poëte tragique inconnu, où cette résignation aux arrêts de la Providence est exprimée avec une incomparable énergie.
[21] Voyez liv. III, § 6.

par la mort[22], la brièveté de la vie [23], l'immensité de la durée qui s'étend derrière et devant nous [24], la fragilité de toute matière : que ce soient là tes pensées.

VIII

Il faut contempler les formes dépouillées de leurs écorces [25] ; savoir les motifs des actions ; ce que c'est que la douleur, la volupté, la mort, la gloire ; comment c'est soi-même qu'on s'ôte le repos ; que ce n'est jamais dans un autre qu'on trouve son obstacle [26] ; que tout est opinion.

IX

Il faut, dans la pratique des principes, se montrer semblable au combattant du pancrace [27], et non au gladiateur ; car celui-ci laisse tomber l'épée dont il se sert, et il est tué, tandis que l'autre a toujours la main à sa disposition, et n'a besoin de rien que de s'en servir.

X

Examiner la nature des choses, en considérant sé-

[22] Voyez liv. VI, § 30.
[23] Voyez *passim*, et notamment liv. II, § 17.
[24] Voyez liv. IV, §§ 3 et 50.
[25] Voyez liv. III, § 1, et plus haut le § 2 de ce liv. XII.
[26] Voyez liv. V, § 34, et liv. VII, § 16.
[27] Le pancrace était un exercice gymnique qui comprenait la lutte et le pugilat. L'athlète n'avait donc besoin que des armes naturelles pour combattre son adversaire, au lieu que le gladiateur, désarmé de son épée, était réduit à tendre la gorge.

parément leur matière, leur forme, et le rapport qu'elles ont avec les autres objets [28].

XI

L'homme a un bien grand pouvoir, celui de ne rien faire autre chose que ce que Dieu doit approuver, et de recevoir avec résignation tout ce que Dieu lui départ [29].

XII

Tout ce qui est conforme à la nature ne doit point être un sujet d'accusation contre les dieux, car les dieux ne pèchent ni volontairement ni involontairement; pas plus contre les hommes, lesquels ne pèchent que malgré eux. Il ne faut donc s'en prendre à personne [30].

XIII

Il faut être bien ridicule et bien neuf pour s'étonner de ce qui arrive dans la vie.

XIV

Ou il y a dans le monde une nécessité fatale, un ordre inviolable ; ou bien c'est une Providence qu'on peut fléchir; ou enfin il n'y a qu'un mélange produit par le hasard, sans cause modératrice. Si c'est une

---

[28] Voyez *passim*, et notamment liv. II, § 12.
[29] Voyez liv. VII §§ 53 et 54.
[30] Voyez Épictète, *Manuel*, § 5, et *Dissert.*, III, 10, 26.

immuable nécessité [31], pourquoi lutter contre elle?
Si c'est une Providence qui veut bien qu'on la fléchisse, rends-toi digne de l'assistance divine [32]. Mais
s'il n'y a qu'une confusion pure sans nul modérateur, qu'il te suffise, au milieu de ce flot agité des
choses, d'avoir en toi-même un esprit qui te guide
Que si le flot t'emporte avec lui, eh bien! qu'il entraîne cette chair, ce souffle, tout le reste: il n'emportera pas l'intelligence.

XV

Quoi! la lumière d'une lampe brille jusqu'au moment où elle s'éteint, et ne perd rien de son éclat;
et la vérité, la justice, la tempérance qui sont en toi,
s'éteindraient avant toi!

XVI

Si quelqu'un te donne lieu de t'imaginer qu'il a fait
une faute, dis-toi à toi-même : Suis-je bien sûr que
c'est là une faute? ou, si la faute est certaine: Ne s'en
sera-t-il pas déjà reconnu coupable? châtiment aussi
sensible pour lui que s'il se fût déchiré lui-même le
visage [33]. Vouloir que le méchant ne fasse pas le mal,

---

[31] Sénèque résume les incertitudes de la doctrine stoïcienne par des formules analogues, et il s'en tire, comme Marc-Aurèle, par une réponse toute pratique. *Lettre* 16 : « Hæc (scil. philoso-
« phia) adhortabitur ut Deo libenter pareamus, ut fortunæ contu-
« maciter resistamus; hæc docebit ut Deum sequaris, feras casum »
[32] Voyez liv. IX, § 28, et plus haut le § 2 de ce liv. XII.
[33] Ceci rappelle les beaux vers de Juvénal, *Satire* 13 :

Exemplo quodcumque malo committitur, ipsi
Displicet auctori, prima est hæc ultio, quod, se
Judice, nemo nocens ab olvitur.

c'est vouloir qu'il n'y ait pas de suc dans la figue, que les enfants ne vagissent pas, que le cheval ne hennisse pas ; et ainsi des autres choses qui sont nécessaires [34]. Que pouvait faire autre chose un homme d'un tel caractère ? Si tu es habile, eh bien ! guéris son caractère.

XVII

Si cela ne convient pas, ne le fais point ; si cela n'est pas vrai, ne le dis point. Sois maître de tes penchants [35].

XVIII

Ne manque jamais de considérer ce qu'est cet objet qui fait naître en toi l'opinion, et, séparément, quelle est sa cause, sa matière, son rapport avec d'autres êtres, la durée au bout de laquelle il cessera d'exister [36].

XIX

Comprends enfin que tu as dans toi-même quelque chose de plus excellent et de plus divin que ce qui fait naître tes passions, que ce qui t'agite en un mot comme les cordons font les marionnettes [37]. Qu'est-ce présentement que ma pensée [38] ? est-ce crainte, soupçon, désir, ou quelque chose de semblable ?

---

[34] Voyez liv. IV, § 6.
[35] Voyez liv. III, § 6, et liv. X, § 33.
[36] Voyez liv. VIII, § 11.
[37] Voyez *passim*, et notamment liv. II, § 2.
[38] Voyez liv. V, § 2, et liv. X, § 24.

XX

Avant tout, ne rien faire au hasard ni sans un but assuré [39]. Ensuite, ne jamais proposer d'autre but à ses actions que le bien de la société [40].

XXI

Bientôt toi-même tu ne seras plus, et, comme toi, tout ce que tu vois présentement, tout ce qui vit aujourd'hui [41]. Car tout est né pour subir le changement, le déplacement, la corruption, afin qu'il naisse d'autres êtres, chacun dans l'ordre auquel il appartient [42].

XXII

Tout est opinion, et l'opinion dépend de toi [43]. Fais disparaître, quand il te plaît, l'opinion ; et, comme si tu venais de doubler un promontoire, tu trouveras une mer tranquille, la sérénité partout, un port sans tempête.

XXIII

Toute action quelconque qui finit en son temps ne perd rien de sa valeur parce qu'elle a cessé ; il n'y a non plus, pour celui qui a fait cette action, au-

---

[39] Voyez liv. II, § 16, et plus bas le § 24 de ce liv. XII.
[40] Voyez *passim*, et notamment liv. XI, § 21.
[41] Voyez liv. IX, §§ 28 et 32, et liv. XI, § 18.
[42] Voyez liv. VII, § 25, et plus bas le § 23 de ce liv. XII.
[43] Voyez *passim*, et Épictète, *Manuel*, § 1.

cun mal à ce qu'elle ait cessé [44]. De même cet ensemble de toutes nos actions qui se nomme la vie ne perd rien à cesser, quand c'est en son temps qu'il cesse; et celui qui a mis fin à cette série dans le temps convenable, n'en éprouve aucun mal. Le temps convenable, la limite, c'est la nature qui la prescrit [45] : tantôt la nature particulière, quand on meurt dans la vieillesse ; en tout cas, la nature de l'univers, qui, par le changement des parties, fait durer éternellement la jeunesse et la vigueur du monde [46]. Toujours ce qui est utile à l'univers est bien et de saison [47]. Par conséquent, la cessation de la vie n'est point un mal pour nous, puisqu'il n'y a là rien de honteux [48], n'y ayant rien qui dépende de notre volonté, ni qui blesse la société. C'est même un bien, puisqu'elle est de saison pour l'univers, qu'elle lui est utile, et qu'elle est une conséquence de ses lois [49]. C'est être porté par l'esprit de Dieu, de se porter vers les mêmes objets que Dieu et de conformer notre pensée à la sienne [50].

XXIV

Voici trois principes qu'il faut avoir sous la main :

PREMIÈREMENT. — Dans toutes tes actions, ne rien faire sans dessein, ni autrement que ne l'accompli-

---

[44] Voyez liv. IX, § 21.
[45] Voyez liv VI § 49.
[46] Voyez liv VII, § 25, et plus haut le § 21 de ce liv. XII.
[47] Voyez liv. IV § 23, et liv X, § 20.
[48] Voyez *passim*, et notamment liv. VIII, § 1.
[49] Voyez liv II, § 11, et liv. III § 4.
[50] Épictète, *Dissert.*, II, 16, s'adressant à Dieu même : « Ma pensée est conforme à la tienne, ὁμογνωμονῶ σοι. »

rait la justice elle-même. Quant aux accidents extérieurs, songer qu'ils proviennent ou du hasard ou d'une Providence : or, il ne faut ni accuser le hasard, ni se plaindre de la Providence [51].

DEUXIÈMEMENT. — Songer à ce que c'est que chaque homme, depuis la conception jusqu'à ce qu'il ait une âme [52]; depuis l'instant où il a une âme, jusqu'à celui où il la rend ; de quoi se compose ce mélange, et en quoi il se décomposera.

TROISIÈMEMENT. — Supposons que tu t'élèves tout à coup dans l'air, et que de là tu contemples les choses humaines, embrassant d'un seul coup d'œil toute cette variété d'êtres, tout ce qui habite dans l'air et dans la région éthérée : tu reverras, crois-moi, à chaque fois que tu t'élèveras, le même spectacle, des choses du même genre, la même courte durée; et voilà ce qui fait notre orgueil !

XXV

Rejette l'opinion, tu seras sauvé [53]. Qui donc t'empêche de la rejeter ?

XXVI

Si quelque chose te fâche, c'est que tu as oublié

---

[51] Voyez liv. VIII, § 17.
[52] Dans l'opinion des stoïciens, l'enfant ne commençait à vivre qu'au moment où il sortait du sein maternel. Il n'était jusque-là, selon eux, qu'une portion de la mère elle-même, et comme un rameau qui végète sur le tronc de l'arbre auquel il appartient.
[53] Voyez *passim*, et notamment le § 22 de ce livre.

que tout arrive suivant la loi de la nature de l'univers [54] ; que la faute d'autrui n'est point la tienne [55] ; et encore que tout ce qui se fait aujourd'hui s'est toujours fait ainsi, et se fera toujours, se fait partout ainsi [56]. Tu as oublié quelle parenté sainte unit chaque homme avec tout le genre humain, parenté non de sang et de naissance, mais participation à la même intelligence [57]. Tu as oublié que l'âme raisonnable de chacun est un Dieu, et dérivé de l'Être suprême [58] ; que nous ne possédons rien en propre, mais que notre enfant, notre corps, notre souffle même, nous sont venus de là [59] ; que tout ne gît que dans l'opinion [60] ; enfin que chaque homme ne vit que le moment présent, et ne perd que cet unique instant [61].

XXVII

Repasse sans cesse dans ta mémoire les grands exemples de colère, le souvenir de ceux qu'ont illustrés de grands honneurs, des malheurs, des inimitiés, des fortunes de quelque sorte. Demande-toi ensuite : Où est tout cela maintenant [62] ? fumée, cendres, un conte, pas même un conte [63] ! Représente-toi mille

---

[54] Voyez liv. V, §§ 8 et 10, et liv. VIII, § 4.
[55] Voyez liv. IX, § 38.
[56] Voyez *passim*, et, un peu plus haut, le § 25 de ce livre.
[57] Voyez liv. II, § 1, et liv. III, § 4.
[58] Voyez liv. II, § 2, et liv. III, § 5.
[59] Voyez *passim*, et notamment liv. IV, § 23.
[60] Voyez plus haut les §§ 8 et 22 de ce livre.
[61] Voyez liv. II, § 14, et, plus haut, le § 3 de ce livre.
[62] Voyez *passim*, et notamment liv. III, § 3.
[63] C'est le mot de Perse, *cinis et manes et fabula fies*.

objets de même sorte : Fabius Catullinus [64] dans sa campagne, Lucius Lupus [65] dans ses jardins, Stertinius [66] à Baïes, Tibère à Caprée, Vélius Rufus [67] ; enfin tous ceux qu'animait quelque grande passion, et que l'opinion mettait si haut. Combien était vil le but de leurs efforts ! Ah ! qu'il est bien plus sage, dans toutes les circonstances, de se montrer juste, tempérant, soumis aux dieux, mais avec simplicité, car l'orgueil de la modestie est le plus insupportable de tous.

XXVIII

A ceux qui te demandent : Où as-tu vu des dieux? comment as-tu pu te convaincre de l'existence de ces êtres auxquels tu adresses tant d'hommages ? réponds que d'abord ils sont visibles [68] ; ajoute : Je n'ai jamais vu mon âme, et pourtant je l'honore. Il en est de même des dieux. J'éprouve à chaque instant leur puissance ; je reconnais qu'ils sont ; et je les respecte

XXIX

Le salut de notre vie, c'est de voir ce que chaque objet est en lui-même, ce qu'est sa matière, ce qu'est sa forme ; c'est de pratiquer la justice de toute notre

---

[64] On trouve dans les Fastes, sous l'empire d'Adrien, un consul du nom de Q. Fabius Catullinus.

[65] Lucius Lupus est inconnu.

[66] Il y a eu, du nom de Stertinius, un philosophe stoïcien qui vivait du temps d'Auguste, et un général contemporain de Tibère.

[67] Vélius Rufus est inconnu.

[68] Voyez *passim*, et notamment liv. IV, § 23.

âme, et de dire la vérité. Que reste-t-il, après cela, que de jouir de la vie, en rattachant une bonne action à une autre bonne action, sans laisser entre elles aucun vide [69]?

XXX

Il n'y a qu'une lumière du soleil, bien qu'elle se divise à l'infini, sur des murailles, sur des montagnes, etc. [70]. Il n'y a qu'une matière commune, bien que disséminée en une infinité de corps particuliers [71]. Il n'y a qu'une vie unique, bien qu'elle se partage entre une infinité de natures et de corps limités [72]. Il n'y a qu'une âme intelligente, malgré ses apparentes divisions [73]. Des choses que je viens de dire, les unes, comme le souffle, la matière, n'ont pas de sentiment et sont sans rapport d'affection les unes avec les autres, nonobstant l'intelligence universelle qui les embrasse et la pesanteur qui les retient au même lieu : au contraire, la pensée tend, par sa nature propre, à s'unir à ce qui lui ressemble. Ce penchant est tout en elle; rien ne peut en arracher l'instinct qui fait vivre les êtres ensemble.

---

[69] Sénèque, *Lettre* 61 : « Paratus exire sum, et ideo fruor vita, quia quandiu futurum hoc sit, non nimis pendeo. » On se rappelle le beau vers de Martial :

Vivere bis, vita posse priore frui.

[70] Voyez liv. VIII, § 57, et liv. IX, § 8.
[71] Voyez liv. IV, § 40, et liv. VII, § 9.
[72] Voyez liv. IX, § 8
[73] Voyez liv. VII, § 9.

XXXI

Que désires-tu davantage? de vivre plus longtemps? veux-tu dire, de sentir, de vouloir, de croître, de dégénérer, de parler, de penser? Laquelle de ces facultés te semble digne de tes désirs? Si chacune d'elles ne mérite que ton mépris, marche vers le dernier but, qui est d'obéir à la raison et à Dieu [74]. Mais il y a de la contradiction à leur adresser ce culte, et à t'irriter de la privation des objets que te ravit la mort [75].

XXXII

Combien est petite cette partie du temps immense, infini, qui est accordée à chacun de nous [76]! elle s'évanouit bientôt dans l'éternité. Combien est petite notre part de l'universelle matière [77]! combien petite notre part de l'âme universelle [78]! Qu'est-ce que cette petite motte, cette portion de la terre entière, où tu rampes? Voilà les pensées qu'il te faut méditer, afin de te mettre dans l'esprit qu'il n'y a rien de

---

[74] Voyez liv. VII, § 31, et liv. X, §§ 11 et 12.
[75] Voyez liv. IX, § 1.
[76] Voyez liv. IV, § 50, et liv. V, § 24.
[77] Épictète, Disseit., I, 12 : « Ne sais tu pas quelle chétive por-« tion tu es, relativement à l'univers? » Ceci rappelle le vers de Lucrèce :

>   Et quota pars homo sit terraï totius unus.

[78] Voyez plus haut, le § 31 de ce livre.

grand que de faire ce qu'exige ta nature et de souffrir ce que t'apporte la nature commune [79].

XXXIII

Comment ton âme use-t-elle d'elle-même [80]? Tout est là. Le reste, qu'il dépende de ta volonté ou n'en dépende point, n'est que corps mort et fumée [81].

XXXIV

Une chose peut surtout nous exciter au mépris de la mort, c'est que ceux-là mêmes qui regardent la volupté comme un bien et la douleur comme un mal, ont pourtant méprisé la volupté [82].

XXXV

Celui qui pense que tout est bien qui arrive à son temps ; qu'il est égal d'avoir accompli, en se conformant à la droite raison, un nombre d'actions plus ou moins grand ; celui enfin qui regarde comme indifférent d'avoir vu ce monde pendant plus ou moins d'années, celui-là n'envisage pas la mort avec effroi.

---

[79] Voyez liv. III, § 4, et liv. V, § 8.
[80] Voyez *passim*, et plus haut le § 19 de ce livre.
[81] Voyez liv. II, § 12, et liv. X, § 31.
[82] Marc-Aurèle fait allusion aux doctrines et à la vie d'Épicure et des épicuriens véritables. Je dis véritables, parce que rien ne serait plus faux que la remarque de Marc-Aurèle, appliquée à ces pourceaux, comme ils se qualifiaient eux-mêmes, qui avaient usurpé le nom d'épicuriens.

LIVRE XII.

XXXVI

O homme! tu as été citoyen dans la grande cité. Que t'importe de l'avoir été pendant cinq ou pendant trois années [83]? Ce qui est conforme aux lois n'est inique pour personne. Qu'y a-t-il donc de si fâcheux à être renvoyé de la cité, non par un tyran, non par un juge inique, mais par la nature même, qui t'y avait fait entrer? C'est comme quand un comédien est congédié du théâtre par le même préteur qui l'y avait engagé [84]. — Mais je n'ai pas joué les cinq actes [85]; je n'en ai joué que trois. — Tu dis bien; mais c'est que, dans la vie, trois actes suffisent pour faire la pièce entière [86]. L'être qui détermine la fin, c'est celui qui a constitué autrefois l'ensemble des parties, et qui, aujourd'hui, est cause de la dissolution. Ni l'une ni l'autre chose ne vient de toi. Va-t'en donc avec un cœur paisible. Celui qui te congédie est sans colère.

---

[83] Voyez *passim*, et notamment liv II, § 14.

[84] Voyez liv. X, § 27, et liv. XI, § 6. Pascal nous a rendu cette comparaison familière, à propos d'Épictète. C'est Épictète qui l'a fournie à Marc Aurèle.

[85] La règle des cinq actes, inconnue des poètes d'Athènes, était de rigueur sur le théâtre de Rome. Horace en fait foi:

> Neve minor, neu sit quinto productior actu
> Fabula, quæ posci vult, et spectata reponi.

[86] Voyez liv. III, § 8, et liv. XI, § 1 Sénèque, *Lettre* 77 : « Eam « vitam ingressi sumus, quam peragere non est necesse. Iter im-« perfectum erit, si in media parte, aut citra petitum locum steteris. « Vita non imperfecta est, si honesta est. Ubicumque desinis, si « bene desinis, tota est. »

FIN DES PENSÉES.

NOTES.

Note A, p. 61.

Le texte semble fort altéré à cet endroit, et l'on a essayé vingt corrections plus ou moins heureuses. Mais, si l'explication littérale est à peu près impossible, le sens général, comme le remarque Gataker, est parfaitement saisissable. Sa traduction, *Utpote cum is esset, qui non ad celebritatem ex rebus a se gestis acquirendam, sed id duntaxat quod facto erat opus, respiceret*, est fort plausible. Celle de Schultz n'en diffère pas pour le sens; seulement elle indique dans le texte une correction assez satisfaisante. Ταῖς τοιαύταις rattacherait ensemble les deux membres de phrase, et serait un pluriel neutre; ἀνθρώπαις deviendrait ἀνθρώπου, et serait le substantif de δεδορκότες.

Note B, p. 65.

C'est là, dit Saumaise sur Capitolin, le passage le plus corrompu de tout le livre de Marc-Aurèle. Au lieu de ἀπὸ Λωρίω, il propose de lire ἐπιχώριας, et Casaubon ἀπὸ χωρίου. Alors Marc-Aurèle dirait d'Antonin à peu près ce que Suétone dit d'Auguste, si peu recherché dans ses vêtements, et qui les faisait faire par les mains de sa femme ou de ses filles; ou ce que le stoïcien Sénèque recommandait comme un précepte de la tranquillité de l'âme : *Vestis... domestica et vilis, nec servata nec sumenda sollicite.* Saumaise propose aussi ἐπὶ Λωρίω, ce qui s'éloigne moins du texte des éditions; et c'est le sens que j'ai adopté, dans la nécessité où j'étais de choisir. Lorium était une maison de campagne à douze milles de Rome. Antonin y séjournait souvent, et c'est là qu'il est mort, en l'an 161. Cette maison de campagne était voisine des villes de Lanuvium et d'Alsium. Pour le sens des mots καὶ τῶν ἐν Λανουβίῳ, je suis l'explication de Casaubon, qui les entend de la matière dont les vêtements d'Antonin étaient tissus. Mais je ne puis dissimuler qu'il serait facile de tirer de la phrase un tout autre sens, et de faire porter à Antonin, dans Lanuvium, un habit fait avec la laine de Lorium ; et cela s'accorderait tout aussi bien avec les données de l'histoire Antonin était né à Lanuvium ; il devait y séjourner de temps en temps, à cause de la proximité de Rome, et de la beauté du chemin, la voie Appienne, qui y menait. Nous savons que Marc-Aurèle lui-même s'arrêta là à son retour d'Asie ; car le Lavinium des historiens n'est pas autre, comme l'a montré Joseph Scaliger, que Lanuvium lui-même. Je laisse au lecteur à décider la question.

Note C, p. 75.

ἴσῳζε, ὕβριζε ἐνωπήν, ὦ ψυχή. Je conserve la leçon vulgaire avec Schultz et Joly, qui avaient suivi Méric Casaubon. Dacier suit Gataker, qui propose de lire, à cet endroit, ὕβριζες, ou ὕβριζαις ; mieux encore. Il est évident qu'il y a ici une ironie ; et, fût-ce le seul exemple de cette figure dans Marc-Aurèle, comme le prétend Gataker, il ne s'ensuivrait pas qu'on dût la faire disparaître. La supprimer ici, c'est enlever à l'expression toute son énergie, et sans aucune compensation.

Note D, p. 81.

Marc Aurèle est ailleurs plus affirmatif. Il semble, ici, craindre de compromettre la rigueur des principes du stoïcisme, qui ne voit dans la pitié qu'une affection déraisonnable, qu'une maladie de l'âme comme toutes celles que condamnait la doctrine. Ἔλεος εἶναι πάθος, καὶ μυστικὴν ἀλογίαν. Diogène de Laerte, *in Zenon*. Lactance fait allusion à cette rigide maxime, quand il dit, *Instit.*, III, 22 : « Illud « satis est ad convincendum hominis errorem, quod inter « vitia et morbos misericordiam ponit. » Platon et Aristote, au contraire, pensaient que la pitié était le signe où se reconnaissaient les belles âmes et les nobles sentiments. Et ils ont raison, sans contredit. Non pas qu'il faille se laisser aller à tout propos aux inspirations de cette tendresse pour les autres : ce ne serait plus que faiblesse. Souvent les hommes sont dignes de leur sort, et, au lieu de consolations, c'est de leçons qu'ils ont besoin. Mais, quoi qu'en ait dit le stoïcisme, il y a des infortunes qui appellent à juste titre notre pitié. Marc-Aurèle l'a bien senti ; et c'est là une de ses gloires. Il n'est pas toujours un stoïcien très-conséquent, mais il n'est pas pour cela un moins admirable moraliste, un moins noble caractère. Ἀνδρὸς πονηροῦ σπλάγχνον οὐ μαλάσσεται.

NOTE E, p. 81.

Les stoïciens semblent avoir tenu beaucoup, et même trop, à cette idée, qui n'est au fond qu'une subtilité. Le christianisme, appuyé sur une ferme croyance à l'autre vie, sait faire, et avec raison, la différence entre une vie quelconque, même irréprochable, mais qui n'a pas eu le temps d'être mise à toutes les épreuves, et une longue existence passée dans la pratique de la vertu. Sous ce point de vue, il est donc vrai que le passé nous importe, et que la durée écoulée ne nous est non plus indifférente que la durée que nous espérons dans l'avenir. Il est vrai aussi que le principe stoïcien est métaphysiquement incontestable ; que le présent seul est à nous, c'est-à-dire

instant imperceptible ; que c'est là tout ce que *nous vivons*, et, en tant que perte d'existence, tout ce que nous perdons par la mort. « Horæ sunt quas perdimus. Puta
« dies esse, puta menses, puta annos : perdimus illos,
« nempe perituros. Quid, oro, te refert, num perveniam
« ad illos? Fluit tempus, et avidissimos sui deserit. Nec
« quod futurum est meum est, nec quod fuit ; in puncto
« fugientis temporis pendeo; et magni est modicum
« fuisse. Eleganter Iælius ille sapiens dicenti cuidam,
« Sexaginta annos habeo : Ilos, inquit, dicis sexaginta,
« quos non habes? Ne ex hoc quidem intelligimus in-
« comprehensibilis vitæ conditionem et sortem temporis
« semper alieni, quod annos annumeramus amissos. »
Sénèque, *Quæst. nat.*, VI, 3.

Note F, p. 82.

Ceux qui croient à la doctrine du progrès trouveront quelque peu étrange une pareille argumentation. Mais le principe sur lequel Marc-Aurèle se fonde était admis, de son temps, comme une incontestable vérité. Les épicuriens s'accordaient à dire, avec les stoïciens, qu'il n'y avait rien de nouveau dans le monde, et que les choses tournaient dans un cercle. *Eadem sunt omnia semper.* Lucr. L'histoire elle-même, la science des événements, c'est-à-dire de ce qu'il y a de plus divers en apparence et de moins soumis à de périodiques retours, l'histoire proclamait la même loi : « Rebus cunctis, dit Tacite,
« inest quidam velut orbis. » Il y a un siècle et demi, Vico n'en savait guère plus que Tacite et Marc-Aurèle ; et depuis nous n'avons pas appris grand'chose encore, et l'idée du progrès est toujours, il faut l'avouer, malgré qu'en aient tant de philosophes, dans un vague bien mystérieux, dans un nuageux effrayant.

Note G, p. 83.

Les philosophes anciens semblent tous d'accord sur ce point, que rien n'est stable ni permanent dans le monde des corps. C'est à la matière qu'Héraclite appliquait sa remarque fameuse : « On ne peut pas passer deux fois le même fleuve. » Aristote, *Métaph.*, III, 5. Platon pensait comme Héraclite, et comme Cratyle, plus hardi encore qu'Héraclite lui-même ; seulement il cherchait ailleurs des réalités. L'école d'Élée supprimait le monde matériel, pour la même raison qui le faisait condamner scientifiquement par Platon ; et les atomistes eux-mêmes, et, comme eux, les épicuriens leurs successeurs, eux qui ne reconnaissaient qu'une réalité, les atomes, convenaient avec tous les autres sur ce point, non pas pour les éléments primordiaux, lesquels ne sont intelligibles qu'à l'entendement, mais pour tout ce qui tombe sous le sens.

Lucrèce, *passim* :

> Dico igitur rerum effigies tenuesque figuras
> Mittier ab rebus summo de corpore earum :
> Quæ, quasi membranæ summo de cortice rerum
> Dereptæ, volitant ultro citroque per auras...
>
> Nam certe fluere atque recedere corpora rebus
> Multa, manus dandum est..
>
> Principio omnibus a rebus, quæcumque videntur
> Perpetuo fluere ac mitti fateare necesse est
> Corpora.

Note H, p. 86.

Εἰ ἤδη ἐξακτέον αὑτόν. Il s'agit du suicide. Les stoïciens admettaient, dans certains cas, la mort volontaire. Ils la prescrivaient même à l'homme sage, dans les nécessités pressantes, et quand il y avait impossibilité pour lui de remplir tous les devoirs de la vie. C'est ce qu'ils nommaient εὔλογος ἐξαγωγή. Il ne faut pas trouver étrange que Marc Aurèle n'ait pas réformé sur ce point la doctrine Dieu nous a mis dans ce monde comme dans un poste que nous ne devons jamais quitter sans son congé : Socrate l'a dit, et Socrate a raison. Mais, à Rome, on envisageait la question d'une autre manière. Ce dont il s'agissait pour Brutus, pour Caton, c'était de protester contre les décisions d'une aveugle fortune, et de sauver l'honneur de l'humanité. La minorité du sénat, sous l'Empire, n'eut guère d'autre arme contre les indignes maîtres de l'univers. Marc-Aurèle est tout autant Romain et patricien, ici, que sectateur d'un dogme philosophique. Il se sert du terme de l'école ; mais ce qui l'anime, c'est l'esprit, le souvenir des Romains dont Sévérus lui avait appris à adorer les augustes caractères.

Note I, p. 87.

Il n'est point de serpent ni de monstre odieux
Qui, par l'art imité, ne puisse plaire aux yeux.

Aristote l'avait dit avant Boileau. En parlant ainsi, les critiques expriment un fait incontestable de la nature humaine. Mais de là à éprouver le moindre plaisir, et même à se garantir de toute fâcheuse sensation, à l'aspect des réalités, il y a un abîme. Les gueules béantes ne feront jamais plaisir à voir qu'en peinture. Les stoïciens confondaient les choses. L'homme n'est pas seulement une intelligence, et la sensibilité aura toujours une part plus ou moins considérable dans ses jugements. *Expellas furca, tamen usque recurret.* L'unité systématique est une précieuse chose ; mais la vérité vraie est quelque chose de plus précieux encore.

Note J, p. 88.

Le bon Xylander trouve ici Marc-Aurèle en défaut. « Il est faux, dit-il, que Socrate soit mort de la vermine. » On voit assez pourtant, n'y eût-il pas même ce mot ἄττα, de quelle vermine Marc-Aurèle veut parler. Anytus et Mélitus, quoi qu'on en ait dit, n'étaient pas indignes de cette ignominieuse qualification. La métaphore est, du reste, parfaitement dans les habitudes du langage stoïcien. « Il y a, dit Épictète, parmi les hommes, de grands animaux dévorants et de petits animaux malfaisants. » *Dissert.*, II, 9. Les lions, les loups et les tigres, on sait quels hommes ils représentent. Les hypocrites, les délateurs, les sycophantes de toute nature, sont les vipères, les vermines, les insectes divers dont le nom prête souvent à notre parole une pittoresque énergie.

> Item genus est leoninum inter homines, meo quidem animo,
> Uti muscæ, culicesque, pedesque, pulicesque.
> Odio et malo et molestiæ, bono usui estis nulli.

Plaute. *Curcul.*, IV, 2. Remarquons en passant que le mot *pedes* est pris dans le sens du φθεῖρες de Marc-Aurèle et de l'usité *pediculi*.

Note K, p. 90.

Συνεμφέρεταί τε καὶ συνεμφέρει. Xylander traduit, *et constat aliunde, et secum aliud affert*. Ce sont là des mots latins, et rien de plus. Gataker, *et conducit ei, et in eum finem est eidem collata;* ce qui n'est guère plus clair que les mots de Xylander, et ce que le commentaire n'éclaircit pas d'une façon satisfaisante. J'aimerais mieux la version de Méric Casaubon; elle a du moins le mérite d'offrir un sens : *et inevitabile est et utile*. Mais il est évident qu'il doit y avoir une analogie entre les deux idées exprimées par Marc-Aurèle. C'est le même verbe; seulement c'est le pas et l'actif de ce verbe. Or, cette analogie n'existe nullement entre les mots *inevitabile* et *utile*. Et puis, comment *inevitabile est* peut il rendre συμφέρον? Je pense même que rien n'autorise l'assimilation, pour le sens, de συμφορά avec συμφέρει, lequel signifie, en effet, *utile est*. Schultz met simplement, *convenienter infertur et infert*. C'est une énigme plus indéchiffrable encore que celle de Xylander. Dacier suit mot à mot le latin de Gataker; ce qui ne fait pas une phrase française des plus nettes : « Car ce qui est destiné à chacun lui est convenable et utile, et tend avec lui à la même fin. » Joly supprime la difficulté : « Car le sort particulier de chacun marche avec la combinaison générale dont il fait partie. » Je vois bien là dedans le συμφέρεται, ou à peu près; mais où est le συμφέρει, et le καί si important qui lie les deux mots? Je ne mentionne pas toutes les autres interprétations qui ont été données de ce passage obscur. J'en viens à la mienne. Je la tire du sens propre des termes qui entrent dans la composition des deux mots, ou plutôt du mot, en litige; et je la justifie par la doctrine métaphysique de Marc-Aurèle. Φέρω, c'est porter; συμφέρω, c'est emporter avec, et συμφέρεσθαι, être emporté avec. Or, avec quoi la destinée de chaque homme est-elle emportée, sinon avec celle de l'univers, c'est-à-dire, suivant les lois de l'univers? et qu'emporte-t-elle, qu'entraîne-t-elle avec elle autre chose que nous-mêmes, et aussi, par conséquent, suivant les lois de l'univers? Ceci est d'accord avec le principe, proclamé ailleurs, que chaque nature particulière n'est qu'une partie de la nature; surtout avec le grand principe de la conformité aux arrêts de la Providence et aux décrets du destin, principe sans cesse rappelé par Marc-Aurèle, et particulièrement aux livres IV, §§ 10, 23, 29, 44; VI, §§ 9, 42, VII, § 54; X, §§ 14, 20; XII, § 5. Au reste, le doute est tou-

jours un peu permis en pareille matière ; . je n'ai pas la prétention d'avoir dit le dernier mot. « Tu quisquis
« es, comme dit à ce propos Gataker, quamcumque ex
« istis (scil. interpretationem), amplectare per me licet ;
« aut potiorem aliquam, si comminisci potueris. »

Note L, p. 90.

Socrate, en maint endroit des dialogues de Platon, exprime le même mépris pour l'approbation de la multitude. Il va jusqu'à dire, dans le *Criton*, que ceux qui préfèrent l'estime du peuple à celle des sages, corrompent cette partie d'eux-mêmes qui ne vit que par la justice et que l'injustice a seule le pouvoir de détruire. A ses yeux, il n'y a qu'une seule louange digne de ce nom, c'est celle que nous décernent les hommes compétents. On connait le mot d'Hector dans Nævius, cité par Cicéron,

> Lætus sum laudari abs te, pater, a laudato viro,

ainsi que l'énergique protestation du poète Lucilius contre les admirations populaires. Un succès auprès de la multitude est pour Lucilius ce qu'était pour le héros antique l'empire des enfers avec tous ses morts :

> Paucis se malle et sapientibus esse probatum,
>
> Ἢ τοῖν νεκύεσσι καταφθιμένοισιν ἀνάσσειν.

Toutes les écoles philosophiques de l'antiquité, comme l'a remarqué Sénèque, s'accordent sur ce point : « Idem
« hoc omnes tibi ex omni domo conclamabunt, peripate-
« tici, academici, stoici, cynici. Quis enim placere potest
« populo, cui placet virtus? Malis artibus popularis favor
« quæritur. Similem te illis facias oportet. Non proba-
« bunt, nisi agnoverint. Conciliari nisi turpi ratione amor
« turpium non potest. » *Lettre* 29.

Note M, p. 91.

Les stoïciens étaient d'une excessive sévérité sur ce point. Ils ne redoutaient pas la sécheresse dans leurs écrits ; ils semblaient la rechercher, au contraire. Quand la pensée était grande et forte, ils atteignaient sans effort le sublime, ou tout au moins l'énergique et le concis. C'est là tout ce qu'ils voulaient. La pensée devait seule, suivant eux, recommander l'expression et lui donner ses charmes. Tous les artifices qui font le sujet des longues études de ceux qui veulent écrire, et qui constituaient l'art des rhéteurs, sont proscrits sans pitié ; et, dans la mesure où se tient Chrysippe, selon un passage conservé du premier livre de sa *Rhétorique*, on ne peut nier qu'ils n'aient une sorte de raison : « Non-seulement il faut négliger la collision des voyelles, pour ne penser qu'à ce qui est plus grand et de plus grande importance ; mais il faut encore laisser passer certains défauts et certaines obscurités, et faire même des solécismes dont d'autres rougiraient. » Il n'y a guère là que la permission du solécisme qui soit vraiment exorbitante.

Note N, p. 91.

Le texte : ἐν δὲ τὸ φανδρόν. Il y a quelque chose qui manque à la phrase ; mais il serait difficile de dire ce que c'est. La variante du manuscrit du Vatican, donnée mais non suivie par Joly, est absurde : ἐν τε τὸ φανερόν. En attendant une correction plus satisfaisante, je suis, avec la traduction latine de Schultz, une interprétation de Gataker, qui propose de lire ἐν δέ, ou peut être ἐν δ', syncopes connues de ἔνεστι, et fréquemment usitées, la première en poésie, la seconde partout. Du reste, Gataker propose encore ἐν ᾗ δὲ et ἐνίοτω δέ, et ne veut rien décider sur la question.

Note O, p. 94.

Τὴν ὑπολητπικὴν δύναμιν. C'est à tort que Dacier traduit ce terme par le mot *imagination*, lequel ne saurait convenir ici ni dans son acception étymologique, *perception des images*, ni surtout dans son acception vulgaire, *faculté d'invention*. Le mot dont se sert Joly, *entendement*, n'est pas moins défectueux. L'entendement, dans la langue philosophique, c'est l'ensemble des facultés intellectuelles, ou même, suivant quelques uns, l'ensemble de toutes les facultés de l'âme. Or, il ne s'agit ici que d'une faculté unique et simple, ou du moins que les stoïciens jugeaient telle, celle qui produit l ὑπόληψις ou l'opinion. Gataker traduit, *facultatem opinatricem*, et Schultz, *facultatem, e qua opiniones nascuntur*. J'ai fait, comme Schultz, une périphrase. On ne m'eût point passé l'inutile barbarisme *hypoleptique*.

Note P, p. 97.

Ἐν τοῖς μέσοις. En dehors du τὸ καλόν, il n'y avait pour les stoïciens aucun bien véritable. Tout ce que le langage vulgaire appelle ainsi, eux le nommaient chose moyenne, c'est-à-dire, intermédiaire et neutre entre le bien et le mal, et, en français, chose indifférente. Mais ils distinguaient entre les choses indifférentes, à peu près comme, dans un autre ordre d'idées, on distingue entre les probabilités : il y a des choses indifférentes plus rapprochées du bien, comme il y a des probabilités plus rapprochées de la certitude. Zénon les appelait προηγμένα, avancées. Sénèque s'exprime, du reste, catégoriquement sur ce sujet, *Lettre* 82 : « Est et horum, » quae media appellamus,

« grande discrimen. » Je n'ai pas besoin d'expliquer de quel mode d'évaluation on se servait. On se demandait si la chose, par exemple le pouvoir, la richesse, la science, pouvait avoir quelque utilité, soit pour nous aider à acquérir le bien suprême, soit pour la pratique de la vertu. Chacun décidait ensuite selon les lumières de son esprit.

Note Q, p. 98.

« Antonin veut dire que tous les mots ont véritable« ment une signification ordinaire et commune, qui, « étant marquée, s'il faut ainsi dire, au coin de l'usage, « peut être aperçue des yeux du corps, de manière que « chaque mot n'est pas plutôt prononcé, que chacun « voit et entend, sans aucune réflexion, ce qu'il signifie ; « mais qu'outre cette signification, ils en ont encore d'au« tres, qui sont plus cachées, et qui ne peuvent être « aperçues que par les yeux de l'esprit. » DACIER. En effet, ce que la langue entend par vol, c'est avant tout une soustraction d'argent; mais il y a bien d'autres vols que celui-là, et de bien plus criminels : en première ligne, l'hypocrisie et le mensonge. Même observation pour les autres mots dont se sert Marc-Aurèle. D'ailleurs, la remarque n'est pas sans importance. Tant de disputes n'ont été au fond que de pures logomachies, qu'il n'est jamais inutile de répéter que l'esprit seul vivifie, et que la lettre tue.

Note R, p. 99.

Aristote, *de Anima*, III, 3 : « La croyance n'est pas une « faculté des animaux sauvages ; mais la plupart d'entre « eux ont en partage la perception sensible. » Et plus loin : « La perception sensible est une faculté commune « à certains animaux sauvages ; mais aucun d'eux n'a la « raison. » Le même auteur, *Métaph.*, I, 1, fait la même distinction. Elle était fondée sur une erreur de l'histoire naturelle de ce temps, qui considérait certains animaux comme privés de quelqu'un des sens, l'ouïe ou la vue. On croyait que l'abeille était sourde et la taupe aveugle. Les stoïciens reconnaissaient deux ordres de perceptions sensibles, les perceptions rationnelles et les irrationnelles. Les premières, qu'ils appelaient aussi νοήσεις, n'appartenaient qu'aux êtres raisonnables ; les autres, qui n'avaient que le nom générique de φαντασίαι, étaient celles des brutes.

Note S, p. 109.

Plutarque se moque quelque part de ces miracles moraux que les stoïciens prétendaient opérer par leur doctrine, de ces bêtes sauvages subitement transformées en dieux, ou pour le moins en demi-dieux et en héros :
ὡς ἐξ ἀνθρώπου ἥρως τις ἢ δαίμων, ἢ θεὸς ἢ θηρίον τῷ τυχόντι γινόμενος. Mais peut-être faut-il voir chez Marc Aurèle une simple allusion au mot d'Aristote sur la multitude, τοὺς τῶν θηρίων, une protestation de l'empereur contre des murmures populaires excités par quelqu'un de ses édits, et une exhortation qu'il s'adresse à lui-même, pour s'engager à demeurer ferme et à persister jusqu'au bout dans sa résolution.

Note T, p. 110.

Je suis la correction de Schultz, qui traduit, *qui accenduntur et extinguuntur.* Le texte vulgaire donne διαἐντρεπομένων καὶ σβεννυμένων. On ne sait pas ce que pourrait signifier ici le mot ἐντρεπομένων, surtout à côté de σβεννυμένων. Ἐντρέπεσθαι a un sens très-clair dans la première phrase de ce paragraphe : c'est l'homme qu'éblouit un certain éclat ; mais ici, la suite des idées et la continuation de la figure exigent, au lieu de ἐντ., le mot ἁπτομένων, qui s'en rapproche assez pour qu'on puisse regarder la correction comme une restitution que tout autorise.

Note U, p. 111.

Sur cette question, comme sur plusieurs autres, les stoïciens étaient partagés; et on a déjà vu que Marc-Aurèle était loin d'être assuré de la réalité d'une autre existence. Le dogme le plus généralement reçu dans cette école, c'est que les âmes persistent à vivre après la mort, mais pour un temps limité; ce qui faisait dire à Cicéron, *Tuscul.*, I, 77 : « Stoici vitæ usuram nobis largiuntur, tanquam cornicibus : diu mansuros (aiunt) animos; semper, negant. » Chrysippe faisait subsister après la mort seulement les âmes des justes, et jusqu'à l'embrasement du monde. Cléanthe étendait cette même existence à toutes les âmes sans exception.

Note V, p. 112.

Le τὸ ποιοῦν, la forme, le principe formel, efficient des choses, c'est Dieu lui-même, que les stoïciens supposaient tellement uni à la matière qu'il ne pouvait en être séparé que par une abstraction de l'esprit. A ces deux principes tout péripatéticiens, Marc Aurèle en ajoute quelquefois un troisième, qu'il nomme διακοπή, et même un quatrième, le temps, bien que ce soient là des conditions d'existence et d'action pour les deux premiers principes, plutôt que des principes véritables, au sens où il faut prendre le mot *principe*.

Note X. p. 112.

Le monde, considéré surtout en tant qu'ensemble des deux principes, la matière et la forme, était souvent appelé Dieu par les stoïciens ; et c'est dans ce sens qu'il faut entendre ici ce mot. Voyez livre X, § 21. « Ce « qu'ils (les stoïciens) appellent Dieu, dit Plutarque, *de* « *Philos. placit.*, I, 7, c'est le monde, et les astres, et la « terre. » Il y a une foule d'autres passages d'auteurs anciens qui confirment ce que dit Plutarque ; et Sénèque n'est pas moins explicite. *Quæst. nat.*, II, 45 : « Vis Deum « mundum vocare ? non falleris. Ipse enim est totum « quod vides, totus operibus suis inditus, et se sustentans « vi sua. » *Lettre* 94 : « Totum hoc, quo continemur, et « unum est. Et Deus est ; et socii ejus et membra sumus. »

Note Y, p. 112.

La nature, ici, comme tout à l'heure le monde, signifie la Divinité. Sénèque a fait pour la nature la même observation que pour le monde. *De Benefic.*, IV, 7 : « Quid « enim aliud est natura quam Deus, et divina ratio, toti « mundo et partibus ejus inserta ? » *Quæst. nat.*, III, 45 : « Vis « illum naturam vocare ? non peccabis. Est enim ex quo « nata sunt omnia, cujus spiritu vivimus. » Le panthéisme est le fond de la métaphysique stoïcienne, et, on peut le dire, de presque tous les systèmes antiques. Seulement, chez les autres philosophes, excepté les épicuriens et les Éléates, il est plus ou moins avoué, plus ou moins dissimulé sous un appareil dont on peut le débarrasser, et qui n'en change pas l'essence. Et puis, les uns partent d'une conception *a priori*, celle de l'unité par exemple, et les autres de l'observation sensible. Les uns disent : Dieu est tout ; les autres : Tout est Dieu. Ce sont deux sortes de panthéisme, mais c'est toujours le panthéisme.

Note Z, p. 135.

C'est une heureuse correction que je trouve indiquée

dans la traduction latine de Schultz. Le texte donne οὐδέν ἐ-ιδέ ξει, ce qui n'a pas de sens à cet endroit. Schultz traduit, *nihil te mordebit,* ayant lu, par conséquent, οὐδέν ἐ-ιδήξει. La permutation de l'η et de la diphthongue ει est extrêmement fréquente dans les manuscrits, par l'effet de la prononciation identique que ces deux signes ont affectée depuis une époque fort reculée, et que les Grecs modernes ont conservée traditionnellement. L'η et l'ει ne sont chez eux, ainsi que οι, υ et ι, que des écritures différentes du même son, celui dont l'iota était dans l'origine l'unique représentant.

Note AA, p. 137.

Toute cette phrase, dans le texte, est bouleversée, mutilée, et ne saurait s'entendre sans le secours d'une correction. J'ai suivi celle de Gataker. Au lieu de, οὐκ ἂν ταῦτα προεπινοήσας, ἔτι ἀνύσαι δυνθείη τι ὑπὸ τῷ ἀγαθῷ γὰρ ἐφαρμόσαι, Gataker propose de lire : ο. ἂ. τ. π., ἔ. ἀ. δ. τι, ὅπερ τῷ ἀγαθῷ οὐκ ἐφηρμόσαι. Schultz a admis une supposition qui ne semble pas très-fondée. Il lit : ... δυνηθείη τι ὑπὸ *** τῷ ἀγαθῷ γὰρ (οὐκ) ἐφηρμόσαι, comme s'il y avait plusieurs mots effacés dans le texte. Ces mots, à en juger par sa traduction, auraient été une citation commençant par la préposition ὑπό :... *non potuit, his animo præconceptis, audire hoc:* «*Præ...*» *Nam cum bono dissonabit.* Ce qui semblerait appuyer cette supposition, c'est ce que dit Marc-Aurèle un peu plus bas : ὁ ὑπὸ τοῦ κωμικοῦ εἰργμένοι. Mais la citation du poète comique se trouve évidemment dans les derniers mots du paragraphe, qui sont un vers iambique, mais défiguré peut-être au deuxième pied par le défaut de la mémoire du citateur :

Ὑπὸ τῆς εὐπορίας οὐκ ἔχειν, ὅτοι χρήσῃ.

Quant à savoir quel est le poète comique dont il est ici

question, Gataker l'ignorait, et depuis on n'en a pas appris davantage. Il n'y a pas grand'chose de commun, en effet, entre le mot cité par Marc-Aurèle, et le vers d'Aristophane allégué par Dacier, et que Gataker avait cité seulement pour mémoire :

Ἀλλ' ἐν καθαρῷ κ.ῦ τοῦ τις ἂν ἐξ ἄρας τύχοι;

Note BB, p. 155.

Les passions nous font sortir hors de nous-mêmes. L'homme, dit Publius Syrus, est hors de son corps quand il se livre à la colère. Quand nous manquons ainsi, volontairement ou non, à la loi d'harmonie qui doit être notre unique règle ; quand, pour parler comme les stoïciens, nous ne sommes plus en conformité avec la nature, laquelle a fait l'âme pour commander, le corps pour obéir, il faut se hâter de rétablir l'âme dans son empire, et aussi souvent que l'impression des objets extérieurs a porté le trouble dans l'économie de l'être double que nous sommes. Agir autrement, c'est perpétuer le plus fâcheux désordre, c'est manquer sans cesse à la mesure. On peut bien y manquer, mais malgré soi, mais à condition d'y revenir aussitôt.

Note CC, p. 160.

Horace, dans la première *Épître* du deuxième livre :

... nisi quæ terris semota suisque
Temporibus defuncta videt, fastidit et odit.

Pour Marc-Aurèle, il reproche aux hommes un triple défaut, qui ne les a pas quittés depuis, et qui paraît destiné à durer autant que le monde : 1° leur injustice à l'égard des contemporains; 2° la faiblesse qui leur fait désirer des louanges, eux qui en refusent aux autres ; 3° la vanité de chercher à se survivre dans la renommée. Le deuxième point est sous-entendu ; mais il faut le suppléer par la pensée. C'est la transition nécessaire pour passer de l'une à l'autre des deux idées exprimées par Marc-Aurèle ; et cette troisième idée est contenue implicitement dans la dernière, car il faut bien qu'on aime la louange, et passionnément, pour la chercher jusque dans la postérité même.

Note DD, p. 177.

Les stoïciens se sont toujours élevés, et avec juste raison, contre une illusion qui semble éternelle et indestructible, et dont les plus fermes esprits ont peine eux-mêmes à se défendre : la croyance à la candeur et à la vertu des vieux âges. Il ne reste guère des hommes que le bien qu'ils ont fait dans leur passage sur la terre : leurs imperfections, leurs vices, leurs crimes même, ne laissent pas des traces tellement profondes, que l'oubli ne vienne à bout de les effacer avec le temps. C'est toujours d'un point de vue trop favorable que l'humanité, qui ne connaît jamais que grossièrement son histoire, contemple et juge le passé. Il n'y a que le petit nombre qui voie sainement les choses ; et encore, sur les hommes instruits et de sens, que ne peuvent la prévention, les jalousies, l'esprit de système ? Combien y en a-t-il qui osent rendre justice à leurs contemporains ? D'ailleurs, on éprouve une sorte de honte pour l'espèce humaine, d'avouer qu'il y a eu depuis le commencement du monde, qu'il y aura éternellement, comme il y en a aujourd'hui, des voleurs, des assassins, des parricides, des tyrans et des traîtres. Sénèque, qui n'aimait guère son siècle, est presque forcé de l'absoudre, et de convenir que les siècles passés ne valaient guère mieux ; que les hommes d'autrefois se plaignaient comme il le fait lui-même, et qu'on se plaindra toujours de la corruption des mœurs, du règne des méchants, de la décadence de toutes choses. Il fait à ce sujet les mêmes réflexions qu'on trouve souvent dans Marc-Aurèle et dans les autres stoïciens, malgré le thème favorable que l'opinion vulgaire fournissait à la déclamation. Voyez notamment la *Lettre* 97, et le *de Benef.*, I, 10. Toutes les réformes du monde ne feront jamais que l'homme ne soit pas un être passionné en même temps que raisonnable, et bien plus rempli de passions que de raison.

Note EE, p. 182.

Il y a peut-être ici, dans l'intention de Marc-Aurèle, un jeu de mots, mais qu'il était impossible de reproduire dans la traduction. Le mot qui signifie membre, μέλος et celui qui signifie partie, μέρος, ne diffèrent que par une seule lettre. Quelque copiste, frappé de cette idée, a jugé à propos de l'exprimer par cette glose : διὰ τοῦ ῥῶ στοιχείου, *en te servant de la lettre rho* (au lieu du lambda). Cette glose est imprimée dans le texte, mais personne n'admet qu'elle en fasse partie intégrante. C'est bien assez, en effet, de croire que Marc-Aurèle ait dérogé un instant à son sérieux habituel, comme ont fait quelquefois d'autres auteurs aussi graves, sans le charger d'une puérilité qu'un grammairien seul a pu trouver digne d'orner ce passage.

Note FF, p. 186.

Sénèque s'est étonné que Caton n'ait pu contempler avec résignation le changement qui s'opérait dans le gouvernement de son pays; et il ajoute, *Lettre* 71 : « Quid « enim mutationis periculo exemptum? non terra, non « cœlum, non totus hic rerum omnium contextus: quam-

« vis Deo agente ducatur, non semper tenebit hunc
« ordinem ; sed illum ex hoc cursu aliquis dies deji-
« ciet, etc. » L'étonnement de Sénèque est parfaitement
juste en théorie ; mais il faut tenir compte aussi du sentiment de droit et de justice, des passions et des habitudes
dont les hommes subissent encore plus la loi que celle
de la raison. Épictète, j'imagine, s'inquiétait peu des
révolutions qui pouvaient transformer le monde politique ; mais il y a loin d'un philosophe solitaire à un
homme d'État, tout stoïcien qu'on le suppose, ou qu'il
soit en réalité.

Note GG, p. 197.

Schultz, eu égard sans doute au mot *fouiller*, σκάπτες, qui
se trouve plus bas, semble avoir condamné, comme impropre, le mot *regarde*, βλέπε. Il traduit, *fole*, ce qui suppose σκάπτε. J'avoue que je ne sens nullement la nécessité ou même l'utilité de cette correction. J'aime autant
βλέπε que σκάπτε, et peut-être mieux. On a déjà vu l'expression ἔσω βλέπε, qui est équivalente à εἴδω βλέπε.

Note HH, p. 200.

La conclusion devrait donc être, si l'on doit se laisser
aller à la douleur : Je ferai paraître mon ennui quand
mes yeux commenceront à s'appesantir, quand il fera
une chaleur accablante. Or, si l'on en use autrement, et
si l'on surmonte, sans se plaindre de l'effort, ces désagréments de notre infirme nature, pourquoi n'en ferait-
on pas autant pour les autres douleurs ? pourquoi ne les
supporterait-on pas sans que rien y paraisse ? Voilà, ce
me semble, le raisonnement de Marc-Aurèle, si l'on sup-
plée les termes dont il n'avait pas besoin pour s'entendre
avec lui-même, mais qui auraient dû être au moins indi-
qués, s'il eût écrit pour un autre lecteur.

Note II, p. 201.

Sénèque, *Lettre* 79 : « Quamdiu videbatur furere Demo-
« critus ? Vix recepit Socratem fama. Quamdiu civitas
« Catonem ignoravit ? Respuit ; nec intellexit, nisi cum
« perdidit. » Il ne serait pas difficile d'accumuler les
exemples à l'appui de l'assertion de Marc-Aurèle. Ce ne
sont pas toujours ceux qui font le plus de bruit pendant
leur vie qui sont les plus dignes de gloire, et que con-
naîtra le mieux la postérité. Ce n'est pas à dire que le
présent soit toujours injuste, comme des esprits chagrins
seraient enclins à le croire ; mais il est toujours un peu
préoccupé, et les contemporains sont des contemporains,
c'est-à-dire, des gens que nous aimons à mesurer sur nos
idées, comme nous mesurons leur personne sur notre taille.

Note JJ, p. 210.

Les stoïciens divisaient d'ordinaire la philosophie en
trois parties : la physique, ou l'étude de la nature des
êtres ; la morale, ou l'art de gouverner les passions ; la
dialectique avec ses accessoires. « Philosophiæ tres partes
« esse dixerunt et maximi et plurimi auctores : moralem,
« naturalem, et rationalem. Prima componit animum ;
« secunda rerum naturam scrutatur ; tertia proprietates
« verborum exigit, et structuram, et argumentationes,
« ne pro vero falsa surrepant. » Sénèque, *Lettre* 89. Sénèque énumère les mêmes parties que Marc Aurèle ; mais
l'ordre dans lequel celui-ci les a rangées est plus rationnel : φυσιολογεῖν, παθολογεῖν, διαλεκτικεύεσθαι.

Note KK, p. 215.

Il y a dans le texte, πρὸς τὸ αἴτιον τὸ περικείμενον. Il ne faut
pas prendre le mot αἴτιον à la lettre, et croire qu'il s'agisse

de la cause extérieure proprement dite. Il ne s'agit que des organes par l'intermédiaire desquels la cause extérieure fait impression sur l'âme, du corps en un mot. Ce qu'il appelle ici αἴτιον τὸ περικείμενον, c'est ce qu'il nomme ailleurs περικείμενον ἀγγεῖδες, περικείμενα κτλ, περικείμενον σωμάτιον. On s'en assurera en recourant aux passages spéciaux, livre X, §§ 1 et 38, et livre XII, §§ 2 et 3, et en réfléchissant à l'esprit de la philosophie stoïcienne et de celle de Marc-Aurèle en particulier.

Note LI, p. 219.

Peut-être, à la place du mot κυρίου, faut-il lire, avec Saumaise, Οὐήρου. Mais c'est une question fort peu importante. Il suffit de savoir que Pergame était un affranchi de Vérus, et Panthée, la maîtresse de Vérus. Il avait amené celle-ci d'Ionie à Rome, et, après lui avoir donné la liberté, il l'avait entourée de tout le luxe et de tout l'appareil de la puissance, comme une impératrice. Lucien a fait le portrait de cette courtisane, dans le dialogue des *Images*.

Note MM, p. 220.

Je ne sais pas à qui Marc-Aurèle a emprunté cette phrase. Au lieu de βλέπε, κρίνον, φησί, Gataker voudrait lire βλέπε, Κρίτων φησί, ou bien encore βλέπε, Ζήνων φησί. Mais pourquoi pas κρίνον? La difficulté est dans le dernier mot, σοφώτατος, que Gataker changerait en σοφώτατος. J'ai supposé qu'il y avait σοφώτατος. La pensée est bien plus complète alors qu'en disant simplement : Si tu as bonne vue, vois, comme dit le très-sage Criton, ou le très-sage Zénon. Schultz traduit, de son côté : « Vide, inquit, utquam « sapientissime judices, » comme s'il y avait ὡς σοφώτατος.

Note NN, p. 221.

Allusion à un vers d'Empédocle, que Marc-Aurèle cite ailleurs, livre XII, § 3. Horace, avant Marc-Aurèle, avait parlé de ce poli, de cette rotondité morale, si j'ose ainsi parler :

> ..et in seipso totus teres atque rotundus,
> Externi ne quid valeat per æve morari

La figure par excellence, suivant Empédocle, c'était la figure ronde. Aussi le monde était une sphère; et Empédocle ne l'entendait pas comme nous, quand nous parlons du monde dans notre langage imparfait, ou quand nous représentons, avec nos moyens grossiers et matériels, ce qui, en réalité, n'a pas de représentation possible. C'était, pour lui, un grand corps composé de tous les corps, et de figure ronde. Voyez le livre de Sturz sur Empédocle, et les travaux de M. Amédée Peyron, de Turin, sur la restitution d'un certain nombre des vers de son poème qui ont été conservés jusqu'à nous.

Note OO, p. 226.

Les mots καὶ μὴ φρίας ne semblent pas d'une authenticité bien incontestable. Les meilleures éditions ne les ont qu'entre crochets, comme suspects d'avoir été interpolés. Il n'y aurait rien d'étonnant à ce qu'ils n'eussent été dans l'origine qu'une glose placée à la marge, pour faire sentir la force des mots πηγὴ ἀέναος. Mais on ne peut pas nier non plus que cette interprétation, si c'en est une, n'a rien de malheureux, tant s'en faut, et qu'avec καὶ μὴ φρίας la pensée de Marc-Aurèle n'ait véritablement plus de relief, sinon plus de portée.

Note PP, p. 228.

Sénèque ne va pas si loin que Marc-Aurèle. Il dit seulement, *Lettre* 81, que ce qui rejaillit de nos vices sur autrui n'est qu'un mal léger, ou n'est qu'une très faible partie du mal lui-même; que presque tout ce mal reste dans l'âme de l'homme vicieux, et fait son juste châtiment Mais Marc-Aurèle ne parle ici que spéculativement, au point de vue absolu de la morale, et sans égard à l'influence fatale des mauvais exemples Sauf la restriction que commanderait a mise en pratique, sa maxime est fondée en raison. Au reste, le paragraphe suivant éclaircit suffisamment la pensée de Marc-Aurèle, et montre bien qu'il ne considère le vice que dans son essence. Comme hommes vivant avec d'autres hommes, nous ne pourrions pas dire que leurs vices ne sont que leurs vices, si nous les avions fomentés. Notre conduite n'eût-elle été que l'occasion de la chute de nos semblables, nous serions encore responsables solidairement, comme complices moraux de leurs fautes.

Note QQ, p. 228.

Cette étymologie, comme tant d'autres où s'est complu l'esprit de quelques philosophes, et notamment celui de Chrysippe et de ses successeurs, est fort loin d'être, je ne dis pas probable, mais vraisemblable. L'étymologie que donnent les grammairiens du mot ἀκτίς, est bien plus conforme au génie de la langue grecque : c'est ἄγω, dont le radical exprime une idée assez analogue à celle que représente ἀκτίς, et dont les temps dérivés forment une chaîne à laquelle on peut, sans hypothèse hasardée, rattacher ἀκτίς.

Note RR, p. 237.

Les stoïciens n'accordaient pas aux animaux des passions véritables, mais des quasi-passions, des ἔρωτες, etc. Il n'y a qu'un pas de leur théorie à celle de Descartes sur l'organisation des animaux; car ces quasi-passions

ont bien l'air de n'être pour les stoïciens que des mouvements automatiques. C'est un détour qu'ils ont trouvé pour donner une raison quelconque à ces mouvements si analogues aux nôtres, et qui décèlent avec tant d'énergie, aux yeux que n'aveuglent pas les systèmes, une nature qui, sous le rapport passionné, n'a rien à envier à la nature humaine, même à celle des peuples dont la civilisation n'a pas encore changé le caractère originel. Voici l'argumentation stoïcienne, sur le point en question. Sénèque, de Ira, 1, 3 : « Muta animalia human s
« affectibus carent; habent autem similes illis quos-
« dam impulsus. Alioqui, si amor esset, et odium es-
« set; si amicitia, et simultis; si dissensio, et concor-
« dia; quorum aliqua in illis quoque exstant vestigia.
« Ceterum humanorum pectorum propria bona malaque
« sunt, etc. »

Note SS, p. 244.

Les mots du texte, και τι ες τίν. -ρεπον γάρ τινα άτερον, τ αρετή, ne peuvent s'expliquer raisonnablement d'aucune manière. C'est un de ces passages désespérés qui peuvent admettre vingt corrections différentes, au moins quant aux mots. Pour le sens, il paraît être, d'après les autres endroits analogues, celui que j'ai adopté avec Schultz. On a déjà vu plus d'une fois les suppositions que Marc-Aurèle reproduit ici; et il a déjà été question, particulièrement au § 9 de ce neuvième livre, de l'unité qui règne dans les divers ordres de la nature.

Note TT, p. 250.

Je lis, τῷ ἡγεμονικῷ λέγε, au lieu de τῷ ἡγεμονικῷ λέγεις. Avec λέγεις, Marc-Aurèle semble s'étonner d'adresser de pareils reproches à son âme. Or, plus d'une fois déjà nous l'avons vu montrer, et avec des expressions pour le moins aussi sévères, l'avilissement où il croyait voir son âme déjà plongée. Cette légère correction, indiquée par la traduction de Schultz, est infiniment préférable à celles qu'ont proposées Mérie Casaubon, Saumaise, etc., et aux interrogations de Dacier et de Joly, lesquelles transforment complètement, bien qu'en sens divers, la physionomie du passage, et sans profit ni pour la clarté, tant s'en faut, ni pour la vérité de la pensée.

Note LU, p. 257.

Il ne faut pas l'étendre à tout, ce principe dont les optimistes, comme les stoïciens, ont trop souvent abusé. L'homme, en tant qu'homme, ne gagne rien aux convulsions nécessaires qui agitent la nature, et qui dureront, plus ou moins violentes, dans l'air, dans les eaux, dans la terre, aussi longtemps pour le moins que l'humanité. Physiquement, elles le tuent; moralement, elles font germer dans les âmes le désespoir ou la superstition, et contribuent à dégrader bien plus qu'à grandir, à effacer bien plus qu'à répandre la sainte et salutaire notion d'une Providence. Il n'y a que dans l'ordre politique et dans l'ordre moral qu'il soit vrai de dire que le bien du tout est le bien de la partie, et que, quand le tout se porte mal, la partie ne saurait se bien porter. C'est en ce sens que Platon et Aristote entendaient ce principe. Cicéron ne va pas plus loin qu'eux, et il a raison : « Potest quod inutile reipublicæ sit, id cuiquam utile « esse? » *Offic.*, III. Et encore : « Ergo unum debet esse « propositum, ut eadem sit utilitas uniuscujusque et uni- « versorum ; quam si ad se quisque rapiat, dissolvetur « omnis humana consociatio. »

Note XV, p. 259.

Cette dernière phrase est, dans le texte, d'une extrême obscurité, et pèche par la grammaire, comme par le choix des termes infiniment vagues dont s'est servi Marc-Aurèle. La voici : Ὑπόθου δ' ὅτι ἐκ.... οι δίκαι προσπίπτει τῷ ὡς παῦ. ιδ. ἔ.τι οἶμαι πρὸς τὸ νῦν λεγόμενον. Le mot προσπ... n'a pas de sujet. J'ai supposé τοῦτο, ou comme ayant été oublié dans les manuscrits, ou plutôt comme sous-entendu par Marc-Aurèle, et qui rappellerait les mots ὃ ἡ φύσις ἔτεκεν. Ἐκ... ω désignait dès lors ὃ ἔπαθες, ce que l'âge et la nutrition ont ajouté à nos organes depuis la naissance. J'ai particularisé τῷ ἰδίως παῦ, pour le rendre saisissable ; et j'ai vu dans ὅτι une sorte d'attraction, un peu forte il est vrai, mais qui n'est pas sans analogues dans la langue grecque. Mais j'avoue avoir presque regretté, ici comme dans plus d'un autre passage, que notre langue ne me permît pas ces bienheureuses facilités qu'ont les traducteurs latins de faire des phrases parfaitement bien calquées sur le grec, parfaitement régulières pour la syntaxe des mots, et tout aussi parfaitement inintelligibles que l'original, souvent même plus inintelligibles encore. Schultz lui-même n'a pas redouté d'écrire : « Iac « autem, id te nimis annectere illi singulari modo affec- « to, nihil id revera obstare arbitror ei, quod nunc dixi. »

Note XV, p. 260.

Il s'agit là d'un de ces cas où les stoïciens croyaient le suicide permis, et dont Juste Lipse, dans son Introduction à la philosophie stoïcienne, a fait le dénombrement. Mais ici, Marc-Aurèle semble avoir été entraîné par le développement de sa pensée ; car il y a dans son livre bien des passages qui sont en contradiction manifeste avec celui-ci. Il faut seulement prendre la phrase en bloc, sans s'arrêter, je crois, à une rigoureuse interprétation des termes. Tout ce qu'il veut dire, c'est que la mort est préférable à l'avilissement moral; et il a raison.

Note YY, p. 261.

Le paganisme ne pouvait pas être plus formellement condamné que par ces paroles. Tout le culte des anciens n'était en effet qu'une flatterie plus ou moins noble, plus ou moins honteuse, adressée aux dieux. Mais Marc-Aurèle s'imaginait seulement réformer, quand il détruisait. Singulière imitation, en effet, que celle qu'il propose! Tous les dieux du paganisme pris ensemble n'auraient certainement pas suffi à fournir la matière d'un honnête homme, tel que le concevait Marc-Aurèle. Aussi faut-il bien croire que, s'il se sert du pluriel en parlant de la divinité, c'est uniquement pour se conformer au langage vulgaire, ou plutôt par une habitude d'enfance, et qu'il ne s'agit ici en réalité que du Dieu unique auquel il rend si souvent hommage. On sait d'ailleurs que Platon assignait à la philosophie précisément cette même fin, l'imitation de la divinité. Il n'est même pas impossible que Marc-Aurèle se soit souvenu d'un passage du quatrième livre des *Lois*, où Platon exprime, comme il l'a fait lui-même, sauf le pluriel, le vœu de la divinité : Τὶς πρᾶξις φίλη καὶ ἀκόλουθος θεῷ; μία καὶ ἕνα λόγον ἔχουσα ἀρχαῖον, ὅτι τῷ ὁμοίῳ τὸ ὅμοιον φίλον ἂν εἴη.

Note ZZ, p. 261.

Le texte : ὅποσα ὁ φυσιολογητὴς συντάξῃ καὶ παρεμφῆ; Et ces mots sont donnés comme conclusion de la phrase qui précède. Il est impossible d'en tirer, sans correction, un sens raisonnable. Je change σ-ται en οι, et de λογητης je fais ἀρχιστρατηγης, qui est une expression de Marc

Aurèle, livre IX, § 44. Les mots en question deviennent alors une phrase exclamative, et donnent, on le voit, sans trop d'effort, un sens parfaitement convenant et à toute l'intention du paragraphe, et à l'esprit d'une foule d'autres passages, où Marc-Aurèle répète qu'il faut étudier avec soin la nature de chaque chose, et bien connaître à fond un objet avant de porter sur cet objet aucun jugement favorable ou aucun blâme. Méric Casaubon avait déjà songé à changer ὅπως en πόσα, mais en donnant à tout le reste une interprétation inadmissible. Gataker avait proposé, entre autres expédients, ἀλογο-λογήσης ou ἀλογολογήτως, mais en gardant ὅπως. Enfin Schultz, profitant de ces deux idées, et les conciliant, avait traduit : «Atque quam multa ratione a natura aliena «imaginaris aut prætermittis!» Ce qui revient à peu près aux expressions dont je me suis servi.

Note Aa, p. 262.

C'était un des peuples avec lesquels Marc-Aurèle eut si longtemps affaire sur les bords du Danube. Marc-Aurèle fait peut-être, suivant Gataker, allusion à la manière dont Avidius Cassius traita un corps d'auxiliaires qui avaient jugé à propos d'attaquer et de vaincre, sans l'ordre du général, trois mille Sarmates qui ne s'attendaient à rien, et qui ne purent opposer qu'une faible résistance. Les centurions, fiers de leurs exploits, s'attendaient à une récompense. Cassius les fit mettre en croix, comme coupables d'infraction à la discipline militaire, et comme ayant compromis l'honneur du nom romain en s'exposant à donner dans une embuscade où la troupe alliée pouvait périr tout entière, et sans qu'il en réchappât un seul homme. Il est toutefois plus naturel de croire que Marc-Aurèle a seulement voulu dire que les soldats qui faisaient la guerre aux Sarmates étaient enchantés quand ils parvenaient à faire quelques prisonniers. C'était une preuve de bravoure militaire, une satisfaction d'amour-propre ; et sans doute il y avait quelque récompense attachée à chaque exploit de ce genre. Le procédé de Cassius n'était pas assez dans les mœurs de Marc-Aurèle, pour qu'on suppose non-seulement une approbation de sa part, tandis qu'il n'a dû que tolérer ce qui s'était fait, mais encore une raillerie à l'adresse des centurions si cruellement punis d'une erreur qui avait été au moins, jusqu'à un certain point, rachetée par la complète déroute des ennemis.

Note B*b*, p. 282.

Épictète a fait aussi allusion à cette pathétique scène de l'*Œdipe-Roi*, où le héros de la tragédie, tombé tout d'un coup dans une profonde et irrémédiable infortune, regrette d'avoir été sauvé dans son enfance, et s'écrie d'une voix déchirante : « O Cithéron ! » Voyez *Disser t.* I, 21. Quant à la pensée de Marc-Aurèle en elle-même, elle est facile à saisir. Ce ne sont pas seulement les hommes vulgaires qui savent ce que c'est que le malheur ; personne n'en est exempt ; et les puissants, les rois eux-mêmes sont soumis, comme les derniers de leurs sujets, à cette loi universelle suivant laquelle se dispensent les accidents de la vie.

Note C*c*, p. 282.

On appelle Comédie ancienne celle dont Aristophane, Eupolis et Cratinus furent les principaux représentants. C'était une satire violente et personnelle de tous les vices, de tous les travers, et même des vertus qui avaient le malheur de n'être pas du goût des poètes comiques. On diffamait sur la scène les hommes d'État, les magistrats, les philosophes, les écrivains ; à peu près comme, chez les peuples modernes, là où la presse est libre, on les diffame dans les journaux et dans les pamphlets. Mais nous avons souvent quelque chose de moins : c'est l'esprit, qui peut faire passer bien des duretés, et qui permettait à Socrate lui même de sourire à la représentation des *Nuées*.

Note Dd, p. 282.

Tout ce qu'on sait de la Comédie moyenne, dont le *Plutus* d'Aristophane a peut-être été le premier modèle, c'est qu'on n'y nommait plus les personnages vivants, et que le fantastique y dominait, ainsi que dans l'ancienne Comédie.

Note l'e, p. 282.

La Comédie nouvelle est celle de Ménandre, de Philémon, etc., que nous connaissons si bien par leurs imitateurs latins Plaute et Térence. C'est le tableau de la vie réelle et la peinture des mœurs. C'est la comédie telle que l'ont conçue les modernes, au moins les Français, Corneille et Molière, Racine et Regnard, Le Sage, Piron, Beaumarchais lui-même, quoiqu'on ait voulu faire de Beaumarchais un Aristophane.

Note l'f, p. 286.

Marc Aurèle semble mettre un instant en doute la force d'âme de Phocion; mais rien ne prouve qu'il y ait dans ses paroles autre chose que cette réserve que tous sont en droit de faire en présence d'actes d'abnégation extraordinaires, et que l'orgueil, ou tout autre sentiment condamnable, aurait pu dicter aussi bien que la vertu. Je crois moi qu'il faut entendre le passage d'une manière générale, et que Marc-Aurèle a voulu dire seulement que la feinte n'est jamais permise, même celle qui pourrait exercer sur l'âme des autres hommes la plus heureuse influence. On cite plusieurs traits de Phocion, que Marc Aurèle a dû avoir en vue quand il cite ce nom fameux, surtout le mot qu'il prononça, après sa condamnation, pour toute réponse aux invectives dont le poursuivait un de ses ennemis : « N'empêchera-t-on pas cet homme de se déshonorer de la sorte ? »

Note Gg, p. 287.

Les Grecs appelaient amitié de loup, λυκοφιλία, celle qui devait inspirer des soupçons, et dont l'entière sincérité n'était point manifeste. Ménandre, parlant d'une réconciliation, dit qu'elle est comme une amitié de loup :

λυκοφιλίαν μὲν ἔστι τὰ δ' ἄλλα ρα

Et Platon, écrivant à Denys et caractérisant la nature des sentiments qu'ils se portaient l'un à l'autre avant leur rupture ouverte, se sert du mot λυκοφιλία, et, immédiatement après, du mot ἄκοινα, qui en explique le sens. L'expression *amitié de loup* était une allusion à cette fable d'Ésope, où les loups persuadent aux brebis de leur livrer les chiens en otages et d'accepter pour gardiens de jeunes loups à la place, et dévorent ensuite à loisir et sans résistance la gent infortunée qui s'est laissé prendre à leurs promesses et à leurs beaux discours.

Note Hh, p. 295.

C'est en effet la pensée qu'on trouve exprimée, mais en termes différents de ceux dont se sert Marc-Aurèle, dans le *Phédon*, et surtout dans le *Criton*, où elle est longuement développée. Mais Marc Aurèle paraît avoir eu en vue un passage d'Épictète, *Dissert.*, II, 1, dans lequel il est dit que Socrate appelait tout ce qui fait peur au vulgaire, des masques sans réalité, ποσωπεῖα. Quant aux Lamies, c'étaient des monstres fabuleux, analogues, mais dans le genre féminin, aux ogres des contes de fées, et fort populaires chez les Latins :

Neu pransæ Lamiæ vivum puerum extrahat alvo.

Note II, p. 296.

Le texte : Ἐν ταῖς τῶν Ἐφεσίων γράμμασι, dans les écrits des Éphésiens. Comme nous n'avons rien qui nous indique ce que c'était que ces *écrits* attribués à tout un peuple, j'ai cru pouvoir y substituer le mot *lois*, qui a du moins l'avantage d'être clair, et d'ôter à l'expression ce qu'elle a d'étrange. Les lois sont en effet la seule chose qu'on puisse appeler les écrits d'un peuple. Gataker conjecture qu'il faut peut-être lire : Ἐν ταῖς τῶν Ἐπικουρείων γράμμασι. Mais la correction ne serait-elle pas un peu forcée ? Quand il n'y a pas d'impossibité à tirer d'un texte un sens raisonnable, ne doit-on pas hésiter devant une transformation de mots aussi complète que celle d'Ἐφεσίων en Ἐπικουρείων? Il est vrai pourtant de dire que le précepte que Marc-Aurèle attribue aux Éphésiens avait été proclamé par Épicure, comme on le voit dans les passages de Sénèque que je vais citer. *Lettre* 11 : « Aliquis vir bonus
« nobis eligendus est, ac semper ante oculos habendus,
« ut sic tanquam illo spectante vivamus, et omnia tan-
« quam illo vidente faciamus. Hoc Epicurus præcepit :
« custodem nobis et pædagogum dedit; nec immerito.
« Magna pars peccatorum tollitur, si peccaturis testis
« adsit. » *Lettre* 25 : « Sic fac, inquit Epicurus, omnia,
« tanquam spectet Epicurus. » Mais rien ne prouve qu'Épicure ait conçu le premier cette salutaire pensée, et qu'il ne l'ait pas empruntée à d'autres. Le peuple d'Éphèse, une des plus religieuses nations de l'antiquité, a bien pu mettre dans ses lois de pareilles prescriptions morales, devenues depuis un des apanages de la philosophie pratique.

Note JJ, p. 301.

Marc-Aurèle veut dire, par cette expression, *c'est à ce qui souffre d'y voir*, qu'au corps, et au corps uniquement, il sied de se plaindre des sensations désagréables. L'âme, suivant la doctrine stoïcienne, devait y être étrangère. Elle se dégrade en s'associant aux doléances de ce qui est moins noble qu'elle. Cependant il n'y a pas eu, sur ce point, unanimité dans l'école du Portique. Cléanthe, dès les premiers temps du stoïcisme, confessait l'étroite union du corps et de l'âme, et leur solidarité dans les phénomènes de la sensation. Voici ses propres termes, cités par un Père de l'Église, saint Grégoire de Nysse : Συμπάσχει ἡ ψυχὴ τῷ σώματι νοσοῦντι καὶ τεμνομένῳ, καὶ τὸ σῶμα τῇ ψυχῇ.

FIN DES NOTES.

Les lettres qu'on va lire ne sont que des extraits du travail publié en 1830, par feu Armand Cassan, sous ce titre : *Lettres inédites de Marc-Aurèle et de Fronton, retrouvées sur les palimpsestes de Milan et de Rome, traduites avec le texte en regard et des notes*. J'ai transcrit, sauf d'insignifiantes modifications, les traductions estimables et les utiles remarques de M. Cassan; j'ai indiqué la place de chacune des lettres de Marc-Aurèle dans son édition. Mon unique but, en reproduisant, malgré leur peu de valeur intrinsèque, les monuments littéraires de la jeunesse de Marc-Aurèle, a été de montrer, par un contraste, tout ce que les années et l'usage de la souveraine puissance avaient ajouté de grandeur et de force à son âme, et, à son style, d'énergie et de sobriété. J'ai voulu opposer l'élève de Fronton à l'émule d'Épictète, les subtilités du bel esprit à la pensée profondément sentie, nettement exprimée, la rhétorique à la philosophie.

APPENDICE

I[1]

M. CÉSAR A FRONTON, SON MAITRE, SALUT.

Reçois aujourd'hui, contre le sommeil, cette courte réponse à ton éloge du sommeil. Toutefois, j'y pense; pour moi, c'est peut-être prévariquer, pour moi, qui fais une cour si assidue au sommeil de la nuit et du jour, et qui ne l'abandonne pas plus qu'il ne m'abandonne lui-même, tant nous sommes bien ensemble! Mais je désire qu'offensé de cette accusation contre lui, il s'éloigne un peu de moi; qu'il me permette du moins une courte veillée. J'ai bien des arguments, et voici le premier. Tu vas me dire qu'en accusant le sommeil, j'ai pris un sujet plus facile que toi, qui fais son apologie. Mais parce

---

[1] Cassan, t. I, p. 36 et suiv.

que, dans un sujet, l'accusation est facile et l'apologie difficile, s'ensuivra-t-il qu'on ne doive pas l'aborder? Aussi bien je laisse cela. Maintenant que nous sommes à Baies, dans cet éternel labyrinthe d'Ulysse, j'emprunterai à Ulysse quelques mots qui reviennent au fond de mon sujet. Car, sans doute, il aurait revu, avant la vingtième année, la terre de la patrie; il n'aurait pas erré si longtemps dans ce lac; il n'aurait pas essuyé toutes ces traverses qui font une *Odyssée*, si

> Le sommeil mollement n'eût vaincu ses fatigues [1].

Et pourtant:

> A la dixième aurore apparut la patrie [2]

Mais que fit le sommeil?

> Hélas! des compagnons les avis triomphèrent!
> De l'outre aux flancs brisés tous les vents s'échappèrent,
> Eux ils fuyaient battus par l'orage et les flots,
> Pleurant et loin d'Ithaque [3].

Et ensuite, qu'arriva-t-il dans l'île de Trinacrie?

> Les dieux sur ma paupière épanchent le sommeil;
> D'Euryloque alors le funeste conseil
> Vient de mes compagnons égarer la faiblesse [4].

---

[1] *Odyss.*, K, 31.
[2] *Odyss.*, K, 29.
[3] *Odyss.*, K, 46.
[4] *Odyss.*, M, 338.

Puis, après que

> Là des bœufs du soleil et des grasses brebis
> Ils eurent arraché les dépouilles sanglantes,
> Rôti les chairs, mangé les entrailles brûlantes,

que fit Ulysse éveillé ?

> Et je pleurai C'est vous, m'écriai-je, grands dieux,
> Qui d'un cruel sommeil avez chargé mes yeux ;
> Vos funestes présents me coûtent bien des larmes [1].

Or, le sommeil ne permit pas qu'Ulysse reconnût de longtemps, même sa patrie, et pût

> Voir de son vieux foyer s'échapper la fumée [2]...
> Il voudrait retrouver ses champs pour y mourir [3].

Du fils de Laërte je passe au fils d'Atrée ; car cet emportement qui l'égare, qui pousse à leur ruine et à la fuite tant de légions, d'où vient-il ? du sommeil et d'un rêve. Quand le poëte loue Agamemnon, que dit-il ?

> Alors vous eussiez vu le chef de ces héros
> D'un indigne sommeil refuser le repos [4].

Que dit-il pour le blâmer?

---

[1] *Odyss.*, M, 364.
[2] *Odyss.*, M, 372.
[3] *Odyss*, M, 58.
[4] *Iliad.*, Δ, 223.

Le sage ne doit pas dormir la nuit entière[1].

Et ce sont ces vers dont un orateur fameux[2] a détruit la vérité !

Je passe maintenant à notre Q. Ennius, qui commença, dit-on, sa gloire poétique par le sommeil et par un rêve[3]; mais, s'il ne s'était arraché au sommeil, il n'aurait jamais raconté son rêve. De là au pasteur Hésiode, qui, selon toi, devint poète en dormant; mais je me souviens d'avoir lu autrefois chez mon maître :

> Près des bords où jadis de jaillissantes eaux
> Sous les pieds bondissants du coursier s'élancèrent,
> Le pasteur Hésiode amenait ses troupeaux.
> Au devant du pasteur les Muses s'avancèrent[4].

Cet *au-devant du pasteur*, quel heureux mot pour moi ! Le poète se promène donc, puisque les Muses viennent au-devant de lui. Que penses-tu encore de ce sommeil, dont on veut faire le plus bel éloge en disant :

> Calme et profond sommeil, image de la mort.

En voilà assez de ces jeux inspirés par amour pour

---

[1] *Iliad*, B, 24.
[2] *Ce grand orateur*, c'est Fronton. Il n'est pas inutile d'en prévenir.
[3] Cicér., *Academ.*, IV, 16, et *de Rep.*, VI, 10. Lucrèce. Synésius.
[4] Ce sont deux vers grecs de Fronton.

toi, plutôt que par confiance en ma cause. Maintenant, après avoir accusé décemment le sommeil, je vais dormir ; car c'est le soir que je t'écris ; je demande que le sommeil ne m'ait pas trop de reconnaissance.

II[1]

M. CÉSAR, EMPEREUR, A FRONTON, SON MAITRE.

Que dirai-je qui suffise à rendre ma situation, ou comment accuserai-je convenablement cette nécessité trop dure qui me tient enchaîné ici, quand j'ai l'esprit si agité, si obsédé d'inquiétude ; qui ne me permet pas de courir à l'instant à mon cher Fronton, à ma très belle âme, surtout dans une maladie de cette sorte [2] ; de m'approcher de lui, de prendre ses mains, et enfin ce pied lui-même, autant qu'il se pourrait sans l'incommoder ; de le toucher et le retoucher ; de le soigner dans le bain ; de le soutenir sur ma main dans sa marche ? Et tu m'appelles ton ami, lorsque je ne renverse pas les maisons pour voler vers toi de toute ma force ! En vérité, je suis le plus boiteux, moi, avec ma réserve, avec ma paresse. Moi ! que dirai-je ? Je crains de dire quelque chose

[1] Cas. II, t. I, p. 50 et suiv.
[2] Front. n souffrait souvent de la goutte ; aussi M. Aur. lui écrit souvent pour lui dire combien il partage ses souffrances.

que tu ne veuilles pas entendre ; car il est certain
que tu as fait ce que tu as pu, par tes expressions
plaisantes et enjouées, pour m'ôter d'inquiétude et
me faire croire que tu supportes tout cela le plus
patiemment du monde. Moi, cependant, où est mon
esprit ? Je ne sais ; ou plutôt je sais qu'il est parti
pour je ne sais quel lieu où tu es. Par pitié, tâche, à
force de régime et d'abstinence, de chasser tout ce
mal que ton courage peut supporter, mais qui est
pour moi la plus cruelle, la plus déchirante épreuve.
Et si tu partiras pour les eaux, et quand : et comment tu te trouves à présent, vite, je t'en prie, écris-
moi tout cela, et remets-moi du calme dans l'âme.
Moi, cependant, quelle qu'elle soit, je porterai ta
lettre avec moi. Adieu, mon très-aimable Fronton ;
mais c'est plutôt aux dieux que je dois ici m'adresser ; et cela même est selon ton désir. O vous qui
êtes partout, dieux bons, rendez la santé à mon Fronton, l'homme le plus aimable et le plus cher à mon
cœur ! Rendez-lui une santé pleine, entière, inaltérable; rendez lui la santé, et qu'il puisse être avec
moi ! Homme très-saint, adieu.

III[1]

JE TE SALUE, MON TRÈS-BON MAÎTRE.

S'il t'est revenu un peu de sommeil après les
veilles dont tu te plaignais, écris-le-moi, je t'en prie ;

---

[1] Cassan, t. I, p. 62 et suiv.

mais, avant tout, je t'en prie, soigne ta santé, ensuite, cache et renferme bien cette hache ténédienne[1] dont tu nous menaces, et ne va pas renoncer au dessein de plaider, ou alors il faut que toutes les bouches se taisent à la fois. Tu dis que tu as rédigé en grec un je ne sais quoi qui te plaît autant que le peu que tu as écrit. Mais n'est-ce pas toi qui, naguère, me grondais si fort de ce que j'écrivais en grec? Pourtant il faut bien que j'écrive quelquefois en grec. Tu demandes pourquoi? Je veux essayer si ce que je n'ai pas appris me servira mieux, puisque tout ce que j'ai appris m'abandonne. Cependant, si tu m'aimais, tu m'enverrais cet essai, qui te plaît comme tu dis. En attendant, je te lis ici, même malgré toi ; et cela seul me fait vivre et me suffit. Tu m'as envoyé une cruelle matière ; je n'ai pas encore lu cet extrait de Cœlius[2] que tu m'as envoyé, et je ne le lirai pas avant d'en avoir dépisté tous les sens. Mais le discours de César me retient avec des ongles crochus. C'est maintenant que je conçois enfin combien il est difficile d'arranger trois ou quatre vers par jour, et d'écrire longtemps sur un sujet. Adieu, mon souffle. Et je ne t'aimerais pas avec ardeur, toi qui m'as écrit ces choses ! Que ferais-je? Je ne puis insister. Mais, l'année dernière, il me fut donné, en ce même

---

[1] Diog. *Prov.*, cent. VIII, 58. « La liberté des Ténédiens a donc été tranchée avec la hache ténédienne, » écrit Cicéron à son frère Quintus (liv. II, f. 24, 1). *Tenediorum igitur libertas securi Tenedia præcisa est.*

[2] *Lucius Cœlius Antipater*, contemporain de C. Gracchus, maître du fameux orateur Lucius Crassus.

lieu et en ce même temps, de brûler du désir de voir ma mère : tu allumes en moi cette année le même désir. Ma souveraine te salue.

IV[1]

JE TE SALUE, MON TRÈS-BON MAITRE.

Va, continue, menace autant que tu voudras, poursuis-moi de tes arguments sans nombre : tu ne pourras, malgré tout, faire reculer ton amant ; et c'est de moi que je parle. Je n'en proclamerai pas moins que j'aime Fronton, et je ne l'en aimerai pas moins, quoique tu veuilles prouver, toi, par de si rudes et de si nombreux raisonnements, que c'est à ceux qui aiment moins qu'on doit plus de secours et de bienfaits. Pour moi, par Hercule ! je t'aime à en dépérir ; ton opinion ne me réfute point : tu peux être plus favorable pour ceux qui ne t'aiment pas, sans que je t'en aime moins, toi et les tiens. D'ailleurs, pour ce qui est de l'abondance des pensées, de la grâce ingénieuse de l'invention, du bonheur de ton audace, je n'en veux rien dire, sinon que tu as de beaucoup surpassé ces Grecs si contents d'eux-mêmes et si querelleurs. Cependant je ne puis m'empêcher de le dire : j'aime, et je regarde comme le droit de ceux qui aiment vraiment, de préférer à leurs propres vic-

---

[1] Cassan, t. I, p 66 et suiv.

toires celles de leurs amants. C'est donc nous, oui,
c'est nous qui avons vaincu. . . . .
. . . .
. . . . . Que dira mon maître de Platon? Je ne
l'invoque pas à tort. S'il fut vraiment un Phèdre, si
celui-là quitta jamais Socrate, Socrate ne regretta
pas plus Phèdre que je ne dépéris de ton absence. .
. . . .
. . . .
Adieu, toi qui m'es le plus grand des biens sous le
ciel. Il suffit à ma gloire d'avoir eu un tel maître. La
souveraine ma mère te salue.

VI

M. CÉSAR A FRONTON, SON MAITRE.

. . . .
. . . .
Tant la vraie puissance des pensées, la vertu variée
de l'expression, une certaine nouveauté dans l'invention et la disposition du discours, avaient appelé
son admiration ! . . . .
. . . .
Voilà ce que nous avons à te mander sur les funérailles. Que la famille sache d'abord comment elle
pleurera. Autre est le deuil d'un affranchi, autre ce-

---

[1] Cassan, t. 1, p. 80 et suiv.

lui d'un client *appelé à la tutelle ;* autres les larmes d'un ami *honoré d'un legs.* Pourquoi ces incertitudes et ces retards dans les funérailles ? A la mort d'une personne, c'est la coutume de faire crétion de l'hérédité [1]... vêtements... richesses... deux parts. . .

. . . .

. . . . . J'ai tout décrit, j'imagine. Que feraient-ils donc pour un homme que j'admirais tant, que j'aimais tant, un homme de bien ? Adieu, très-éloquent, très-savant, très-cher, très-doux, très-désiré maître, ami très-regretté.

Horatius m'est mort avec Pollion [2]. Hérode [3] en est inconsolable. Je veux que tu lui écrives là-dessus quelques mots. Porte-toi toujours bien.

VI[4]

M. AURÉLIUS CÉSAR A SON CONSUL ET MAITRE, SALUT.

Depuis ma dernière lettre je n'ai rien trouvé d'intéressant ou de curieux à t'écrire. Nos journées se

---

[1] Manière solennelle et formulaire à Rome de se porter héritier. Ulpien, Regul., XXII, § 27 et suiv.
[2] Pollion le grammairien avait été le maître de poésie et de prosodie de Marc Aurèle.
[3] T. Cl. Atticus Herodes, sophiste athénien, consul sous le règne d'Antonin, fut célèbre par son éloquence et la grâce ingénieuse de son esprit. On l'avait surnommé *le roi de la parole.*
[4] Cassan, t. I, p 91 et suiv.

ressemblent presque toutes : même théâtre, même loisir, même regret de ton absence ; que dis-je,même regret? mieux que cela : chaque jour il se renouvelle et redouble ; et ce que Labérius disait de l'amour à sa manière et avec le tour original de sa muse, *Ton amour grandit aussi vite que le porreau, aussi ferme que le palmier*, moi, je l'applique à mon regret. Je veux t'écrire plusieurs choses, mais il ne me vient rien. Voici cependant ce qui me revient à l'esprit : nous allons entendre nos faiseurs de panégyriques ; ce sont des Grecs, il est vrai, mais de merveilleux mortels. Enfin, croirais tu que moi, qui suis aussi étranger à la littérature grecque que le mont Cœlius, qui m'a vu naître, est étranger à la terre de la Grèce, j'espère, grâce à leurs leçons, égaler un jour Théopompe [1], lui, je le sais, un des fils les plus éloquents de la Grèce? Me voilà donc, moi! moi l'être le plus grossier, engagé dans les lettres grecques par ces hommes *d'une robuste ignorance*, comme dit Cécilius [2].

Le ciel de Naples est délicieux, mais singulièrement variable. A chaque heure, à chaque minute, il est ou plus froid, ou plus tiède, ou plus orageux. D'abord la première moitié de la nuit est douce, c'est une nuit de Laurente ; au chant du coq, c'est la

---

[1] Théopompe, de l'Ile de Chios (105ᵉ olympiade), orateur, fut l'élève d'Isocrate, et remporta le prix proposé par Artémise pour le panégyrique de Mausole. Il fit aussi deux grandes histoires, l'une de la Grèce, l'autre de Philippe de Macédoine.

[2] Cécilius Statius, né esclave, poète comique, contemporain et ami d'Ennius, composa plus de trente comédies, la plupart imitées de Ménandre.

fraîcheur de Lanuvium ; entre le chant du coq, l'aube du matin et le lever du soleil, c'est tout Algide; plus tard, avant midi, le ciel s'échauffe comme à Tusculum; à midi, c'est la chaleur brûlante de Putcoli [1]. Mais, quand le soleil se plonge dans le vaste Océan, le ciel s'adoucit, on respire l'air de Tibur. Cette température se soutient le soir et aux premières heures de la veillée, tandis que *la nuit paisible*, comme dit M. Porcius, *se précipite des cieux*.

Mais où vais-je? Je t'avais promis quelques lignes, et je radote à plaisir comme un Masurius [2]. Adieu donc, maître très-bienveillant, très-illustre consul, regrette-moi autant que tu m'aimes.

VII[3]

MON FRONTON, TRÈS-GRAND CONSUL.

Je me rends, tu as vaincu; oui, tu as vaincu en amour tout ce qui a jamais aimé. Prends la couronne, et que, devant ton tribunal, le héraut proclame au peuple ta victoire : *M. Cornélius Fronton, consul, a vaincu; il a remporté la couronne dans le combat des*

---

[1] *Laurente*, capitale du Latium. *Lanuvium*, *Algide* et *Tusculum* (aujourd'hui Frascati), étaient aussi des villes du Latium. *Puteoli*, Pouzzoles, était en Campanie.

[2] Masurius Sabinus, jurisconsulte célèbre du temps de Tibère et qui laissa un ouvrage sur le droit civil.

[3] Cassan, t. I, p. 104 et suiv.

grandes amitiés [1]. Cependant, quoique vaincu, je ne ferai point défaut, je ne mentirai point à ma gaieté. Ainsi donc, tu m'aimeras, il est vrai, plus qu'aucun homme n'aime un autre homme; mais moi, qui possède, dans un moindre degré, la puissance d'aimer, je t'aimerai plus qu'aucun homme ne t'aime, plus enfin que tu ne t'aimes toi-même. Je n'aurai plus à lutter qu'avec Gratia, et j'ai bien peur encore de la vaincre; *car la pluie abondante d'un pareil amour,* comme dit Plaute, *a non-seulement de ses larges gouttes percé les vêtements, mais elle a pénétré jusqu'à la moelle* [2].

Quelle lettre penses-tu m'avoir écrite? J'oserai le dire : celle qui m'a enfanté, qui m'a nourri, ne m'a jamais rien écrit d'aussi aimable, d'aussi doux. Et ce n'est pas un effet de ton savoir ou de ton éloquence: autrement, non-seulement ma mère, mais tous ceux qui respirent, se hâteraient de le céder à ton mérite; mais ta lettre, ni discrète, ni savante, source jaillissante de bonté, trésor d'affection, foyer d'amour, a élevé mon âme à un si haut degré de joie, que mes paroles ne suffisent point à le redire. Elle m'a embrasé du plus ardent désir ; enfin elle m'a rempli, comme dit Névius [3], *d'un amour à mort.*

Cette autre lettre où tu m'expliques pourquoi tu as différé le discours où tu devais faire l'éloge de mon

---

[1] Voir *Athénée*, XI, 14.

[2] Marcus veut sans aucun doute citer ces vers de la *Mostellaria*, acte I, scène 2 : *Continuo pro imbre amor advenit in cor meum; is usque in pectus permanavit, permadefecit cor meum.*

[3] *Cneius Nævius*, poète tragique et comique, florissait dans la première moitié du sixième siècle de Rome.

seigneur dans le sénat, m'a causé tant de plaisir, que je n'ai pu m'empêcher, et tu jugeras, toi, si c'est une indiscrétion, de la lire à mon père. Je n'ai pas besoin non plus d'ajouter combien elle lui a plu, puisque tu connais son extrême bienveillance et l'heureuse élégance de tes lettres; mais, à cette occasion, il s'est établi entre nous deux, à ton sujet, une conversation beaucoup plus longue que celle que tu as eue sur moi avec ton questeur. C'est pourquoi je ne doute pas que tes oreilles n'aient tinté longtemps à la même heure dans le Forum. Mon seigneur approuve donc et aime les raisons pour lesquelles tu as remis ton discours à un jour plus éloigné [1]...

VIII [2]

AURÉLIUS CÉSAR A FRONTON.

Les anciens Grecs ont-ils jamais rien écrit de semblable [3]? En juge qui le sait : pour moi, s'il m'est permis de le dire, je n'ai jamais trouvé M. Porcius aussi admirable dans l'invective que toi dans l'éloge. Ah! si mon seigneur pouvait être assez loué, sans doute il l'eût été par toi! mais cette œuvre reste encore à faire. Plus facilement on imiterait Phidias, plus facilement Apelle, plus facilement enfin Démosthène

---

[1] M. Mai nous avertit qu'il manque ici quatre pages environ
[2] Cassan, t. I, p 108 et suiv.
[3] Le jeune César fait ici l'éloge du panégyrique d'Antonin, prononcé par Fronton.

lui-même ou Caton, que ce chef-d'œuvre de l'étude et de l'art. Je n'ai, moi, rien lu de plus élégant, rien de plus antique, rien de plus piquant, rien de plus latin. Que tu es un homme heureux de posséder ainsi l'éloquence ! que je suis heureux moi-même d'avoir eu un tel maître ! Quels arguments ! quel ordre ! quelle élégance ! quel charme ! quel enchantement ! quelles expressions ! quelle clarté ! quelle finesse ! quelle grâce ! quel éclat ! O tout ce que je ne puis dire ! Que je meure si tu ne mérites quelque jour de porter la redoutable baguette, de ceindre le diadème, de siéger au tribunal. Alors le héraut nous y citerait tous ; mais que dis-je ? nous et tous nos savants et tous nos orateurs. Oui, tous ils fléchiraient sous ta baguette, ils obéiraient à ta parole. Pour moi, je n'ai pas encore à craindre tes sévères enseignements, tant il me reste à faire avant de mettre le pied dans ton école. Je t'écris en toute hâte ; car, lorsque je t'envoie une lettre si bienveillante de mon seigneur, qu'est-il besoin que je t'en écrive une plus longue ? Adieu donc, honneur de l'éloquence romaine, gloire de l'amitié, merveille de la nature, homme aimable, illustre consul, et le plus doux des maîtres !

Aie soin dorénavant de ne plus tant mentir à mon sujet, surtout en plein sénat. C'est horrible à toi d'avoir écrit ce discours. Oh ! si j'eusse pu à tous les chapitres baisser la tête ! Tu es le plus grand de tous les menteurs. Mais, après la lecture de ce discours, vaines études, vains travaux, vains efforts que les nôtres ! Adieu encore une fois, ô le plus doux des maîtres !

IX[1]

A MON CONSUL ET TRÈS-BON MAITRE.

... Attaché par l'alliance, sans être protégé ni sujet, et de plus placé dans un rang où, comme l'a dit Q. Ennius, *tout conseil est tromperie, et où toute chose est volupté*. Ainsi Plaute, dans *le Flatteur*, dit en beaux vers, sur le même sujet :

> Ils vous donnent leur foi ; croyez les ! c'est un piége.
> Approbateurs rusés qui s'attachent aux rois,
> Leur cœur pense autrement que ne parle leur voix.

En effet ce mal, autrefois, s'attachait d'ordinaire aux rois seuls ; mais aujourd'hui les fils mêmes des rois sont toujours entourés d'une foule qui, selon l'expression de Névius,

> Les écoute, applaudit, et rampe à leur service.

J'ai donc raison, mon maître, d'avoir de la colère, raison de ne regarder que le but où je veux marcher, raison de n'avoir les yeux que sur un seul homme, quand je prends le style [2] en main.

---

[1] Cassan, t. I, p. 130 et suiv.
[2] Le style était l'aiguille avec laquelle on écrivait sur les tablettes de cire. Elle était pointue par un bout, et aplatie par l'autre pour raturer ; de là *sæpe stylum vertas*, efface souvent.

Tu me demandes très-agréablement mes hexamètres, et je te les enverrais tout de suite si je les avais avec moi ; mais mon copiste, cet Anicétus que tu connais, n'a laissé partir aucun de mes livres avec moi, car il connaît ma maladie, et il craint que, s'ils me tombaient sous la main, je ne fisse comme de coutume, je ne les jetasse au feu. Cependant le danger n'était pas grand pour les hexamètres ; car, pour confesser la vérité à mon maître, je les aime. Je passe ici les nuits à étudier ; mes jours se dissipent au théâtre. C'est pourquoi j'agis moins, fatigué le soir et sommeillant dans le jour. Malgré cela, je me suis fait, pendant ces jours, des extraits de soixante livres, en cinq tomes. Soixante ! mais quand tu liras parmi tout cela du Novius[1], des atellanes, de petits discours de Scipion, ce nombre t'effrayera moins. Puisque tu t'es souvenu de ton Polémon, je te prie de ne pas te souvenir d'Horatius, qui m'est mort avec Pollion.

Adieu, mon meilleur, mon plus tendre ami ; adieu, très-illustre consul, très-doux maître, que, depuis deux ans, je n'ai point vu ; car ceux qui disent qu'il n'y a que deux mois ne comptent que les jours : viendra-t-il le jour où je te verrai ?

---

[1] Novius est le premier poëte qui ait écrit en latin des atellanes ; on n'en avait fait jusque là qu'en langue osque. Les atellanes étaient des espèces de petites comédies de mœurs dans le genre de nos proverbes.

X [1]

A MON MAITRE.

Depuis la quatrième heure et demie jusqu'à cette heure, j'ai écrit; j'ai lu beaucoup de Caton, et je t'écris ceci avec la même plume, et je te salue, et je te demande comment tu vas. Oh! qu'il y a longtemps que je ne t'ai vu !

XI [2]

A MON CONSUL, A MON TRÈS-BON MAITRE.

Il ne nous restait plus, pour mettre le comble à toutes les insignes bontés pour nous, que d'envoyer ici Gratia...

XII [3]

A MON MAITRE.

Gratia la jeune fait déjà ce qu'a souvent fait Gratia

---

[1] Cassan, t. I, p. 136-137.
[2] Cassan, t. I, p. 141-145.
[3] Cassan, id., ibid. et suiv.

sa mère[1] : mes inquiétudes, elle les calme sur l'heure, ou les dissipe sans retour. Je te félicite, au nom de mon patron M. Porcius, parce que tu le relis souvent ; mais je crains que tu n'aies pas à me féliciter au nom de C. Crispus, car c'est au seul M. Porcius que je me suis consacré et fiancé, et délégué ; et cet *et* d'où penses-tu qu'il me vienne ? c'est à lui que je le vole. Après-demain sera mon jour de fête, si vraiment tu viens. Adieu, le plus ami, le plus rare des hommes, le plus chéri des maîtres.

Je crois que, le jour de cette assemblée du sénat, nous resterons plutôt ici que nous n'irons là-bas. Aucun de ces projets n'est encore arrêté. Viens seulement après-demain, et arrive que pourra. Adieu encore une fois, mon souffle. Ma mère te salue, toi et les tiens.

XIII [2]

M. CÉSAR A SON MAITRE.

Toi, loin de moi, tu lis Caton ; moi, loin de toi, j'écoute les avocats jusqu'à la onzième heure. Je vou-

---

[1] Les deux Gratia étaient la femme et la fille de Fronton. M. Cassan donne du reste à l'expression *Gratia, sa mère*, un sens fort différent de celui qu'on y voit tout d'abord C'est, suivant lui, de la mère des Grâces que Marc-Aurèle veut parler. Mais le compliment, il faut l'avouer, n'est pas très clair ni très-naturel, et il est peu probable que Fronton n'ait pas cru qu'il s'agissait de sa femme.

[2] Cassan, t. I, p. 146-147.

drais bien, en vérité, que la nuit qui va suivre fût la
plus courte des nuits : j'aime mieux moins veiller et
te voir plus tôt. Adieu, mon très-doux maître ; ma
mère te salue. A peine si je respire, tant je suis fatigué!

XIV[1]

AU TRÈS-ILLUSTRE CONSUL SON MAITRE, M. CÉSAR SALUT.

Je me souviens qu'il y a trois ans, revenant de la
vendange avec mon père, je me détournai pour aller
visiter le champ de Pompéius Falco[2]. Je vis là un arbre chargé de branches qu'on appelait de son nom ca-
tachanna. Cet arbre merveilleux et nouveau me pa-
rut porter sur un seul tronc presque tous les germes
de tous. . . . .
. . . .
. . . . Et quel est
ce conte? diras-tu. Dès que mon père se fut retiré de
ses vignes dans son palais, moi, selon ma coutume,
je monte à cheval, je pars, et m'avance assez loin sur
la route. Bientôt, au milieu du chemin, se présente
un nombreux troupeau de moutons ; le lieu était solitaire ; quatre chiens, deux bergers, mais rien de
plus. L'un des bergers dit à l'autre, en voyant venir
quelques cavaliers : Prends bien garde à ces cavaliers,

---

[1] Cassan, t. I, p 146 et suiv
[2] Pline le Jeune lui a adressé plusieurs lettres.

APPENDICE.   875

car ce sont d'ordinaire les plus grands voleurs du
monde. A peine ai-je entendu ces mots, que je pique
de l'éperon mon cheval, et que je le précipite sur le
troupeau. Les brebis effrayées se dispersent et s'enfuient pêle-mêle, errantes et bêlantes. Le berger me
lance sa houlette ; la houlette s'en va tomber sur le
cavalier qui me suit. Nous fuyons au plus vite, et c'est
ainsi que le pauvre homme, qui craignait de perdre
ton troupeau, ne perdit que sa houlette. C'est un
conte, diras-tu ; non, c'est la vérité même. J'avais
encore là-dessus bien d'autres choses à t'écrire ; mais
on m'annonce que je puis entrer dans le bain. Adieu,
mon très-doux maître, homme très-vertueux et très-
rare, mon bonheur, mon amour et mes délices.

XV[1]

M. CÉSAR SALUE SON MAITRE.

Véritablement ta bonté a été pour moi la cause
d'une grande occupation. Car ta visite de chaque
jour à Lor'um [2], cette attente du soir...

[1] Cassan, t. I, p 150-151.
[2] Maison de campagne d'Antonin où il mourut, à douze milles de Rome.

XVI[1]

AURÉLIUS CÉSAR A SON FRONTON, SALUT.

Je sais que tu m'as souvent dit que tu étais à la recherche de ce qui pourrait m'être le plus agréable : l'occasion se présente ; tu peux aujourd'hui augmenter mon amour pour toi, si toutefois il peut être augmenté. L'audience approche où l'on paraît disposé non-seulement à entendre favorablement ton discours, mais aussi à se faire un malin spectacle de ton indignation, et je ne vois personne qui ose te donner d'avis à ce sujet. Car ceux qui sont moins amis aiment mieux te voir agir un peu légèrement, et ceux qui le sont plus craignent de paraître trop affectionnés à ton adversaire, s'ils te détournent d'une accusation contre lui qui t'appartient bien ; ils ne supportent pas non plus, si tu as préparé sur ce sujet quelque morceau brillant, l'idée d'être cause, par leur silence, que tu ne le prononces pas. Quant à moi, que tu me regardes comme un conseiller téméraire ou comme un enfant bien hardi et trop bienveillant pour ton adversaire, cela ne m'empêchera pas de te dire tout bas mon conseil sur ce que je croirai le plus convenable. Mais que parlé-je de conseil, moi qui demande cela de toi, et qui te le demande avec instance, et qui, si je l'obtiens, promets en retour une entière reconnais-

---

[1] Cassan, t. I, p. 160 et suiv.

sance? Quoi, diras-tu, si je suis provoqué, je ne le
paierai pas des mêmes paroles ! Mais pour toi quelle
plus belle occasion de gloire que de ne point répondre, même provoqué? Il est vrai que, si c'est lui qui
commence, on pourra, jusqu'à un certain point, te
pardonner de lui avoir répondu. Mais je lui ai demandé qu'il ne commençât pas, et je crois l'avoir
obtenu. Car je vous aime l'un et l'autre[1], et chacun
en raison de ses mérites. Je sais qu'il a été, lui, élevé
dans la maison de Calvisius mon aïeul [2], et que moi
j'ai été instruit par tes soins : c'est pourquoi j'ai
extrêmement à cœur que cette affaire trop odieuse
s'arrange bien. Je souhaite que tu approuves ce conseil, car tu approuveras l'intention. Pour moi, certes, j'aurai plutôt montré moins de sagesse en écrivant que moins d'amitié en me taisant. Adieu, mon
Fronton, mon très-cher, mon très-tendre ami.

XVII[3]

BONJOUR, MON TRÈS CHER FRONTON.

C'est à présent, mon très-cher Fronton, que je te
dois et que je te fais des remerciements. Non-seule-

---

[1] Philostrate nous apprend combien Marc-Aurèle eut à souffrir du caractère d'Hérode Atticus, et avec quelle tendresse il lui
pardonna toujours
[2] *Calvisius,* qui fut deux fois consul, avait eu pour fille *Domitia Calvilla,* mère de Marc-Aurèle.
[3] Cassan, t. 1, p. 168 et suiv.

ment tu n'as pas rejeté mon conseil, mais encore tu l'as approuvé. Quant aux choses sur lesquelles tu me consultes par ton aimable lettre, j'estime que tout ce qui tient au fond de la cause que tu plaideras doit être dit franchement, et que tout ce qui tient à tes propres affections, quoique juste et provoqué, doit être tu. . . . .
. . . .
. . . . . Aie soin surtout de ne rien dire qui soit inconvenant pour ton caractère, et qui puisse paraître répréhensible à ceux qui t'entendront. Adieu, mon très-cher, mon très-aimé Fronton.

XVIII[1]

A MON MAITRE.

Lorsque tu te reposes et que tu fais tout ce qui convient à ta santé, c'est alors que tu me rends heureux. Agis à ta guise et à ton aise. Mon avis est donc que tu as bien fait de donner tes soins à la guérison de ton bras. Pour moi, j'ai assez lu aujourd'hui dans mon lit depuis la septième heure, car j'ai achevé presque dix images : quant à la neuvième, je te réclame pour mon associé et mon option[2]; car j'ai été moins heureux à la recherche de celle-là. En voici

[1] Cassan, t. I, p. 174-175.
[2] L'option était le lieutenant du centurion : chaque centurion en choisissait deux. Tite-Live, liv. VIII, et Festus.

le sujet : Au milieu de l'île Enaria est un lac, et dans ce lac une autre île, laquelle est aussi habitée. Tirons de là une image. Adieu, très-douce âme ; ma souveraine te salue.

XIX [1]

SALUT, MON TRÈS-BON MAITRE.

Je le sais, il est d'usage, au jour anniversaire de la naissance d'un ami, de faire des vœux pour lui [2]; moi cependant, qui t'aime comme moi-même, je ne veux, dans ce jour de ta naissance, prier que pour moi. J'implore tous les dieux qui, par le monde, répandent sur les hommes leur salutaire et visible influence, les dieux tutélaires et puissants des songes, des mystères, de la médecine et des oracles. J'invoque chacune de ces divinités à son tour ; et, selon la nature de mon vœu, je me transporte par la pensée au lieu même où le dieu consacré à l'objet de ma prière pourra m'entendre plus facilement. Et d'abord je monte à la citadelle de Pergame : là, je supplie Esculape d'entretenir avec soin la santé de mon maître, et de le mettre sous son efficace protection. De là je descends à Athènes, et je conjure Minerve : je lui demande à genoux que, si jamais je fais quelques

[1] Cassan, t. I, p. 180 et suiv.
[2] Censorinus, ch. II, semble avoir imité cette lettre : *Nunc quoniam de die natali liber inscribitur, a votis auspicia sumantur.* On trouve une autre imitation au ch. III.

progrès dans les lettres, ce soit aux leçons de Fronton que je les doive. Puis je reviens à Rome, et j'implore les dieux des chemins et des mers pour que ta présence soit la compagne de tous mes voyages, et que je n'aie plus si souvent à m'affliger du cruel regret de ton absence. Enfin je m'adresse à tous les dieux protecteurs de tous les peuples, à ce bois sacré qui frémit sur la montagne du Capitole : je leur demande la grâce de célébrer avec toi le jour où tu es né pour moi, et d'avoir à me réjouir de ta santé et de ton bonheur. Adieu, mon très-doux et très-cher maître. Je t'en prie, soigne-toi bien, et que je puisse te voir en arrivant. Ma souveraine te salue.

XX[1]

A MON MAITRE.

J'ai reçu deux lettres de toi à la fois : dans l'une tu m'adresses des reproches, tu m'accuses d'avoir mal exprimé une pensée ; dans l'autre tu encourages mes études[2]. Que Baius[3] fasse ton éloge ! Eh bien ! je te le jure sur ma vie, sur celle de ma mère, sur la tienne, la première de tes lettres m'a mis plus de joie dans l'âme. Je me suis écrié mille fois en la lisant : Oh ! que je suis heureux ! Eh quoi ! me dira-t-on, heu-

---

[1] Cassan, t. I, p. 186 et suiv.
[2] Fronton faisait faire à Marcus des extraits des poëtes, des orateurs et des historiens; le manuscrit nous en a conservé du *Catilina*, du *Jugurtha*, et des *Histoires* de Salluste.
[3] Ce nom paraît corrompu.

reux qu'un maître t'enseigne à rendre une pensée avec plus d'art, de clarté, de précision ou d'élégance? Non, ce n'est point à ce titre que je suis heureux. Et auquel donc? J'ai appris de toi à dire la vérité, cet écueil des dieux et des hommes. En effet, quel oracle si vrai qui n'offre un doute, une obscurité, un piége, où l'imprudence s'embarrasse et se perd?

. . . .
. . . .

XXI [1]

A MON MAITRE.

La lettre de Cicéron a merveilleusement touché mon âme. Brutus avait envoyé son livre à Cicéron pour qu'il le corrigeât [2]....

XXII [3]

SALUT, MON FRONTON, TRÈS-CHER A TANT DE TITRES.

Je comprends ta ruse si ingénieuse ; la plus aimable bienveillance te l'a inspirée. Comme tes louan-

---

[1] Cassan, t. I, p. 196-197.
[2] Il manque en cet endroit quatre pages au manuscrit, et il est permis de regretter le jugement de Marc-Aurèle sur les ouvrages de Brutus.
[3] Cassan, t. I, p. 206 et suiv.

ges perdaient de leur prix par l'excès de ton amour pour moi, tu as voulu, à la faveur du blâme, rendre quelque crédit à tes éloges. Mais que je suis heureux d'être jugé digne des louanges et des critiques de mon Marcus Cornélius, le plus grand des orateurs et le meilleur des hommes ! Que dirai-je de tes lettres si bienveillantes, si vraies, si amicales ? Si vraies ! je ne parle que de la première partie ; car les flatteries de la fin me rappellent cette pensée d'un Grec, je ne sais lequel, Thucydide, je pense[1] : *Celui qui aime s'aveugle sur l'objet aimé.* En effet, c'est avec un amour presque aveugle que tu as jugé une partie de mes essais. Mais j'aime autant ne jamais bien écrire que de devoir à ton affection seule des éloges que ne mérite pas mon talent : c'est elle qui t'inspirait cette dernière lettre, si aimable et si élégante. Pourtant, si tu le veux, je serai quelque chose. Au reste, tes lettres m'ont fait sentir combien vivement tu m'aimais ; mais, s'il faut te parler de mon découragement, oui, mon esprit s'effraye : j'ai peur de dire aujourd'hui dans le sénat quelque parole qui me rende indigne de t'avoir pour maître. Vis pour moi, Fronton, ô toi, que dirai-je ? ô toi, le meilleur de mes amis !

---

[1] Marc-Aurèle a raison de dire *nescio quis*, car il paraît que cette pensée est de Théophraste. On lit dans saint Jérôme, *Comm. in ps., prolog.*, lib III : *Pulchrum illud* Θεοφράστου, *quod Tullius magis ad sensum quam ad verbum interpretatus est,* τυφλὸν τὸ φιλοῦν περὶ τὸ φιλούμενον, *id est, amantium cæca judicia sunt.*

XXIII[1]

A SON MAITRE, SON CÉSAR.

Je n'ai pas besoin de te dire tout le plaisir que m'a fait la lecture de ces discours de Gracchus, puisque tu le sais fort bien, toi dont le goût éclairé et l'extrême bienveillance m'ont exhorté à les lire ; mais, pour que ce livre ne te revienne pas seul et sans compagnon, je lui ai joint ce billet. Adieu, mon si aimable maître, le plus ami de tous les amis, à qui je serai redevable de tout ce que je saurai dans les lettres. Je ne suis pas si ingrat que je ne sente tout ce que tu as fait pour moi, lorsque tu m'as laissé voir tes extraits, et lorsque tu ne cesses chaque jour de me mettre dans le vrai chemin, et de m'ouvrir les yeux, comme dit le vulgaire. J'ai bien raison de t'aimer.

XXIV[2]

A MON MAITRE.

Dans quel état penses-tu que soit mon âme, lorsque je songe combien il y a de temps que je ne t'ai vu, et pourquoi je ne t'ai pas vu? Et il est possible

[1] Cassan, t. I, p. 208-209.
[2] Cassan, t. I, p. 210-211.

que je ne te voie pas encore de quelques jours, puisque tu m'assures que cela ne peut être autrement ? Ainsi donc, tant que tu languiras, mon esprit abattu languira Que si, les dieux aidant, tu peux enfin te tenir debout, mon esprit sera ferme et debout. Il brûle en ce moment du plus ardent désir de te voir. Adieu, âme de ton César, de ton ami, de ton disciple.

XXV[1]

A MON MAITRE.

Je ne t'ai pas écrit ce matin, parce que j'ai su que tu te trouvais mieux, et qu'ensuite j'étais moi même occupé d'une autre affaire. Je ne puis t'écrire avant d'avoir l'esprit reposé, dégagé et libre. Si donc nous sommes dans la bonne voie, fais-le-moi savoir ; car tu sais ce que je désire, et je sais, moi, combien j'ai raison de le désirer. Adieu, mon maître, qui à raison l'emportes sur tous et en toute chose dans mon cœur. Mon maître, voici que je ne dors pas et que je tâche de dormir, afin que tu ne te fâches pas. Tu juges bien que c'est le soir que j'écris ceci.

[1] Cassan, t. I, p. 212 et suiv.

XXVI [1]

CÉSAR A M. FRONTON.

Très cher, quoique je me rende demain auprès de toi, cependant je ne puis me résoudre, mon très-cher Fronton, à ne rien répondre, pas même ce petit mot, à ta lettre si amicale, si agréable, enfin si élégante. Mais qu'aimerai-je d'abord? de quoi d'abord remercierai-je? Commencerai-je par rappeler que, malgré tes études si sérieuses à la maison, tes affaires si importantes au dehors, tu n'as pas laissé de prendre sur toi d'aller voir notre Julianus, et cela surtout à cause de moi? car je serais ingrat si je ne le comprenais pas. Mais ce n'est pas un grand effort. Cependant à cela ajoute encore ton séjour si prolongé, durant lequel tu as tant parlé et parlé de moi, ou de tout ce qui pouvait consoler le malade, le remettre mieux avec lui-même, m'en faire un ami plus ami encore. Et puis tu me racontes tout cela en détail; tu m'écris du même lieu la nouvelle la plus ardemment désirée sur lui, sur Julianus, avec les paroles les plus aimables et les conseils les plus salutaires! Quoi! ce que je ne puis me dissimuler en aucune manière, le dissimulerai-je à un autre? par exemple, quand tu m'as écrit une longue et belle lettre, quoique je dusse arriver le lendemain? Eh bien! c'est cela qui m'a été le plus agréable, c'est en cela que je me suis trouvé plus

[1] Cassan, t. I, p. 220 et suiv.

heureux que tous les hommes ensemble; car en cela tu as montré avec toute la force et tout le charme possible quelle estime tu faisais de moi, et quelle confiance tu avais en mon amitié. Qu'ajouterai-je, si ce n'est que j'ai toute raison de t'aimer? Mais que dis-je raison? Ah! plût aux dieux que je pusse t'aimer selon ton mérite! Et c'est pour cela que je me surprends quelquefois à me fâcher et à m'irriter contre toi, quoique absent et non coupable, de ne pouvoir t'aimer autant que je le veux; c'est-à-dire, que mon cœur ne puisse suivre ton amour à cette hauteur où il s'est placé.

Par rapport à Hérode, continue, je t'en prie; pousse-le à bout, comme dit notre Quintus[1], *par une obstinée obstination*. Hérode t'aime, et moi j'en fais autant ici; et quiconque ne t'aime pas ne comprend point avec son esprit, ne voit point avec ses yeux; je ne dis rien des oreilles, car toutes les oreilles sont les esclaves de ta voix, qui les a mises sous le joug. Le jour d'aujourd'hui me paraît plus long qu'un jour de printemps. Or, la nuit qui s'approche me paraît et me paraîtra plus longue qu'une nuit d'hiver, car je ne désire rien tant que de saluer mon cher Fronton, et surtout d'embrasser l'auteur de cette dernière lettre. J'ai écrit tout ceci à la hâte, parce que Mécianus[2] pressait, et qu'il était convenable

---

[1] Il y eut plusieurs poëtes latins du surnom de Quintus Quintus Ennius, Quintus Fabius Labeo, Quintus Lutatius Catulus, Quintus Novius, etc. C'est sans doute ce dernier que Marc-Aurèle cite en cet endroit : il le lisait alors.

[2] Jurisconsulte qui fut un des maîtres de Marc-Aurèle. Il avait fait un traité curieux, *de Asse et partibus*.

que ton frère retournât de bonne heure vers toi. Je te prie donc, s'il se trouve quelque mot impropre, quelque pensée irréfléchie, quelque lettre mal formée, de l'imputer au manque de temps ; car, si je t'aime avec force comme ami, je dois me souvenir aussi qu'autant je porte d'affection à l'ami, autant je dois porter de respect au maître. Adieu, mon très-cher Fronton, toi que j'aime par-dessus toute chose.

Le *Sota* d'Ennius [1] que tu m'as envoyé me paraît écrit sur un papier plus net, d'un format plus agréable et d'un caractère plus élégant qu'auparavant. Que le Gracchus reste avec le tonneau de vin jusqu'à notre arrivée ; car il n'est pas à craindre que, dans l'intervalle, Gracchus puisse fermenter avec le vin. Porte-toi toujours bien, âme si chère.

XXVII [2]

M. CÉSAR A M. FRONTON, SON MAITRE, SALUT.

Après être monté en voiture, après t'avoir salué, je partis ; notre voyage se fit sans accident ; nous fûmes cependant un peu mouillés. Avant d'arriver à notre villa, nous fîmes un détour d'environ mille pas du côté d'Anagnia [3]. Nous visitâmes cette ville anti-

---

[1] On n'était pas bien sûr du titre de cet ouvrage d'Ennius, ce nouveau texte lève toutes les incertitudes. Voir Festus, Varron et Scaliger.
[2] Cassan, t. I, p. 240 et suiv.
[3] Anagnia, voisine de l'ancienne Præneste, avait été une ville

que ; c'est peu de chose aujourd'hui ; mais elle renferme un grand nombre d'antiquités, surtout en monuments sacrés et en souvenirs religieux. Il n'y a pas un coin qui n'ait un sanctuaire, une chapelle, un temple ; de plus, des livres lintéens consacrés aux choses saintes. En sortant, nous trouvâmes écrite sur la porte, des deux côtés, cette inscription : FLAMINE, PRENDS LE SAMENTUM. Je demandai à un habitant du lieu le sens de ce dernier mot : il me répondit qu'en langue hernique il signifiait un lambeau de peau enlevé à la victime, et que le flamine met sur son bonnet lorsqu'il entre dans la ville. Nous avons appris aussi beaucoup d'autres renseignements que nous voulions savoir ; mais la seule chose que nous ne voulions pas savoir, c'est ton absence : elle est pour nous la plus vive peine.

En partant d'ici es-tu allé à Aurélia[1] ou en Campanie ? écris-le-moi. As-tu commencé tes vendanges ? as-tu emporté à ta villa une grande quantité de livres ? et aussi me regrettes-tu ? Sotte question, puisque j'en ai déjà la réponse. Pour toi, si tu me regrettes et si tu m'aimes, tu m'enverras souvent de tes nouvelles : elles sont pour moi une consolation, un remède de l'absence. J'aime mieux parcourir[2] dix fois tes lettres que toutes les vignes du pays des

---

riche et célèbre ; *quos dives Anagnia pascit*, a dit Virgile Antoine y avait fait frapper une médaille en souvenir de son mariage avec Cléopâtre.

[1] Aurélia était une des maisons de campagne d'Antonin le Pieux

[2] Cette lettre contient plusieurs jeux de mots intraduisibles.

Marses ou du Gauru. A Signia[1], le raisin est trop
rance, le grain trop aigre ; j'aimerais mieux boire de
son vin fait que de son vin doux. En outre, il est
plus agréable de manger ses raisins secs que ses raisins mûrs ; et pour moi, j'aimerais mieux les écraser
sous mes pieds que sous mes dents. J'invoque cependant leur douce et propice influence ; je leur
demande grâce pour ces plaisanteries.

Adieu, homme si ami, si tendre, si éloquent, maître
si cher. Quand tu verras le vin doux bouillir dans le
tonneau, que ce soit pour toi l'image de mon amour :
il fermente ainsi dans ma poitrine ; il y bouillonne
et jette son feu. Encore une fois, adieu.

XXVIII[2]

BONJOUR, MON TRÈS-CHER MAITRE.

Nous nous portons bien. Pour moi, aujourd'hui,
après un bon repas, j'ai étudié depuis la neuvième
heure de la nuit jusqu'à la deuxième du jour. De la
deuxième à la troisième, j'ai fait une délicieuse promenade en sandales devant ma chambre. Ensuite je

---

[1] Un passage de Pline l'Ancien et cette épigramme de Martial
nous expliquent les plaisanteries de cette lettre :

Potabis liquidum Signina morantia ventrem.
    Ne nimium sistant, sit tibi parca sitis
                        Lib. XIII, ep. 116.

[2] Cassan, t. I, p. 244 et suiv.

me chaussai, je pris le sagum [1], car c'est ainsi qu'on nous avait prescrit de nous présenter, et je suis allé saluer mon seigneur. Nous sommes partis pour la chasse; nous avons fait de beaux coups : on a tué des sangliers, du moins nous l'avons entendu dire, car il n'y a pas eu moyen de les voir. Cependant nous avons monté une côte escarpée; puis, à midi environ, nous sommes revenus au palais, moi à mes livres. Après m'être déchaussé et déshabillé, je suis resté deux heures sur mon lit. J'ai lu le discours de Caton sur les biens de Dulcia, et un autre où il assigne un tribun. Allons, dis-tu à ton esclave, va le plus vite que tu pourras; apporte-moi ces deux discours de la bibliothèque d'Apollon [2]. Inutile démarche, car ces livres sont venus avec moi. C'est donc au bibliothécaire Tibérianus qu'il te faudra faire ta cour. Tâche aussi qu'il s'arrange de façon qu'à mon retour à Rome il fasse un partage égal. Mais, après avoir lu ces discours (pardonne-moi), j'ai écrit quelque chose qui mérite d'être jeté au feu ou à l'eau. Aujourd'hui j'ai été fort malheureux en écrivant. Ce sont des essais dignes des chasseurs et des vendangeurs qui

---

[1] Le sagum, espèce de saie rouge qui se mettait par dessus la tunique, était l'habit militaire des Romains. Aussi, dès qu'il y avait une guerre en Italie, chaque citoyen quittait la toge pour prendre le sagum. De là, *est in sagis civitas; ad saga ire; sumere saga; redire ad togas.* Cicer.

[2] Ce fut Asinius Pollion qui forma à Rome la première bibliothèque publique. Celle dont parle ici Marc Aurèle fut établie par Auguste sur le mont Palatin. Il y en avait encore plusieurs autres à Rome. Le bibliothécaire s'appelait *a bibliotheca;* Marc Aurèle se sert de *bibliothecarius,* βιβλιοφύλαξ. Nous ne trouvons ce mot dans aucun écrivain avant lui.

ébranlent ma chambre du bruit de leurs chansons ; bruit aussi ennuyeux, aussi odieux pour moi que celui du barreau. Mais qu'ai-je dit là? au contraire ! j'ai très bien dit, car justement mon maître est un orateur. Je crois avoir pris un peu de froid : est-ce pour m'être promené ce matin en sandales, ou pour avoir mal écrit? je ne sais assurément. Moi qui suis d'ailleurs homme à pituite, je trouve que je ne me suis jamais tant mouché qu'aujourd'hui. Aussi je vais répandre de l'huile sur ma tête, et me mettre à dormir, car je ne pense pas à en verser aujourd'hui une seule goutte dans ma lampe, tant le cheval et l'éternument m'ont fatigué. Porte-toi bien pour moi, maître très-doux et très-cher, dont j'ai plus de regret, j'ose le dire, que Rome elle-même.

XXIX [1]

BONJOUR, MON TRÈS-DOUX MAITRE.

Nous nous portons bien. Moi j'ai très-peu dormi, à cause d'un petit frisson qui cependant paraît calmé. J'ai donc passé le temps, depuis la onzième heure de la nuit jusqu'à la troisième du jour, partie à lire l'*Agriculture* de Caton [2], partie à écrire; heureusement,

---

[1] Cassan, t. I, p. 248 et suiv.

[2] Ainsi l'ouvrage de Caton prenait peut-être aussi le titre d'*Agricultura Catonis*. Il est plus connu sous celui de *de Re rustica*, ou *de Rebus rusticis*. On n'est pas sûr que le traité qui nous reste soit authentique ; la latinité cependant le ferait croire

à la vérité, moins qu'hier. Puis, après avoir salué mon père, avalant de l'eau miellée jusqu'au gosier et la rejetant, je me suis adouci la gorge plutôt que je ne l'ai gargarisée; car je puis le dire, je crois, d'après Novius et d'autres. Ma gorge restaurée, je me suis rendu auprès de mon père, et j'ai assisté à son sacrifice. Ensuite on est allé manger. Avec quoi penses-tu que j'aie dîné? avec un peu de pain, pendant que je voyais les autres dévorer des huîtres, des oignons et des sardines bien grasses. Après, nous nous sommes mis à moissonner les raisins; nous avons bien sué, bien crié, et nous avons laissé, comme a dit un auteur[1], *pendre aux treilles quelques survivants de la vendange.* A la sixième heure, nous sommes revenus à la maison. J'ai un peu étudié, et cela sans fruit; ensuite, j'ai beaucoup causé avec ma petite mère, qui était assise sur son lit. Voici ce que je disais : Que penses-tu que fasse mon Fronton à cette heure? Et elle : Que penses-tu que fasse ma Gratia? Qui, répliquai-je? notre fauvette mignonne, la toute petite Gratia? Pendant que nous causions ainsi, et que nous disputions à qui des deux aimerait le plus l'un de vous, le disque retentit, c'est-à-dire qu'on annonça que mon père s'était mis dans le bain. Ainsi nous avons soupé après nous être baignés dans le pressoir; non pas baignés dans le pressoir, mais, après nous être baignés, nous avons soupé, et entendu avec plaisir les joyeux propos des villageois. Rentré chez moi, avant de me tourner sur

---

[1] Quel est cet auteur, ce poëte dont parle Marc-Aurèle? peut-être encore Novius.

le côté pour dormir, je déroule ma tâche, et je rends compte de ma journée à mon excellent maître, que je voudrais, au prix de tout mon embonpoint, désirer encore plus que je ne fais. Porte-toi bien, mon Fronton, qui en tout lieu est pour moi ce qu'il y a de plus doux, mon amour, ma volupté. Quel rapport entre toi et moi? J'aime un absent.

XXX[1]

BONJOUR, MON TRÈS-DOUX MAITRE.

Enfin le messager part, et je puis enfin t'envoyer mon travail de trois jours ; et ceci n'est point un vain propos : oui, je me suis essoufflé à dicter près de trente lettres. Malgré tout le plaisir que t'ont fait ces lettres, je ne les ai pas encore portées à mon père. Mais lorsque, avec l'aide des dieux, nous viendrons à la ville, rappelle-moi que j'ai à te raconter quelque chose à ce sujet. Mais quel est ton aveuglement et le mien ? ni tu ne m'avertiras, ni je ne te raconterai : en effet, cela demande réflexion. Adieu, mon..., que dirai-je ? tout ce que je ne puis assez dire, mon désir, ma lumière, ma volupté, adieu.

[1] Cassan, t. I, p. 252-253.

XXXI[1]

A MON MAITRE, SALUT.

Ton frère m'a dernièrement annoncé ton arrivée prochaine. Je désire bien en vérité que tu puisses venir, et que ce soit pour ta santé; car j'espère même que le plaisir de te voir fera du bien à la mienne. Euripide, je pense, *regardera dans les yeux d'un mortel bienveillant* [2]. Quant à mon état actuel, tu pourras en juger facilement, puisque je me sers d'une main d'emprunt pour t'écrire. Il est vrai que, pour mes forces, elles commencent à revenir : il ne me reste même aucune douleur de poitrine, mais l'ulcération de l'artère est terminée. Nous essayons des remèdes, et nous veillons à ce qu'il n'y manque rien par notre fait; car je pense que rien ne contribue plus à rendre tolérables les longues maladies, que la conscience d'une attention soutenue et d'une docilité parfaite aux médecins. Il serait honteux, d'ailleurs, que la souffrance du corps pût durer plus longtemps que l'effort courageux de l'âme pour recouvrer la santé. Adieu, mon très agréable maitre; ma mère te salue.

[1] Cassan, t. I, p. 252 et suiv.
[2] Euripide, *Ion*, v. 732.

XXXII [1]

CÉSAR A FRONTON.

Par la volonté des dieux, nous croyons retrouver quelque espérance de salut : le cours de ventre s'est arrêté ; les accès de fièvre ont disparu ; il reste pourtant encore quelque maigreur et un peu de toux. Tu devines bien que je parle là de notre chère petite Faustina, qui nous a assez inquiétés [2]. Ta santé répond-elle à mon vœu ? fais-le moi savoir, mon maître.

XXXIII [3]

A MON MAITRE.

C. Aufidius [4] s'enfle d'orgueil : il porte au ciel son jugement ; il soutient que jamais homme plus juste, pour ne rien dire de plus extravagant, n'est venu de l'Umbrie [5] à Rome. A quoi prétend-il donc ? il veut

---

[1] Cassan, t. I, p. 258-259.
[2] Marc Aurèle perdit, quelque temps après, cette pauvre petite Domitia Faustina, dont il parle si tendrement. Mabillon cite son inscription · DOMITIA FAUSTINA, M. AURELII CÆSARIS FILIA, IMP ANTONIN, P. P. NEPTIS.
[3] Cassan, t. I, p. 258 et suiv.
[4] Nous retrouverons plusieurs fois dans ces lettres, et avec de grands éloges, le nom de cet Aufidius.
[5] Cette lettre tranche une grave question entre les antiquaires, celle de savoir quelle était la patrie des Aufidius.

qu'on vante en lui le juge avant l'orateur. J'en ris : il me méprise ; il dit qu'il est facile de voir bâiller auprès d'un juge, mais que juger n'en est pas moins une belle œuvre. Voilà ce qu'il dit contre moi. Au reste, l'affaire s'est passée le mieux du monde : tout va bien ; j'en suis aise. Ton retour fait mon bonheur et mon tourment tout ensemble. Mon bonheur ! nul ne demandera pourquoi. Mon tourment ! je vais t'en avouer franchement la cause. Tu m'avais donné un sujet à traiter; je n'y ai pas encore touché, et ce n'est pas faute de loisir. Mais l'ouvrage d'Ariston [1] m'occupe en ce moment. Il me met tour à tour bien et mal avec moi-même : bien avec moi-même, lorsqu'il m'enseigne la vertu ; mais, lorsqu'il me montre à quelle prodigieuse distance je suis encore de ces vertueux modèles, alors plus que jamais ton disciple rougit et s'indigne contre lui-même de ce que, parvenu à l'âge de vingt-cinq ans, il n'a pas encore pénétré son âme de ces pures maximes et de ces grandes pensées. Aussi j'en suis puni : je m'irrite, je m'afflige, j'envie les autres, je me refuse la nourriture. Et au milieu de toutes ces peines qui enchaînent mon esprit, j'ai remis chaque jour au lendemain le soin d'écrire. Mais il me revient un souvenir. Comme cet orateur d'Athènes, qui disait au peuple assemblé *qu'on peut laisser quelquefois sommeiller les lois* [2], je laisserai dormir quelque temps Ariston, après lui avoir demandé pardon; et je reviendrai tout entier à ton poète d'his-

---

[1] *Ariston*, philosophe stoïcien, dont Lactance a cité cette maxime : *ad virtutem copessendam nasci homines.*

[2] Marc-Aurèle veut citer ici Démosthène.

trions[1], après avoir lu d'abord quelques petits discours
de Cicéron. Quant au sujet que tu m'as donné, je ne
le traiterai que d'une manière ; mais défendre à la
fois le pour et le contre ! Ariston ne dormira jamais
assez pour le permettre. Adieu, mon très-bon et
très-vertueux maître. Ma souveraine te salue.

XXXIV [2]

A MON MAITRE.

Moi, je ne t'aimerai jamais assez. Je dormirai.

XXXV [3]

CÉSAR A FRONTON.

... que dans deux jours, aujourd'hui s'il le faut,
nous serrions cependant les dents; et pour que, sortant de maladie, tu n'aies pas tant de chemin à faire,
attends-nous à Caïète. Je fais l'insoucieux de ce qui
arrive à presque tous ceux qui tiennent enfin ce
qu'ils désirent: ils le publient, ils se montrent, ils se
réjouissent : pour moi, je suis dédaigneux de tout.
La souveraine ma mère te salue. Je vais la prier de

---

[1] Ce poète comique est sans doute encore Plaute ou Novius.
[2] Cassan, t. I, p. 272-273.
[3] Cassan, t. I, p. 274 et suiv.

m'amener Gratia. *Tout n'est que fumée*, comme dit le poete de ma patrie, Caius. Adieu, mon maitre, mon tout. Je m'aime de ce que je vais te voir.

XXXVI [1]

A MON MAITRE.

Tu te joues, toi, pendant que, par ta lettre, tu m'as transmis une immense anxiété, une peine inexprimable, une douleur, un feu brûlant, au point que je ne puis ni manger ni dormir, ni même étudier. Tu tires quelque soulagement de ton discours d'aujourd'hui ; mais que ferai-je, moi, qui ai déjà épuisé tout le plaisir de l'ouie, et qui crains encore que tu ne viennes trop tard à Lorium, et qui souffre de te savoir souffrant ? Adieu, mon maitre, dont la santé rend ma santé parfaite et inaltérable.

XXXVII [2]

A MON MAITRE.

Voici comment j'ai passé ces derniers jours. Ma sœur [3] a été saisie tout à coup d'une douleur si violente, que sa figure était horrible à voir. Ma mère, dans son trouble et dans l'agitation de cet événement,

---

[1] Cassan, t. I, p. 278-279.
[2] Cassan, t. I, p. 278 et suiv.
[3] Annia Cornificia, sœur aînée et unique de Marc-Aurèle

s'est froissé un côté contre l'angle du mur : le même coup nous a frappés aussi douloureusement qu'elle. Moi-même, lorsque j'allais me coucher, j'ai trouvé un scorpion dans mon lit; mais je me suis empressé de le tuer, avant de m'étendre dessus. Toi, si tu te portes mieux, c'est une consolation. Ma mère, grâce aux dieux, se porte mieux. Adieu, mon très-bon et très doux maître. Ma souveraine te salue.

XXXVIII [1]

A MON MAITRE.

Faustina a eu aujourd'hui de la fièvre. Je crois aussi en avoir ressenti davantage aujourd'hui. Mais, les dieux aidant, elle me rend elle-même mon état plus supportable, en s'y conformant avec tant de complaisance. Pour toi, si tu l'avais pu, tu serais venu sans doute. Tu le peux à présent, tu promets de venir, j'en suis charmé, mon maître. Adieu, mon très-aimable maître.

XXXIX [2]

A MON MAITRE, SALUT.

Je crois avoir passé la nuit sans fièvre. J'ai pris de la nourriture sans répugnance. Je me trouve à pré-

---

[1] Cassan, t. I, p. 282-283.
[2] Cassan, t. I, p. 284-285.

sent un peu mieux. Nous verrons ce que la nuit apportera. Mais, mon maître, tu mesures sans doute sur ta dernière inquiétude celle que je dois avoir éprouvée en apprenant tes maux de tête. Adieu, mon très-aimable maître. Ma mère te salue.

XL [1]

A MON MAITRE, SALUT.

Si tes douleurs de tête te laissent du relâche le troisième jour, rien ne servira davantage, mon maître, à accélérer le retour de ma santé. Je me suis baigné aujourd'hui, et j'ai marché un peu ; j'ai pris un peu plus de nourriture, sans cependant beaucoup d'appétit. Adieu, mon très-aimable maître. Ma mère te salue.

XLI [2]

A MON MAITRE, SALUT.

Que les douleurs de tête t'aient pris pendant que tu m'écrivais, c'est ce que je ne puis ni ne veux, certes, ni ne dois supporter sans peine. Pour moi, les dieux secondent tes vœux : je me suis baigné aujourd'hui, et j'ai pris suffisamment de nourriture ; j'ai

---

[1] Cassan, t. I, p. 281 et suiv.
[2] Cassan, t. I, p. 286-287.

même fait usage de vin avec plaisir. Adieu, mon très-aimable maître. Ma mère te salue.

XLII [1]

A MON MAITRE, SALUT.

J'apprends, mon maître, que tu as eu des douleurs à l'âme ; et, quand je me représente ce que tu souffres ordinairement dans cet état, je suis tourmenté d'une bien grande inquiétude. Mais je me rassure un peu en pensant que, dans l'intervalle où l'on m'apportait cette nouvelle, toute vive douleur a pu céder aux fomentations et autres remèdes. Pour nous, nous éprouvons encore les chaleurs de l'été ; mais, comme nous pouvons dire que nos petites se portent bien, nous croyons jouir d'un air pur et salubre et de la température du printemps. Adieu, mon très-bon maître.

XLIII [2]

A MON MAITRE, SALUT.

Je souhaite, mon maître, qu'une santé bien affermie te permette des vendanges joyeuses. Les nouvelles que je reçois de ma petite Domnula [3], et qui

---

[1] Cassan, t. I, p. 288-289.
[2] Cassan, t. I, p. 292-293.
[3] Domnula est un terme de tendresse ; et on peut le traduire *ma*

m'annoncent que, les dieux aidant, elle se rétablit, me soulagent beaucoup. Adieu, mon très-aimable maître.

XLIV [1]

A MON MAITRE.

J'ai tout écrit : envoie-moi autre chose à écrire ; mais je n'ai pas eu mon copiste sous la main pour transcrire. Je n'ai pas écrit non plus comme j'aurais voulu, car je me suis pressé, et j'ai été un peu dérouté par l'idée de ta maladie ; mais à demain les excuses, lorsque j'enverrai. Adieu, mon très-doux maître. La souveraine ma mère te salue. Envoie-moi le nom de ce tribun du peuple qu'avait noté le censeur Acilius, que j'ai écrit.

XLV [2]

A MON MAITRE.

Je serai libre toute la journée ; si jamais tu as aimé, aime-moi aujourd'hui, et envoie-moi une matière féconde, je t'en prie et t'en supplie, et t'invoque et t'implore et te conjure ; car, dans cette cause centumvi-

petite couronne. M. Mai avait vu dans ce mot le nom d'une fille de Marc-Aurèle.
[1] Cassin, t. I, p. 296-297.
[2] Cassin, t. I, p. 216 et suiv.

tale ¹, je n'ai trouvé autre chose que des exclamations. Adieu, maître très-bon. Ma souveraine te salue. Je voulais écrire quelque chose, par exemple, où il eût fallu crier. Favorise-moi, et cherche une cause bien criarde.

XLVI ²

A MON MAÎTRE, SALUT.

Et toi aussi, puisses-tu entrer heureusement dans cette année ! Que les dieux fassent tourner entièrement ton vœu à ton avantage, qui sera également le nôtre ! Continue de faire des souhaits pour tes amis, et de vouloir du bien aux autres ! Je sais avec quelle ardeur tu as prié pour moi. En te gardant de la foule, tu as fait ton bien et le mien. La journée d'après-demain sera encore une journée de calme, s'il plaît aux dieux. Ta Gratia s'est acquittée de son devoir. Je ne sais si elle aura salué sa souveraine. Adieu, mon très-doux maître. Ma mère te salue.

---

¹ Les centumvirs étaient des magistrats inférieurs à peu près comme nos commissaires de police, nos juges de paix. On les choisissait parmi les trente-cinq tribus. Le t. Après le règne d'Auguste, ils formèrent le conseil du préteur, leur nombre fut porté jusqu'à cent quatre-vingts. On peut voir le Oatne, l. 38 l'énumération de toutes les causes centumvirales.

² Cassan, t. I, p. 56 et suiv.

XLVII [1]

A MON MAITRE.

Qu'aujourd'hui avec de la santé, de la force, de la joie et l'entière jouissance de tes désirs, tu célèbres, ô mon maître, l'anniversaire de ta naissance ! Cette prière solennelle devient toujours plus fervente, à mesure que j'acquiers plus de fermeté pour aimer et d'âge pour goûter pleinement les douceurs de notre familiarité. Adieu, mon très-aimable maître. Ma mère te salue. Salue Gratia.

XLVIII [2]

Pompéianus m'a gagné par les mêmes mérites qui lui ont valu ton affection. C'est pourquoi je désire que le seigneur mon père use envers lui de son indulgence accoutumée, car mes joies sont que tout succède à ton gré. Adieu, mon très-aimable maître. Faustina et nos petites te saluent.

XLIX [3]

A MON MAITRE.

Si dans la province il se présente à toi, mon maître, un certain Thémistocle qui se dise connu

---

[1] Cassan, t. I, p. 302-303.
[2] Cassan, t. I, p. 306-307.
[3] Cassan, t. I, p. 306 et suiv.

d'Apollonius, mon maître de philosophie ¹, et être celui qui est venu cet hiver à Rome et qui m'a été présenté par Apollonius le fils, par ordre de mon maître je te prie, mon maître, de lui faire tout le bien que tu pourras et de le bien conseiller. Ce qui sera juste et convenable, tu seras toujours prêt à le faire pour tous les Asiatiques ; mais le conseil, le bon accueil, tout ce que la fidélité et la religion permettent à un proconsul ² d'accorder à des amis sans nuire à personne, je te demande de l'accorder de bonne grâce à Thémistocle. Adieu, mon très-aimable maître. Il n'est pas besoin de réponse.

L ³

En revenant du souper de mon père, j'ai reçu ton billet, et j'apprends que le messager qui l'a apporté est déjà reparti. Je t'écris ce soir assez tard, et tu ne liras cette réponse que demain. Le discours de mon père t'a paru digne du sujet; ce n'est point étonnant, ô mon maître! Quant à l'action de grâces de mon frère, elle mérite d'autant plus d'éloges qu'il a eu,

---

¹ C'est l'Apollonius de Thomas : « Tout à coup un vieillard s'avança dans la foule ; sa taille était haute et vénérable, tout le monde le reconnut, c'était Apollonius, philosophe stoïcien, estimé dans Rome et plus respecté encore par son caractère que par son grand âge. » *Éloge de Marc-Aurèle.*

² Marc-Aurèle recommande ici Thémistocle à Fronton, comme celui-ci partait pour son proconsulat d'Asie. Il en fut empêché par sa mauvaise santé.

³ Cassan, t. I, p. 310-311.

comme tu l'imagines, moins de temps pour s'y préparer. Adieu, mon très-aimable maître. Ma mère te salue.

LI [1]

A MON MAITRE, SALUT.

Depuis longtemps je désirais te voir. Dis-moi, après le danger auquel je remercie encore les dieux de t'avoir fait échapper, ne juges-tu pas quelle a dû être ma consternation à la lecture de la lettre où tu me fais le détail des extrémités dont tu sors à peine ? Mais, grâce aux dieux, je te possède, et je te verrai au premier jour, ainsi que tu me le promets, et je compte bien sur une longue santé. Ma mère te salue. Adieu, mon très-aimable maître.

LII [2]

A MON MAITRE, SALUT.

Que tu sois sauvé pour nous, que soit sauvée pour toi la famille, sauvée la nôtre, qui, par le cœur, n'en fait qu'une avec la tienne ! Je sais bien que, si tu avais pu marcher, même difficilement, tu serais venu nous voir ; mais tu viendras souvent, et, s'il plait aux dieux, nous célébrerons toutes nos fêtes avec toi. Adieu, mon très-aimable maître. Ma mère te salue.

[1] Cassan, t. I, p. 314-315
[2] Cassan, t. I, p. 316 et suiv.

LIII[1]

A MON MAITRE, SALUT.

Tu as redoublé mes inquiétudes, et je désire que tu les calmes le plus tôt possible en m'apprenant que les douleurs du genou et de l'aine sont apaisées. D'un autre côté, la maladie de la souveraine ma mère ne me laisse pas de repos. Ajoute l'approche des couches de Faustine. Mais nous devons confiance aux dieux. Adieu, mon très-aimable maître. Ma mère te salue.

LIV[2]

A MON MAITRE, SALUT.

Maintenant enfin je désire, mon maître, que tu m'apprennes de meilleures nouvelles, car je vois, par ta lettre, que tu souffrais encore pendant le temps que tu m'écrivais. J'ai dicté ceci en me promenant, le soin de ma santé exigeant que je fisse cet exercice. Je ne goûterai bien pleinement le plaisir des vendanges que lorsque ta santé aura commencé à s'améliorer. Adieu, mon très-aimable maître.

[1] Cassan, t. I, p. 318 et suiv.
[2] Cassan, t. I, p. 320-321.

LV [1]

A MON MAITRE.

Lorsqu'il te sera salutaire et facile de marcher, alors aussi ta présence nous sera agréable. Plaise aux dieux que cela soit le plus tôt possible, et que ta douleur à la plante du pied se calme ! Adieu, mon très-bon maître.

LVI [2]

Lorsque tu m'écris cela, mon maître, je pense bien que tu te représentes mon empressement à faire des vœux pour ta santé, qu'avec l'aide des dieux nous verrons bientôt rétabli. Adieu, mon très-aimable maître.

LVII [3]

A MON MAITRE.

Et nous, nous aimons Gratia d'autant plus qu'elle te ressemble davantage. Nous comprenons donc facilement combien la ressemblance de notre petite fille avec nous peut te donner de l'affection pour elle,

[1] Cassan, t. I, p. 322-323.
[2] Cassan, t. I, p. 324-325.
[3] Cassan, t. I, p. 324 et suiv.

c'est bien aussi une joie pour moi que tu l'aies vue.
Adieu, mon très-bon maître.

LVIII [1]

A MON MAITRE.

Tu comprends aussi, mon maître, ce que je souhaite pour moi : c'est que, pourvu d'une santé ferme et robuste, tu célèbres le plus longtemps possible et le jour de ta fête et les autres, soit avec nous, soit pour nous désormais tranquilles sur ton état. Du reste, j'ai conjecturé tout de suite que quelque chose de semblable avait empêché que je ne te visse ; et, s'il faut le dire, j'aime mieux que ce soit ce petit dérangement que quelques douleurs. Il y a plus, c'est que j'espère bien de ce flux, car il t'a épuisé pour le moment ; néanmoins, avec l'aide des dieux, j'ai confiance que c'est pour ta santé que ce cours de ventre t'est venu de lui-même au printemps, où les autres se mettent en peine et en travail pour s'en donner. Adieu, mon très aimable maître. Ma mère te salue.

LIX [2]

A MON MAITRE.

J'obtiens enfin ce que je désirais avant tout et surtout. Je crois, par ta lettre, que la fièvre t'a quitté.

[1] Cassan, t. I, p. 326 et suiv.
[2] Cassan, t. I, p. 328-329.

Maintenant, mon maître, pour ce qui regarde la gorge, qu'un peu de ménagement survienne et j'attends de toi de meilleures nouvelles. Adieu, mon très-aimable maître. Ma mère te salue.

LX

BONJOUR, MON TRÈS-BON MAITRE.

Qui? moi ! que j'étudie lorsque tu souffres, et surtout lorsque tu souffres à cause de moi ! Ne devrais-je pas plutôt m'accabler moi-même de toutes tes souffrances? Oui, sans doute; car quel autre t'a causé ce redoublement de douleur au genou que tu m'écris avoir éprouvé la nuit dernière? quel autre que Centumcelles, pour ne pas dire moi? Que ferai-je donc, moi, qui ne te vois plus et que déchirent tant d'angoisses? Ajoute à cela qu'avec le plus vif désir d'étudier, j'en suis empêché par les jugements, qui, comme le disent ceux qui le savent, emportent des jours entiers. Je t'envoie pourtant une *pensée* que j'ai développée ce matin, et un lieu commun d'avant-hier. Hier, toute la journée nous avons battu les chemins ; aujourd'hui, il sera difficile de pouvoir faire autre chose que la *pensée* du soir. Quoi ! vas-tu dire, dormiras-tu toute une nuit si longue ? oui, je puis la dormir, car je suis grand dormeur; mais il fait si froid dans ma chambre, qu'à peine je puis mettre ma main à l'air. Mais ce qui me détourne surtout l'esprit de l'étude, c'est de t'avoir, par mon extrême amour des lettres, porté malheur avec mon Porcius, comme l'événement le prouve. Adieu donc tous les Porcius, tous les Tullius, tous les Crispus, pourvu que tu te portes bien, et que, même sans livres, je te voie ferme et debout. Adieu, ma première joie, mon très-doux maître. Ma souveraine te salue. Envoie-moi trois *pensées* et des lieux communs.

LXI [1]

A MON MAITRE.

Bonne année, bonne santé, bonne fortune, voilà ce que je demande aux dieux le jour de ta naissance, jour solennel pour moi ; et j'ai la confiance d'être exaucé dans mon vœu. Car je recommande à la bonté des dieux celui que déjà leur volonté protége, et qu'ils jugent digne de leur appui. Toi, mon maître, si dans ce jour de fête tu repasses en ton esprit toutes les joies de ta vie, compte d'abord ceux qui te chérissent tendrement ; mets ton disciple au premier rang, et près de moi le seigneur mon frère : il sympathise avec ceux qui t'aiment. Adieu, ô mon très-bon maître ; jouis pendant de nombreuses années d'une santé ferme, inaltérable, et du bonheur de voir fleurir autour de toi petits-enfants et gendre. Notre Faustina revient à la santé ; notre pauvre petit Antonin [2] tousse un peu moins. Autant chacun dans notre petite re-

---

[1] Cassan, t. II, p. 32 et suiv.
[2] Ce petit Antonin mourut à l'âge de quatre ans.

traite a déjà de raison, autant il prie pour toi. Encore une fois et encore une fois, et jusque dans la plus longue vieillesse, porte-toi bien, très-aimable maître. Je te demande et veux obtenir de toi que, le jour de la naissance de Cornificia[1], tu ne te tourmentes point à Lorium. S'il plaît aux dieux, tu nous verras sous peu de jours à Rome ; mais, si tu m'aimes, dans cet anniversaire de ta naissance, tâche de bien reposer la nuit qui va suivre, sans nul souci des affaires pressantes. Accorde cela à ton Antonin, qui te le demande avec instance et de tout cœur.

LXII [2]

A MON MAITRE, SALUT.

J'ai vu mes petits enfants lorsque tu les as vus, et je t'ai vu, toi, en lisant ta lettre. Je t'en prie, mon maître, aime-moi comme tu aimes; aime-moi comme tu aimes nos petits. Je n'ai pas encore dit tout ce que je voulais dire : aime-moi comme tu m'as aimé. Ce qui m'a engagé à t'écrire ainsi, c'est le charme merveilleux de ta lettre. En effet, que dirai-je de ton élégance, sinon que tu parles latin, et que nous autres nous ne parlons ni grec ni latin? Écris, je t'en prie, un petit mot au seigneur mon frère. Il veut à toute force que j'obtienne cela de toi, et ses désirs

---

[1] Marc-Aurèle parle ici, non de Cornificia, sa sœur, mais de Cornificia, une de ses filles : c'est elle que Caracalla fit mourir.
[2] Cassan, t. II, p. 51 et suiv.

me rendent importun et exigeant. Adieu, mon très
aimable maître. Salue ton petit-fils.

LXIII [1]

A MON MAITRE.

. . . J'ai lu un peu de Cælius et du discours de
Cicéron [2], mais comme à la dérobée, et, je t'assure,
fort à la hâte, tant les embarras se succèdent et se
pressent! Mon unique repos, dans les intervalles, est
de prendre un livre en main; car nos petites logent
maintenant à la ville [3], chez Matidia, et ne peuvent
venir près de moi ici le soir, à cause de la rigueur de
l'air. Adieu, mon seigneur, mon maître; mon frère et
seigneur, mes filles avec leur mère, te saluent.....
Envoie-moi, pour mes lectures, ce que tu jugeras de
plus éloquent de toi ou de Caton, de Cicéron, de
Salluste, de Gracchus, ou de quelque poète; car j'ai
besoin de repos, et surtout de repos de ce genre:
que cette lecture adoucisse le poids de mes fatigues
et me les fasse oublier. Ou bien envoie-moi aussi
quelques extraits de Lucrèce ou d'Ennius, élégants,
harmonieux, ou toute autre œuvre de génie.

[1] Cassan, t. II, p. 64 et suiv.
[2] C'est le *Pro lege Manilia*.
[3] Cette ville est sans doute Sinuesse ou Minturnes.

LXIV [1]

A MON MAITRE, SALUT.

. . . .
. . . .
. . . J'écris donc à mon seigneur, qui te promet
bien des lettres de lui, que je t'ai informé de ce qu'il
désirait de toi [2]. C'est à ton affection, à ta bonne volonté de faire le reste, mon maître ; car il se repose,
comme de raison, sur ta lettre. Pour moi, durant ces
deux jours, je n'ai eu de relâche que le sommeil forcé
de la nuit. C'est pourquoi je n'ai pas pu lire encore
la longue lettre que tu as écrite à mon seigneur, mais
j'entrevois et je saisis d'avance une occasion pour demain. Adieu, mon très-aimable maître. Salue ton
petit-fils.

LXV [3]

A MON MAITRE, SALUT.

Pendant que l'air pur de cette campagne faisait ma
joie, je sentais qu'il me manquait, ce qui n'est pas
peu de chose, de savoir si tu étais en bonne santé,
mon maître. Je prie les dieux que sur ce point tu

---

[1] Cassan, t. II, p. 68 et suiv.
[2] Il s'agit peut-être ici de l'histoire de la guerre des Parthes, que Verus suppliait son maître d'écrire : *Quidvis subire paratus sum*, disait-il à Fronton, *dum a te res nostræ inlustrentur.*
[3] Cassan t. II, p. 70 et suiv.

puisses me satisfaire. Quant à notre séjour à la campagne, il n'est pas étranger aux soins du gouvernement Nous menons ici la vie de Rome. Que veux-tu? les affaires qui m'assiégent ne me laissent pas le temps d'achever cette lettre; souvent elles prennent sur ma nuit. Adieu, mon très aimable maître. Si tu as fait par hasard un choix de lettres de Cicéron, en tout ou en partie communique-le-moi, ou indique-moi les lettres que je dois lire de préférence pour nourrir mon style.

LXVI [1]

A MON MAITRE.

Mon seigneur et frère désire que les discours lui soient envoyés au plus tôt ou par moi ou par toi; mais j'aime mieux, mon maître, que tu les lui envoies, et, pour que tu les aies sous la main, je te fais passer les copies qui étaient chez nous. J'achèverai le reste. . . . . . . Adieu, mon très-doux maître. Salue ton petit-fils.

LXVII [2]

A MON MAITRE.

Ainsi, mon maître, tu vas être aussi notre patron. A la vérité, je puis être tranquille, puisque j'ai suivi

[1] Cassan, t. II, p. 84-85.
[2] Cassan, t. II, p. 90 et suiv.

les deux choses les plus chères à mon cœur, la saine raison et ton sentiment. Veuillent les dieux qu'en tout ce que je ferai je me règle toujours selon ton jugement, ô mon maître! Tu vois à quelle heure je te fais cette réponse. C'est qu'après la consultation de nos amis, j'ai recueilli jusqu'à ce moment avec soin tout ce qui nous avait frappés, afin de l'écrire à mon seigneur, et de nous le rendre aussi favorable dans cette affaire. J'aurai alors plus de confiance en notre résolution, quand il l'aura approuvée. Je m'empresserai de montrer à Faustine le discours par lequel tu as défendu notre cause, et je lui rendrai grâces de ce que cette affaire m'a fourni l'occasion de lire de toi une pareille lettre. Bon et très-bon maître, adieu.

LXVIII [1]

A MON MAITRE.

Je ne t'écrirai pas de quelle manière nous avons fêté les Féries à Alsium [2] : tu t'en affligerais et me gronderais, mon maître. Mais, à mon retour à Lorium, j'ai trouvé ma petite dame..... avec la fièvre

. . . .
. . . .
. . . . . Adieu, mon maître.

---

[1] Cassan, t. II, p. 136-137.
[2] Alsium, ville d'Étrurie, port de mer à l'ouest du Tibre. Cicéron, Valère Maxime, Pline, Silius Italicus, en parlent. Lorium était entre Rome et Alsium.

LXIX [1]

A MON MAITRE, SALUT.

Je viens de recevoir ta lettre, dont je vais jouir tout à l'heure; car tout à l'heure encore fondaient sur moi des affaires inévitables. En attendant, mon maître, je t'annonce brièvement, comme occupé, ce que tu désires savoir, que notre petite se porte mieux et qu'elle court par la chambre.

Après avoir dicté ces mots, j'ai lu ta lettre alsienne à mon aise, pendant que les autres soupaient, et que j'étais, moi, dans mon lit, content d'une nourriture légère, à la deuxième heure de la nuit. Tu dis que j'ai beaucoup *profité* de ton exhortation : beaucoup, mon maître; car j'ai obéi à tes paroles, et je les lirai très-souvent pour y obéir très-souvent. Au reste, qui sait mieux que toi combien le respect du devoir est chose impérieuse? Mais, je t'en prie, qu'est-ce que ce mot de la fin de ta lettre, « que tu as pourvu à ta main? » Ce sera la dernière fois que tu auras eu à souffrir, mon maître, si les dieux bons exaucent mon vœu. Adieu, mon très-bon maître.

LXX [2]

A MON MAITRE, SALUT.

Je viens d'apprendre l'événement; et quand pour

[1] Cassan, t. II, p. 156 157.
[2] Cassan, t. II, p. 158 159.

moi chaque douleur de tes membres fut toujours une torture, que penses-tu que j'endure, ô mon maître! lorsque tu souffres par le cœur? Dans mon trouble, il ne me vient rien à l'esprit que de prier pour la conservation du meilleur des maîtres, en qui je trouve pour cette vie plus de consolations que jamais pour ce malheur tu ne peux en recevoir de personne. Je ne t'ai pas écrit de ma main, parce qu'elle me tremblait après le bain du soir. Adieu, mon très-aimable maître.

FIN DE L'APPENDICE.

TABLE DES MATIÈRES

	Pages.
Introduction.	1
Pensées de Marc Aurèle. — Livre I	51
— Livre II	71
— Livre III	85
— Livre IV	100
— Livre V	127
— Livre VI	152
— Livre VII	177
— Livre VIII	205
— Livre IX	231
— Livre X	251
— Livre XI	278
— Livre XII	300
Notes.	320
Appendice	355

FIN DE LA TABLE DES MATIÈRES

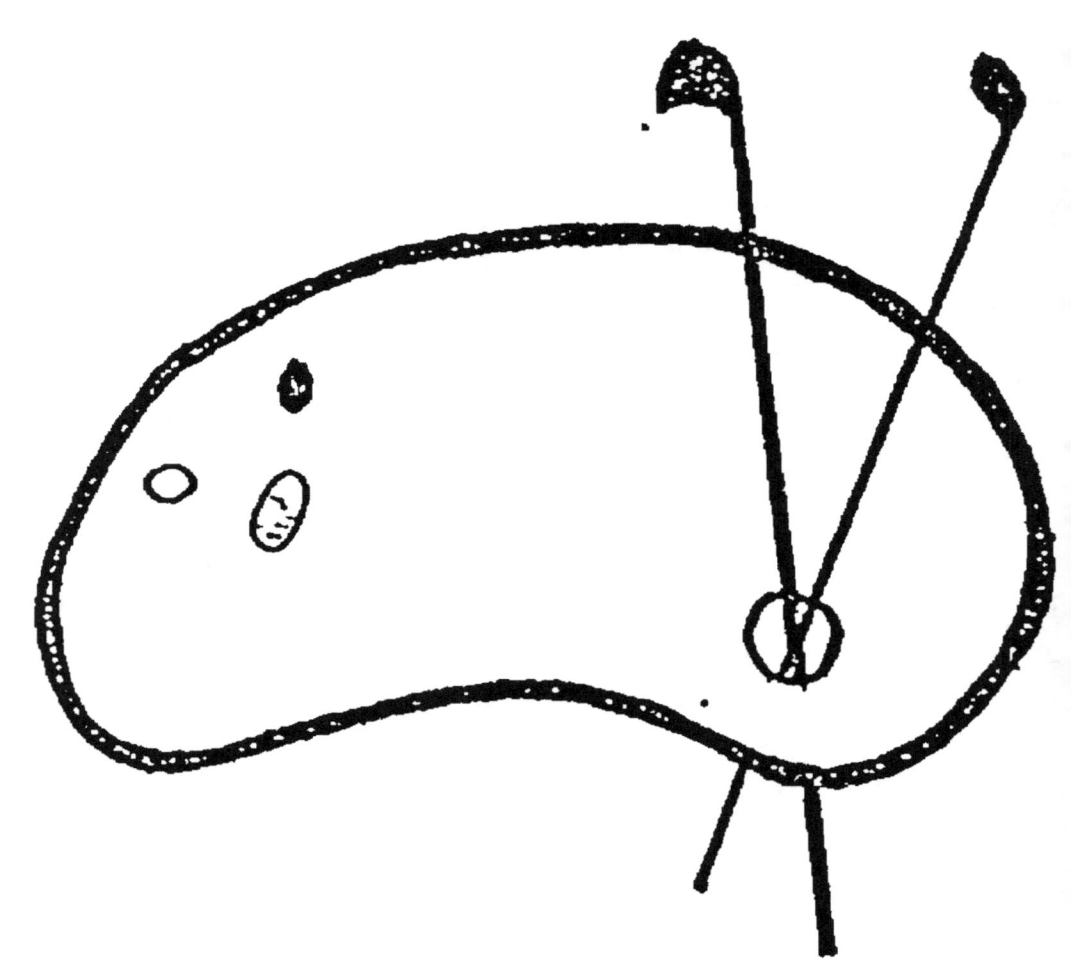

ORIGINAL EN COULEUR
NF Z 43-120-8